Die Zwillingsgötter Alcis

Tyr-Söhne und Schimmel vor dem Sonnen-Streitwagen
Wolfskrieger, Raben, Schlangen und Zwergen-Paar

Band 12 der Reihe   „Die Götter der Germanen"

Bücher von Harry Eilenstein:

- Astrologie (496 S.)
- Photo-Astrologie (428 S.)
- Horoskop und Seele (120 S.)
- Tarot (104 S.)
- Handbuch für Zauberlehrlinge (408 S.)
- Physik und Magie (184 S.)
- Der Lebenskraftkörper (230 S.)
- Die Chakren (100 S.)
- Meditation (140 S.)
- Reinkarnation (156 S.)
- Drachenfeuer (124 S.)
- Krafttiere – Tiergöttinnen – Tiertänze (112 S.)
- Schwitzhütten (524 S.)
- Totempfähle (440 S.)
- Muttergöttin und Schamanen (168 S.)
- Göbekli Tepe (472 S.)
- Hathor und Re 1: Götter und Mythen im Alten Ägypten (432 S.)
- Hathor und Re 2: Die altägyptische Religion – Ursprünge, Kult und Magie (396 S.)
- Isis (508 S.)
- Die Entwicklung der indogermanischen Religionen (700 S.)
- Wurzeln und Zweige der indogermanischen Religion (224 S.)
- Der Kessel von Gundestrup (220 S.)
- Der Chiemsee-Kessel (76)
- Cernunnos (690 S.)
- Christus (60 S.)
- Odin (300 S.)
- Die Götter der Germanen (Band 1 – 80)
- Dakini (80 S.)
- Kursus der praktischen Kabbala (150 S.)
- Eltern der Erde (450 S.)
- Blüten des Lebensbaumes 1: Die Struktur des kabbalistischen Lebensbaumes (370 S.)
- Blüten des Lebensbaumes 2: Der kabbalistische Lebensbaum als Forschungshilfsmittel (580 S.)
- Blüten des Lebensbaumes 3: Der kabbalistische Lebensbaum als spirituelle Landkarte (520 S.)
- Über die Freude (100 S.)
- Das Geheimnis des inneren Friedens (252 S.)
- Von innerer Fülle zu äußerem Gedeihen (52 S.)
- Das Beziehungsmandala (52 S.)
- Die Symbolik der Krankheiten (76 S.)

- König Athelstan (104 S.)

Kontakt: www.HarryEilenstein.de / Harry.Eilenstein@web.de

Herstellung und Verlag: BoD- Books on Demand, Norderstedt   **ISBN:** 9783744871747

Die Themen der einzelnen Bände der Reihe „Die Götter der Germanen"

Inhaltsverzeichnis

I Die Alcis-Zwillinge in der germanischen Überlieferung

In den Mythen der Indogermanen gibt es zwei (Zwillings-)Brüder, die sowohl die Gestalt von Jünglingen als auch die Gestalt von Hengsten haben können. Diese beiden Brüder ziehen als Rosse den Streitwagen des Sonnengott-Göttervaters, der ihr Vater ist, über den Himmel.

Diese beiden Jünglinge erscheinen auch in der Mythologie der Germanen.

1. Die Hirsch-Zwillinge

Die Alcis-Zwillinge treten in den Mythen der Germanen sowohl als zwei Rosse als auch als zwei Hirsche auf.

1. a) Tacitus

Um 100 n.Chr. berichtet der römische Historiker Tacitus, daß die Germanen zwei Brüder verehren, die von ihnen „Alcis" genannt werden. Dieses Wort bedeutet „Elch, Hirsch". Anscheinend sind die beiden Pferde-Brüder zumindestens bei einigen Germanenstämmen zu Hirschen geworden.

Bei den Nahanarvalern zeigt man einen Hain, der eine uralte Kultstätte ist. Ihr Vorsteher ist ein Priester in weiblicher Tracht.

Die Gottheiten, so wird berichtet, könnte man nach römischer Auslegung Kastor und Pollux nennen, denn sie entsprechen ihnen in ihrem Wesen.

Sie heißen Alken.

Es gibt keine Bildnisse von ihnen und keine Spur weist auf einen fremden Ursprung des Kultes.

Man verehrt sie als Brüder und Jünglinge.

Tacitus vergleicht die Alcis ausdrücklich den römischen Pferdezwillingen Kastor und Pollux.

Der Priester in Frauentracht ist recht ungewöhnlich – vielleicht sind einfach die langen Gewänder der germanischen Priester gemeint, die sowohl um 1000 v.Chr. im Hügelgrab von Kivik als auch um 1000 n.Chr. auf einigen Runensteinen dargestellt worden sind.

10

Es wäre auch denkbar, daß mit „Frauentracht" lange Haare gemeint sind. Die „Haddinge", die auf den ehemaligen Sonnengott-Göttervater Tyr, also auf den Vater der Pferdezwillinge zurückgehen, haben ihrem Namen zufolge lange Haare gehabt. Der Begriff des Tacitus, der hier mit „Frauentracht" übersetzt ist, lautet jedoch *„muliebri ornatu"*, womit „weibliche Ausstattung, weiblicher Schmuck" und nicht die Haartracht gemeint ist.

1. b) Brakteaten

Brakteat
Skrydstrup in Jütland, Nord-Dänemark

Die Brakteaten waren Amulette der Germanen, die aus dünnem Goldblech geprägt wurden.

Auf einem von ihnen ist vermutlich sich der Göttervater Tyr dargestellt worden.

Links von ihm ist evtl. der Fenris-Wolf zu sehen, der ihm die Hand abbeißt.

Rechts über ihm ist Tyrs Adler-Seelenvogel abgebildet.

Rechts unten ist ein Hirsch zu sehen, der somit ein wichtiger Bestanteil der damaligen Mythen des Tyr gewesen sein muß. Er könnte für die beiden Alcis oder für Tyr selber stehen.

Die Runen sind lediglich allgemeine Zauberformel – links ist „ALU" zu sehen.

11

1. c)   Die Fibeln von Nordendorf

Fibel II
Nordendorf

In Nordendorf bei Augsburg wurden in einem Gräberfeld der Alemannen zwei Bügelfibeln gefunden, die von ca. 650 n.Chr. stammen und in deren Unterseite Runen eingraviert worden sind. Auf der einen der beiden Fibeln sind auf der Unterseite in Runenschrift die Worte „birln io elk" eingraviert worden.

In dieser Inschrift fehlt ein Buchstabe: *„birl(i)n io elk"*. Sie bedeutet *„Bär und Elch/Hirsch"*.

Das schmalen Ende dieser Fibel ist dazu passend als Tierkopf geformt worden – es scheint allerdings der Bär und nicht der Hirsch zu sein.

Der Bär ist vermutlich die Stärke, die dem Träger dieser Fibel verliehen werden sollte. Der Hirsch wird demnach ebenfalls ein Tier sein, das eine wertvolle Qualität repräsentierte.

Da der Bär mit dem Schamanengott Odin, der damals gerade der neue Göttervater der Germanen geworden war, mit dem Bären assoziiert wurde, könnte sich auch der Hirsch auf den Göttervater beziehen. Dies würde für eine Kontinuität des Motives sowohl des Göttervaters als Hirsch als auch der beiden Göttervater-Söhne als zwei Elche/Hirsche sprechen.

Der Bär wäre dann die Kraft des Göttervaters und die beiden Hirsche (bzw. in der Fibel-Inschrift der eine Hirsch) der Lauf der Sonne und somit des Sonnengott-Göttervaters selber. Möglicherweise ist der Hirsch als eine Art Bote oder Bote des Göttervaters angesehen worden.

Es könnte sein, daß die Zweizahl der „Alcis" auf die Einzahl von „elk" reduziert worden ist, weil Odin im Gegensatz zu Tyr kein Streitwagenfahrer, sondern ein Reiter war.

Diese Deutung sind jedoch alle recht fraglich – lediglich die Wichtigkeit des Hirsches im Zusammenhang mit dem Göttervater Tyr/Odin ist sicher.

1. d)   Sonnenlied

In diesem Lied aus der Lieder-Edda findet sich eine Strophe, die sich auf einen Hirsch bezieht:

Den Sonnenhirsch sah ich von Süden kommen,
Von Zweien am Zaum geleitet;
Auf dem Felde standen seine Füße,
Die Hörner hob er zum Himmel.

Im Süden befand sich die Goldene Halle des Göttervaters Tyr, zu dem der Hirsch demnach gehören wird.

Das Leiten des Hirsches an einem Zaumzeug zeigt, daß es sich um einen zahmen Hirsch handelt. Von den Kelten in Mitteleuropa ist bekannt, daß sie manchmal ihre Zeremonial-Wagen in ihren Prozessionen von zahmen Hirschen ziehen ließen. Auch der Hirsch aus dem Sonnenlied könnte solch ein „Prozessions-Hirsch" oder „Ritual-Hirsch" sein, der wahrscheinlich mit dem ehemaligen Sonnengott-Göttervater Tyr assoziiert worden ist, da er explizit als „Sonnenhirsch" bezeichnet worden ist.

Als Sonnenhirsch könnte er auch ein Alcis sein. Man sollte eigentlich ein Hirsch-Paar erwarten, aber auch der Sonnenwagen wird manchmal nur von einem Roß gezogen. Der Hirsch könnte jedoch auch Tyr selber sein.

1. e) Hrolf Kraki und seine Berserker

In dieser Saga kommt ein Elch-Mann vor, der den Unterleib eines Elches und den Oberkörper eines Mannes hat.

Im folgenden sind nur die Textstellen dieser Saga aufgeführt, in denen etwas über Elch-Frodi ausgesagt wird.

Elch-Frodi ist einer von drei Brüdern. Der Vater der drei Brüder hat vor seinem Tod die Namen seiner Söhne festgelegt:

> *„Derjenige unserer Söhne, der zuerst herauskommen wird, soll 'Elch-Frodi' ge-*
> *nannt werden. "*

Drei Brüder, die zudem noch Drillinge sind und deren Vater vor deren Geburt gestorben ist, sind recht sicher durch die drei Söhne des Göttervaters Tyr inspiriert worden, die die drei Stände darstellen. Da alle drei Brüder kriegerisch sind, läßt sich ihre Zuordnung zu den drei Ständen jedoch nicht mehr rekonstruieren.

Der Name „Frodi" ist eng mit dem Namen des Gottes Freyr verwandt, sodaß es sein könnte, daß Elch-Frodi eine Saga-Variante dieses Gottes ist. Dazu würde auch passen, daß die Zeugungskraft des Freyr oft durch seinen großen Penis betont wird und der Hirsch vor allem ein Symbol für die im Jenseits bei der Wiederzeugung benötigte

Zeugungskraft ist. Der Elch wäre dann ein Alternativ-Motiv zu dem Keiler, der ansonsten die Gestalt des Freyr ist – der Keiler ist in den meisten Texten jedoch schon zu Freyrs Reittier umgedeutet worden.

Kurz darauf begannen ihre Wehen und sie gebar einen Jungen – allerdings einen, der ein wenig seltsam war. Er war oberhalb seines Nabels menschlich, aber unterhalb ein Elch. Er erhielt den Namen 'Elch-Frodi'.

Im Bestattungsritual wurde der Tote mit dem Herdentier, das für ihn geopfert worden war, identifiziert, wodurch dessen Zeugungskraft auf ihn übertragen wurde. Auf dieses Motiv weisen u.a. die Pferd-Mensch-Mischgestalten auf den Goldhörnern von Gallehus hin.

Frodis zweiter Bruder Thorir hatte Hundefüße. Sein dritter Bruder Bodvar hatte eine rein menschliche Gestalt. Elch-Frodi und seine beiden Brüder wurden stärker als alle anderen Menschen.

Die Mutter der drei Brüder führte sie zu einer Höhle, in der ihr Vater ihnen drei Waffen hinterlassen hatte. Elch-Frodi konnte das Schwert und die Axt nicht aus dem Stein ziehen, aber den Dolch. Dieser Dolch schnitt sogar Stein.

Elch-Frodi half seinem Bruder Thorir durch seinen Rat, König des Gotenlandes zu werden.

Elch-Frodi errichtete sich eine Halle. Dort fand ihn sein Bruder Bodvar. Bevor sie sich trennten, wurde deutlich, daß Elch-Frodi auch etwas von Magie versteht:

Danach stampfte Elch-Frodi mit seinem Huf auf den Felsen neben ihm und sank bis zu der Afterklaue ein.

Da sprach Frodi: „Ich werde jeden Tag zu diesem Hufabdruck kommen und schauen, was ich in dem Abdruck sehe. Wenn Erde in ihm ist, wirst Du an einer Krankheit gestorben sein, wenn es Wasser ist, wirst Du ertrunken sein, und wenn es Blut ist, wirst Du an Waffen gestorben sein und dann werde ich Dich rächen, denn von allen Männern liebe ich Dich am meisten."

Bodvar ging an den Hof von König Hrolf Kraki und wurd dort ein berühmter Drachentöter und Berserker, der die Gestalt eines Bären annehmen konnte.

Nachdem Bodvar in der Schlacht gegen die Zauberin Skuld gefallen war, rächte Elch-Frodi zusammen mit seinem Bruder Thorir Hundefuß seinen Bruder Bodvar.

1. f)   Kenningar

In den Elch-Kenningarn finden sich keine mythologischen Anspielungen.

Schiff	Meer-Elch			anonym	Brudkaupsvisur
Schiff	*Flut-Elch*			Einarr	(Skaldskaparmal)
Schiffe	*Wogen-Elch*			Arnorr Jarl-Skalde Thordarson	Magnusdrapa
				Bersi Skald-Torfuson	Flokkr über Olaf den Heiligen
				anonym	Placitusdrapa
Schiff	*höchster Wogen-Elch*			Bersi Skald-Torfuson	Flokkr über Olaf den Heiligen
Schiff	*Kielwasser-Elch*			anonym	Leidarvisan
Schiff	*Bug-Elch*			anonym	Olafs drapa Tryggvasonar
				Rögnvaldr-Jarl Kali Kolsson	Lausavisur
Schiff	*Elch der Sonnenseiten-Bordwand*			Kalfr Hallsson	Katrinardrapa
Schiff	*Stäbe-Elch*	Stäbe = Krieger		anonym	Olafs drapa Tryggvasonar
Schiffe	*Elche des tosenden Sturmes*			Arnorr Jarl-Skalde Thordarson	Hrynhenda, Magnusdrapa
Meer	*Weg des Wogen-Elches*	Wogen-Elch = Schiff		anonym	Leidarvisan
Seemann	*Throttr des Wogen- Elches*			anonym	Placitusdrapa
Seemann	*der den Elch des Sonnen-Bords wassert*	Sonnenbord-Elch = Schiff; wassern = das Schiff auf Rollen ins Wasser schieben		Kalfr Hallsson	Katrinardrapa
Land	*Meer des Elches*			Thjodolfr Arnorsson	Fragmente
Bär	*Elch-Feind*			Snorri Sturluson	Thulur

15

1. g)   Die Rune „Algiz"

Der Name dieser Rune bedeutet „Elch" und evtl. auch „Hirsch".

Es wäre denkbar, daß noch eine Assoziation zu den beiden Pferde-Söhnen des ehemaligen Göttervaters Tyr bestanden hat, die auch „Alcis" („Elche") genannt wurden, weil sie auch die Gestalt von Elchen bzw. Hirschen haben konnten. Zur Zeit der Entstehung der Runen wird es diesen Zusammenhang sicherlich gegeben haben, aber nach der Übernahme des Thrones des Tyr im germanischen Pantheon durch Odin und Thor um 500 n.Chr. wird diese Symbolik nach und nach verlorengegangen sein, so wie diese Zwillings-Symbolik auch an allen anderen Stellen in der germanischen Mythologie mit der Zeit verblaßt ist.

Auch das Opfer eines Hirsches für den Göttervater wird zu den Assoziationen zu dieser Rune gehört haben.

1. h)   Faröische Heldenlieder – Högni-Lied

Im Högni-Lied von den Faröer-Inseln wird berichtet, daß Gudrun Runen geritzt und dadurch das Trugbild von Hengsten hervorgerufen hat. Es ist sehr wahrscheinlich, daß sie dafür die Algiz-Rune („Elch-Rune") oder die Ehwaz-Rune („Pferde-Rune") oder auch beide benutzt hat.

Högni greift so zu den Worten, und spricht für sich:
„Das ist Gudruns Zauberei, die sie ritzt gegen mich.
Das sind keine Hengste, gar keine wirkliche Rosse:
Das ist Gudruns Zauberei, die sie ritzt gegen uns."

1. i)   Zusammenfassung

Von Tacitus wird um 100 n.Chr. berichtet, daß die Germanen zwei Jünglinge, die Brüder sind, verehrt haben, die Kastor und Pollux, also den beiden Pferde-Zwillingen in der römischen Mythologie entsprechen. Sie wurden „Alcis", d.h. „Elche" genannt, womit in Süddeutschland sicherlich Hirsche gemeint sein werden, da es dort keine Elche gibt.

Da diese Zwillinge Priester gehabt haben, muß es auch einen Alcis-Kult gegeben haben.

Diese Hirsche müssen um 100 n.Chr. auch bei den Nordgermanen sehr wichtig gewesen sein, da eine ihrer Runen, die in der Zeit zwischen 100 v.Chr. und 100 n.Chr. aus einem norditalienischen Alphabet abgeleitet worden sind, nach dem Elch bzw. Hirsch als „Algiz" benannt worden ist.

Hirsche auf Fibeln und auf Brakteaten sind zwar selten, aber sie kommen vor, was das Weiterbestehen der Hirschsymbolik nachweist.

Im Sonnenlied wird über einen Sonnenhirsch berichtet, der aus dem Kult der Sonne, d.h. aus dem Kult des ehemaligen Sonnengott-Göttervaters Tyr, stammen wird. Der Göttervater (bei den Germanen also Tyr) ist wiederum der Vater der beiden Pferde-Zwillinge. Der Sonnenhirsch wird in dem Lied von zwei Männern geführt.

In einer Saga erscheint ein Mann, der den Unterkörper eines Elches oder Hirsches hat. Es muß also einst das Motiv der Hirsch-Verwandlung gegeben haben.

Ein heutiges Überbleibsel des Motivs des Tyr, der in seinem Sonnenwagen von zwei Hirschen über den Himmel gezogen wird, ist der Weihnachtsmann in seinem Rentier-Schlitten …

2. Die Pferde-Zwillinge

Über die Pferde-Zwillinge gibt es eine deutlich reichhaltigere Überlieferung als über die beiden Hirsche, da dies das ursprüngliche Motiv gewesen ist – auch wenn Tacitus über zwei „Alcis", also über zwei Elch/Hirsch-Götter berichtet.

2. a) Südskandinavische Felsritzungen

In der Zeit von 1800-500 v.Chr. sind in Südskandinavien von den Germanen viele Motive, die manchmal kleine Szenen bilden, in den Fels geritzt worden. Sie befanden sich damals alle kurz oberhalb des Meeresspiegels; heute liegen sie alle ein gutes Stück weiter oben an der Küste, da sich Skandinavien in den letzten 3000 Jahren um einige Meter gehoben hat.

Die meisten dieser Ritzungen sind heute mit Farbe nachgezeichnet worden, damit sie besser erkennbar sind. Es ist natürlich denkbar, daß diese Ritzungen auch damals von den Germanen mit Farbe ausgemalt worden sind – ähnlich den ab ca. 100 n.Chr. benutzten Runen, die man zum „Aktivieren" mit Blut färbte.

Auf diesen Ritzungen sind ein- und zweispännige sowie ein- und zweiachsige Wagen zu sehen. Es ist allerdings kein expliziter Sonnen-Wagen dargestellt worden. Es gibt jedoch das Bild eines Pferdes, dessen Kopf als Kreis, d.h. vermutlich als Sonne dargestellt worden ist.

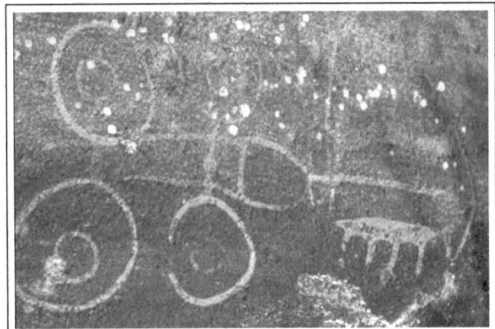

Zweiachser / Zweispänner
Südschweden

Zweiachser / Zweispänner
Frännarp

Einachser / Einspänner
Tannum

Einachser / Zweispänner
Frännarp

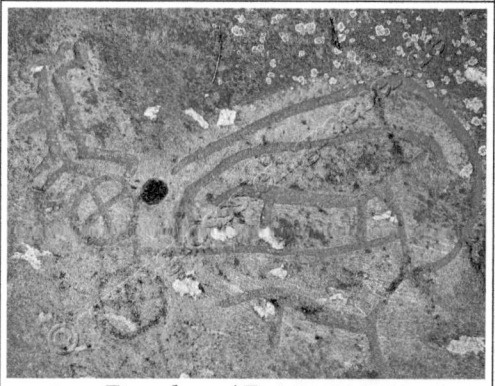

Einachser / Zweispänner
Faskeby

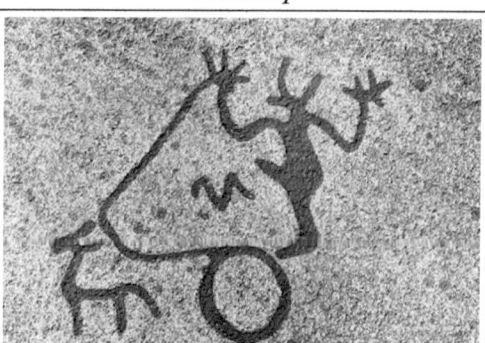

Einachser / Einspänner
Bohusläm

Sonnenpferd (?)
Balken

19

2. b)   Der Sonnenwagen von Trundholm

Der um 1400 v.Chr. hergestellte Sonnenwagen ist 60cm lang. Die Sonnenscheibe hat einen Durchmesser von 25cm und ist einseitig vergoldet.

Die vier Räder unter dem Pferd zeigen, daß es derartige Statuen in beachtlicher Größe in Tempeln o.ä. gegeben haben muß, die bei Prozessionen mitgezogen wurden. Wenn der tatsächliche mythologische Sonnenwagen, der über den Himmel fährt, dargestellt worden wäre, hätte man einfach die Statue eines Pferd, das einen Sonnenwagen zieht, angefertigt.

Diese „Pferde-Räder" lassen vermuten, daß das Motiv des von Pferden gezogenen Sonnenwagens um 1400 v.Chr. schon sehr alt gewesen sein muß, da man davon ausgehen kann, daß in der Anfangszeit eines Motives oder eines Brauches naturalistische Darstellungen, in diesem Fall also der Sonnenwagen mit „Räder-losem Pferd" benutzt werden.

Dieser Sonnenwagen wird zwar nur von einem einzelnen Pferd gezogen, aber er zeigt trotzdem, daß es um 1400 v.Chr. bei den Germanen das Motiv des Sonnenwagens gegeben hat.

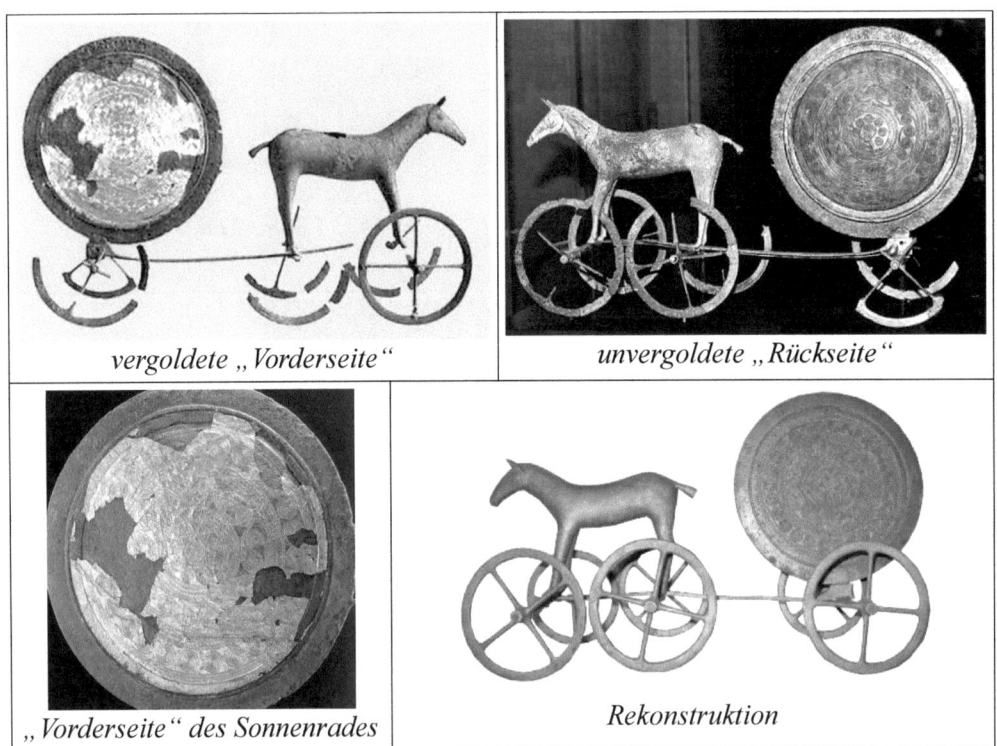

vergoldete „Vorderseite"

unvergoldete „Rückseite"

„Vorderseite" des Sonnenrades

Rekonstruktion

2. c) Das Hügelgrab von Kivik

In der Grabkammer in dem Hügelgrab eines Fürsten, der um ca. 1000 v.Chr. in Süd-schweden bestattet worden ist, finden sich einige mit Szenen gravierte Steinplatten als Grabkammer-Wände.

Eine dieser Platten zeigt u.a. einen zweispännigen Streitwagenfahrer. Auf einer wei-teren Steinplatte finden sich zwei Sonnen-Symbole und auf der Steinplatte daneben zwei Pferde-Paare. Diese Pferde-Paare könnten die beiden Alcis vor dem Streitwagen des Göttervaters Tyr sein.

zwei Sonnenscheiben, zwei Pferde-Paare, Wasserwellen (Unterwelt)   *Streitwagenfahrer, Tiere, Priester*

Da sich diese Steinplatten in einer Grabkammer befinden, werden sie das darstellen, was sich der Tote in ihr erhofft hat.

Die Priester kann man an ihren langen Gewändern erkennen. Ihre Acht-Zahl weist auf die Vollkommenheit hin, die generell die Symbolik der „8" ist (siehe „8" in Band 47). Der Mann vor ihnen scheint sich zu freuen, was wohl bedeutet, daß die Priester mit ihrer Tätigkeit erfolgreich gewesen sind – vermutlich haben sie den Toten als Schamanen-Priester ins Jenseits begleitet.

Unter dem Streitwagenfahrer stehen zwei Wölfe – wobei die Art der Tiere nicht ganz sicher ist. Wenn sie tatsächlich Wölfe sein sollten, waren sie wohl die beiden Alcis als Krieger. Dann wäre der Streitwagenfahrer ihr Vater Tyr, der damalige Sonnengott-Göttervater. Tyr wäre dann wohl das Ziel des Toten im Jenseits (später trat Odin in Walhall an diese Stelle); und Tyr wäre auch das Vorbild für die erfolgreiche Jenseitsreise – er kehrt jeden Morgen als wiedergeborene Sonne zurück.

Auch der Fisch könnte Tyr in der Wasserunterwelt repräsentieren – als Göttervater müßte er natürlich der größte Fisch, also der Wal sein. Diese Wal-Symbolik findet sich noch 2200 Jahre später in den Wikinger-Sagas.

Oben links sind vier Krieger mit Schwertern an ihren Gürteln zu sehen – die Bestattungs-Gemeinschaft?

Der kleine Hund links in der Mitte ist evtl. ein Führer für die Seele des Toten auf ihrem Weg in das Jenseits.

Die Bilder auf den beiden anderen Steinen lassen eine Assoziation von Sonne, Pferdepaar und Wasserunterwelt vermuten, was gut zu der Deutung des „Streitwagen-Steines" passt.

2. d) Tacitus

Dieses Volk (Germanen) *hat den besonderen Brauch, daß sie Weissagungen und göttliche Warnungen auch durch Pferde erlangen. Diese werden von der Gemeinschaft in denselben heiligen Hainen gehalten und ernährt – alle sind milchweiß und verrichten keinerlei irdische Arbeit.*

Sie werden vor den heiligen Streitwagen gespannt und von dem Priester und dem König oder dem Führer der Gemeinschaft begleitet, die beide sorgfältig auf seine Bewegungen und sein Wiehern achten.

Diese Schimmel werden den beiden Alcis entsprechen, die als die Rosse des Göttervaters auch dessen Willen vermitteln konnten.

2. e) Der Pferdepaar-Schlüssel von Uppakra

Schlüssel von Uppakra

In der Siedlung rings um die Reste eines Germanen-Tempels in Uppakra an der Südspitze von Schweden wurde ein Schlüssel gefunden, dessen Griff aus zwei stilisierten Pferden besteht. Die Wahrscheinlichkeit ist sehr groß, daß es sich bei ihnen um die beiden Alcis handelt.

Dieser Schlüssel wurde zwischen 0 n.Chr. und 400 n.Chr. hergestellt.

2. f)   Der Pferde-Schild von Trondheim

Auf einem Schild aus Norwegen ist in der Mitte ein Ring aus fünf konzentrischen Kreisen zu sehen, in dem sich ein Kreuz aus zweimal drei Linien befindet. Auf beiden Seiten des Kreuz-Kreises befindet sich ein stark stilisiertes „Doppelpferd". Diese Pferde werden wohl die Pferde vor dem Wagen der Sonne sein, sodaß dieses Kreis-Kreuz recht sicher ein Sonnensymbol ist und vermutlich auch den Ring Draupnir darstellt. Die beiden Pferdepaare könnten die Pferdezwillinge im Diesseits und im Jenseits darstellen.

Trondheim, Norwegen

2. g)   Runenkästchen von Auzon

Das Runenkästchen von Auzon wurde um ca. 700 n.Chr. in Northhumbria in Mittelengland aus den Kieferknochen eines Wales hergestellt. Es wurde nach seinem Fundort Auzon in Südfrankreich benannt.

Der Germane, der dieses Runenkästchen hergestellt hat, lebte zu derselben Zeit in derselben Gegend wie der Skalde, der das Beowulf-Epos niedergeschrieben hat – ob sie die beiden sich kannten, weiß man nicht, aber sie werden in etwa dasselbe Weltbild gehabt haben.

Das Kästchen ist 22,8cm breit, 18,5cm lang und 10,5cm hoch. Sein Volumen innen beträgt somit ca. 3.600cm^3, d.h. ca. 3,5 Liter. Es paßte nicht viel in dieses Schatzkästchen, aber für einen kleinen Vorrat an Goldmünzen und einige goldene Armreifen reichte es so gerade.

Auf einer der Bildplatten finden sich zwei Pferde zusammen mit zwei Wölfen und zwei Raben in einem Tempel.

Titus-Bildplatte des Runenkästchens von Auzon

Auf diesem Bild ist der spätere römische Feldherr Titus bei der Eroberung von Jerusalem zu sehen – in der Mitte das symbolisch dargestellte Jerusalem, rechts die jüdische Bevölkerung und links die Römer.

Links oben töten Titus (abweichende Rüstung) und vier weitere Römer einen Juden (rechts).

Rechts oben sind Juden auf der Flucht abgebildet.

Links unten hält Titus (auf den Thron) Gericht.

Rechts unten sind die Geiseln, die die Römer gefangengenommen haben, abgebildet.

Der Bogen in der Mitte könnte das ganze Jerusalem, aber evtl. auch nur den jüdischen Tempel darstellen. Die sechs Tiere in ihm sind durch ein germanisch-keltisches Knotenornament miteinander verbunden. Unten sind zwei Pferde zu sehen, in der Mitte zwei leicht stilisierte Wölfe und oben zwei Raben. Dies läßt vermuten, daß es sich hier um Odins achtbeiniges „Doppelroß" Sleipnir, um seine beiden Wölfe Geri und Freki sowie um seine beiden Raben Hugin und Munin handelt.

Diese drei Tier-Paare sind ursprünglich die beiden Alcis-Söhne des Tyr, die als seine beiden Rosse, als seine beiden Krieger (Wölfe) oder als deren Seelenvögel (Raben) erscheinen. Vermutlich ist jedoch noch nicht Odin, sondern noch immer Tyr gemeint, da die beiden einzelnen Rosse des Tyr in den Mythen des Odin zu dessen

24

achtbeinigem Doppel-Pferd Sleipnir geworden sind.

Somit sind diese beiden Pferde auf dem Runenkästchen von Auzon recht sicher die beiden Alcis-Söhne des Tyr.

Vermutlich hat der Runenmeister hier eine Verbindung von dem Tempel von Jerusalem zu dem damaligen germanischen Göttervater Tyr herstellen wollen.

Titus-Platte (Detail)

Die Runen und die lateinischen Buchstaben (oben rechts bzw. 3.Zeile) rings um dieses Bild lauten übersetzt:

her fegtath
titus end giutheasu
hic fugiant hierusalim afitatores
dom – gisl

Hier kämpfen
Titus und die Juden;
Hier fliehen Jerusalems Einwohner
Urteil – Geisel.

Diese beiden letzten Worten („dom" und „gisl") stehen einzeln links unten bzw. rechts unten und sind ein Kommentar zu der Tätigkeit des Titus, der links unten in der Mitte auf einem Thron abgebildet ist: Er ist der Richter von Jerusalem und er benutzt die Männer rechts unten als Geiseln, um den Gehorsam der jüdischen Bevöl-kerung zu erzwingen.

„Domgisl" ist auch ein Männername gewesen. Es ist daher denkbar, daß diese beiden Worte nicht nur ein Kommentar zu diesem Bild, sondern auch die „Unterschrift" des Runenmeisters sind, der diese Kästchen entworfen bzw. geschnitzt hat.

2. h)   Reisebericht des Ibn Fadlan

Dieser arabische Forschungsreisnde beschreibt um 922 n.Chr. das Opfer zweier Pferde bei der Bestattung eines Wikingerfürsten.

Dann kamen sie mit Nabid (Bier), Früchten und wohlriechenden Pflanzen und legten diese zu seinen Seiten nieder. Weiterhin brachten sie Brot, Fleisch und Zwiebeln und legten sie vor ihm hin. Dann kamen sie mit einem Hund und schnitten ihn in zwei Teile und warfen ihn ins Schiff. Danach kamen sie mit seinen Waffen und legten sie zu seinen Seiten nieder. Dann nahmen sie zwei Pferde und trieben sie solange bis sie schweißnaß waren. Daraufhin hieben sie diese in Stücke mit ihren Schwertern und warfen das Fleisch in das Schiff. Genauso taten sie es mit zwei Kühen, auch diese hackten sie in Stücke und warfen das Fleisch ins Schiff. Schließ-lich kamen sie mit einem Hahn und einem Huhn, töteten diese und warfen auch diese auf das Schiff.

Die Pferde und Rinder sind die Opfertiere, die die Zeugungskraft des Toten magisch sichern sollen.

Die Zweizahl der Pferde und Kühe ist mit großer Wahrscheinlichkeit durch die beiden Alcis inspiriert worden.

2. i)   Die Wandteppiche von Överhogdal

Auf den fünf Wandteppichen von Överhogdal, die um ca. 1100 n.Chr. angefertigt worden sind, finden sich zwei Darstellungen von achtbeinigen Pferden mit zwei Rei-tern, die sich in einer Jenseitsszenerie befinden, in der auch eine Fülle von Sonnen-symbolen zu sehen ist.

Diese beiden Reiter werden die beiden Alcis sein. Die beiden Pferde-Söhne des Tyr sind hier sozusagen doppelt dargestellt worden: als achtbeiniges Doppel-Pferd und als zwei Reiter.

Auch das auffällige Pferdepaar wird wohl die beiden Alcis als Pferde-Zwillinge sein.

Pferde-Paar

zwei Reiter auf achtbeinigem Pferd

zwei Reiter (?) auf sechsbeinigem Pferd (Vereinfachung?, Platzmangel?)

Auf diesen fünf Wandteppichen von Överhogdal finden sich auch drei Pferde, die mit Sonnenzeichen sowie mit christlichen oder germanischen Kreuzen (Kreis-Kreuz = Sonne) gekennzeichnet sind. Auf diesen Wandteppichen sind (wie damals üblich) germanische und christliche Symbole kombiniert worden.

Diese drei Pferde werden daher Sonnenpferde sein.

Pferd mit einem Sonnensymbol

Pferd mit drei Sonnensymbolen und einem Kreuz

Pferd mit einem Kreuz

Auf drei Pferden sitzt ein „jubelnder" Reiter. Diese markante Armhaltung findet sich auch schon auf der bereits besprochenen Steinplatte aus dem Hügelgrab von Kivik. Diese Symbolik scheint sehr alt zu sein – selbst die ägyptische Hieroglyphe für „Freude" wird auf diese Weise geschrieben.

Da einer dieser Reiter auf einem Sonnenpferd sitzt, sollten diese sich freuenden Reiter entweder ein Toter, der erfolgreich ins Jenseits gelangt ist, oder der Sonnengott-Göttervater Tyr selber sein.

sich freuender Reiter auf Sonnenpferd: Tyr oder Toter

sich freuender Reiter auf Pferd: Tyr oder Toter

sich freuender Reiter auf Pferd: Tyr oder Toter

2. j) Der Seherin Ausspruch

Schon am Anfang der Zeit lenkt die Sonne den Wagen, der von den Himmelsrossen gezogen wird:

Die Sonne von Süden, des Mondes Gesellin,
Hielt mit der rechten Hand die Himmelsrosse.
Sonne wußte nicht wo sie Sitz hätte,
Mond wußte nicht was er Macht hätte,
Die Sterne wußten nicht wo sie Stätte hatten.

2. k) Gylfis Vision

Das Bild des Sonnenwagens hat sich bis in die Zeit der Edda erhalten können. In ihm fuhr allerdings nicht mehr der Sonnengott-Göttervater Tyr, sondern es war der Sonnenwagen selber, der als Sonne leuchtete.

Dieser Wagen wurde von zwei Hengsten gezogen, die mit den Alcis identisch sein werden. Sie heißen Arwakr („Frühwach") und Alswid („Allgeschwind").

„Sol" ist die Sonne und „Mani" ist der Mond.

Ein Mann hieß Mundilföri, er hatte zwei Kinder. Sie waren hold und schön. Da nannte er den Sohn Mani und die Tochter Sol, und vermählte sie einem Manne, Glen genannt.

Aber die Götter, die ihr Stolz erzürnte, nahmen die Geschwister und setzten sie an den Himmel, und hießen Sol die Hengste führen, die den Sonnenwagen zogen, welchen die Götter, um die Welt zu erleuchten, aus den Feuerfunken geschaffen hatten, die von Muspelheim geflogen kamen.

Die Hengste hießen Arwak und Alswid.

2. l) Grimnir-Lied

Arwak und Alswid sollen immerdar
Schmachtend die Sonne führen.

2. m)   Skaldskaparmal

Arvakr und Alsvidr ziehen die Sonne, wie bereits zuvor geschrieben worden ist; Hrimfaxi oder Fjörsvartnir ziehen die Nacht; Skinfaxi und Gladr sind die Rosse des Tages.

2. n)   Sigdrifa-Lied

Die Walküre Sigdrifa singt ihrem Geliebten Sigurd ein Lied über die Orte, an denen sich (magisch wirksame) Runen befunden.

Dieses Lied, das Odin von Mimirs Haupt (Tyr) gelernt hat, beginnt mit der Schilderung des Sonnenwagens und der Rosse, die ihn ziehen. Dies wird daher einst das wichtigste mythologische Motiv gewesen sein – offenbar zu der Zeit, als Tyr noch der Sonnengott-Göttervater gewesen ist.

Auf dem Berge stand er mit blankem Schwert,
Den Helm auf dem Haupte.
Da hub Mimirs Haupt an weise das erste Wort
Und sagte wahre Worte:

Dieser „Er" auf dem Berg ist der wiedergeborene Schwertgott-Sonnengott-Göttervater Tyr mit seinem Schwert und seinem Goldhelm auf seinem Hügelgrab.

„Mimir" ist Tyr als Riese im Jenseits. Wie im Ahnenkult üblich, sprach der Schamanengott Odin in den späteren Texten mit dem Haupt des toten Mimir, also mit dem von ihm abgesetzten Göttervater Tyr, um dessen Weisheit zu erlangen.

Im Sigdrifa-Lied spricht offenbar noch Tyr selber mit seinem toten Vater Mimir, auf dessen Hügelgrab er dabei wie beim Utiseta (siehe „Utiseta" in Band 50) steht. Letztlich sind Tyr und Mimir miteinander identisch, da Tyr der wiedergeborene Tyr-Mimir ist.

Auf dem Schilde stehen sie vor dem scheinenden Gott,
Auf Arwakrs Ohr und Alswidrs Huf,
Auf dem Rad, das da rollt unter Rögnirs Wagen,
Auf Sleipnirs Zähnen, auf des Wagens Bänder.

Der scheinende Gott mit dem Schild ist der Sonnengott-Göttervater Tyr mit seinem Sonnenschild.

In der zweiten Zeile folgen die beiden Rosse, die den Wagen des Tyr ziehen.

29

Das Rad unter Rögnirs Wagen wird der Streitwagen sein, der von den beiden Alcis gezogen wird und in dem Tyr steht. „Rögnir" bedeutet „Herrscher" und ist eine passende Umschreibung für den ehemaligen Göttervater.

In der vierten Zeile folgt Odins achtbeiniges Doppelpferd Sleipnir, der eine Umgestaltung der beiden Alcis für den Reiter Odin ist.

Das meist mit „Schlitten" übersetzte altnordische Wort „sledi" bedeutet wörtlich „Gleiter" und könnte auch für den „dahingleitenden Sonnenwagen" benutzt worden sein – zumal auch die Namen von Tyrs Roß Svadilfari und Odins Roß Sleipnir die Bedeutung „Dahingleitender" haben. Möglicherweise hatte der Streitwagen der Sonne den Namen „Sledi".

Als Runen auf den Hufen und auf den Ohren der beiden Rosse vor dem Sonnen-Streitwagen kommen vor allem die Sonnen-Rune „Sol", die Elche-Rune „Algiz" und die Pferde-Rune „Ehwaz" in Frage.

2. o)   Odins Rabenzauber

In diesem Lied erscheint Alswidr in einem Zusammenhang, in dem der Skalde, der dieses Lied verfaßt hat, sich möglicherweise eine recht große dichterische Freiheit erlaubt hat.

Den Zwergen schwindet die Stärke. Die Himmel
Neigen sich nieder zu Ginnungs Nähe.
Alswidr sinkt oftmals herab,
Oft hebt er die Sinkenden wieder empor.

„Ginnung(-agap)" ist der „gähnende Abgrund", der am Anfang der Zeit die beiden Urgegensätze Niflheim (das kalte „Nebelheim" im Norden) und Muspelheim (das heiße „Flammenheim" im Süden) voneinander trennte.

Die in dem ersten Satz erwähnten Zwerge sind die vier Zwerge Austri, Sudri, Westri und Nordri, die in den vier Himmelsrichtungen den Himmel tragen, den die Asen aus dem Schädel des Urriesen Ymir erschaffen haben.

„Alswidr" („Allgeschwind") und „Arwakr" („Frühwach") sind die beiden Pferde, die den Sonnenwagen ziehen. Das drohende Unheil scheint mit dem Sonnenuntergang assoziiert worden zu sein, da sich Alswidr am Horizont befinden muß, um den Zwergen helfen zu können, die sich am unteren Rand der Himmelskuppel befinden – eine Deutung als (hoffnungsvoller) Sonnenaufgang gäbe an dieser Stelle wenig Sinn.

Zumindestens eines dieser beiden Pferde scheint den vier Zwergen dabei zu helfen, den Himmel zu tragen, wenn die schwächer werdenden Zwerge ihn zur Erde

(Ginnung) niedersinken lassen. Vermutlich ist dies ein Bild für die drohende Zerstörung der Welt – dieses mythologische Motiv ist in neuerer Zeit durch einige Gallier, die nur „fürchten, daß ihnen der Himmel auf den Kopf fällt", wieder etwas bekannter geworden …

2. p) Völsungen-Saga

„Alsvidr" ist auch als Männername bekannt. Dies spricht sehr dafür, daß dieser Name aus einer Zeit stammt, in der man „Alsvidr" noch als den Namen des eines der beiden Krieger-Söhne des Tyr aufgefaßt hat, der sich in einen Schimmel verwandeln und den Sonnenwagen ziehen konnte, denn daß man einen Pferdenamen für einen Mann benutzt hat, scheint doch sehr unwahrscheinlich.

Sigurd ritt hinfort bis er zu einem großen und ansehnlichen Gebäude kam, dessen mächtiger Herr Heimir genannt wurde; er hatte eine Schwester der Brünhild zur Frau, die Bekkhild („Bank-Hilde") genannt wurde, da sie daheim geblieben und Handarbeit gelernt hatte, während Brünhild mit Helm und Brünne in Kriege gezogen war, weshalb sie „Brünnen-Hilde" genannt wurde.
Heimir und Bekkhild hatten einen Sohn, der Alswid hieß – der ritterlichste aller Männer.

Falls Bekkhild ursprünglich wie ihre Schwester Brünhild eine Walküre und somit eine Erscheinungsform der Jenseitsgöttin gewesen ist, wären die beiden Pferdesöhne Alswid und Arwakr des ehemaligen Göttervaters Tyr nicht nur dessen Söhne, sondern wie Tyr selber auch die Söhne der Jenseitsgöttin. Daher könnte der Name des Sohnes Alswid der Bekkhild durchaus einen mythologischen Ursprung haben – Tyr und seine beiden Söhne werden am Morgen wiedergeboren.

2. q) Thulur

In den Thulur wird „Arvakr" auch als Name eines Stieres aufgeführt. Dies liegt vermutlich daran, daß sowohl Pferde als auch Stiere Zugtiere waren – diese naheliegende Vermischung von Pferd und Stier findet sich des öfteren in der germanischen Überlieferung.

In dem Reisebericht des Ibn Fadlan werden sowohl zwei Pferde als auch zwei Kühe geopfert.

31

Vielleicht konnten die beiden Alcis auch als zwei Stiere erscheinen – aber es scheint ein wenig gewagt zu sein, aus diesen beiden vagen Hinweisen auf eine solche Symbolik zu schließen.

2. r)   Gylfis Vision

In seinem Überblick über die germanische Mythologie nennt Snorri nur Skinfaxi als Roß des Dag („Tag"). Dag ist der Sonnengott-Göttervater Tyr.

Er fährt mit einem Einspänner so wie es auch durch den Sonnenwagen von Trundholm dargestellt worden ist.

„Skinfaxi" bedeutet „Glanzmähne" oder „Lichtmähne".

Da nahm Allvater die Nacht und ihren Sohn Dag und gab ihnen zwei Rosse und zwei Wagen und setzte sie an den Himmel, daß sie damit alle zweimal zwölf Stunden um die Erde fahren sollten.

Die Nacht fährt voran mit dem Rosse, das Hrimfaxi heißt, und jeden Morgen betaut es die Erde mit dem Schaum seines Gebisses.

Das Roß, womit Dag fährt, heißt Skinfaxi und Luft und Erde erleuchtet seine Mähne.

2. s)   Wafthrudnir-Lied

Auch in diesem Lied fährt Dag, d.h. die Sonne nur einen Einspänner, der von Skinfaxi gezogen wird.

Wafthrudnir (Tyr):
„Sage Du, so Du von der Flur versuchen willst,
Gangrad, Dein Glück,
Wie heißt der Hengst, der herzieht den Tag
Über der Menschen Menge?"

Gangrad (Odin):
„Skinfaxi heißt er, der den schimmernden Tag zieht
Über der Menschen Menge.
Für der Füllen bestes gilt es den Völkern,
Stets glänzt die Mähne der Mähre."

Mit dem „Glanz" der Mähne könnte eine goldene Mähne gemeint sein. „Skinfaxi"
bedeutet „Glanzmähne" oder „Lichtmähne".

2. t) Odins Rabenzauber

Da trieb aus dem Tore wieder Dellings Sohn
Sein schön mit Gestein geschmücktes Roß;
weit über Menschenheim hinweg glänzte die Mähne des Pferdes:
Das Roß zog in seinem Wagen Dvalins Spielgesellen.

„*Delling*" bedeutet „Strahlender"" oder „Tagesbruch". Der Sohn des Tagesanbruchs
ist die Sonne und somit auch der Gott Tyr, der am Abend vorher eingeschlafen, d.h.
gestorben ist. „*Menschenheim*" ist die Welt der Menschen. Sein Roß wird vermutlich
das häufiger genannte „Skinfaxi" und nicht „Gladr" sein. Die Formulierung „seine
Mähne glänzt" ist eine Umschreibung des Namens „Glanzmähne" („Skinfaxi") –
diese poetische Methode wurde von den Skalden des öfteren angewendet.
„*Dvalins Spielgeselle*" ist die Sonne, wie u.a. im Alwis-Lied erläutert wird. Thor
überlistete den Zwerg Alwis dadurch, daß er ihn solange in Rätselfragen verstrickte
bis die Sonne aufging und der Zwerg durch die ersten Sonnenstrahlen zu Stein wurde.
Diese Szene zeigt deutlich, daß die Zwerge Wesen der Unterwelt, ursprünglich also
Ahnen waren.
Der Begriff „Spielgeselle" zeigt den bisweilen etwas derben Humor der Germanen,
da das Spiel der Sonne mit Dwalin den Zwerg das Leben kostete.

2. u) Gylfis Vision

Der Gott Heimdall, der aus einem Beinamen des Göttervaters Tyr entstanden ist,
wie sich u.a. daran erkennen läßt, daß Heimdall die drei Stände der Germanen be-
gründet, reitet einen Hengst, der den Namen „Gulltop" („Goldmähne") trägt.
Auch Heimdalls goldene Zähne zeigen, daß er ursprünglich der Sonnengott-Göttervater Tyr gewesen ist. Sie entsprechen dem goldenen Helm des Tyr, der ihm um 500
n.Chr. bei seiner Absetzung von Odin geraubt worden ist.

Heimdall heißt auch Hallinskidi und Gullintanni, weil seine Zähne von Gold sind.
Sein Pferd heißt Gulltop.

2. v)   Skaldskaparmal

In der Hrungnir-Mythe reitet der Riese Hrungnir, der der ehemalige Sonnengott-Göttervater Tyr im Jenseits ist, den Hengst Gullfaxi („Goldmähne"). Odin und Hrungnir machen einen Wettritt, den Odin gewinnt. In diesem Zusammenhang trägt Odin einen goldenen Helm, den er sehr wahrscheinlich dem Tyr abgenommen hat. Dieser Helm wird ursprünglich wie Heimdalls goldene Zähne ein Symbol für die Sonne gewesen sein.

Da frug Hrungnir, welchen Mann er da sehe mit dem Goldhelm, der Luft und Wasser reite? Er sagte auch, er reite ein sehr gutes Roß.

Da sagte Odin, er wolle sein Haupt verwetten, daß kein so gutes Roß in Jötunheim sei.

Hrungnir sagte, jenes Roß möge gut sein; aber sein eigenes Roß, das Gullfaxi heiße, mache viel weitere Sprünge. Hrungnir wurde zornig, sprang auf sein Roß und setzte Odin nach und gedachte, ihm seine Prahlerei zu lohnen.

Odin ritt so schnell, daß er eine gute Strecke voraus war; aber Hrungnir war in so großem Jotenzorn, daß er nicht merkte, als er schon innerhalb der Asenmauer war.

Diese beiden „Goldmähne"-Hengste Gullfaxi und Gulltop könnten einst die Namen der beiden Rosse vor dem Streitwagen des Sonnengott-Göttervaters Tyr gewesen sein. Dies Annahme würde die Deutung des Heimdall als eine Variante des Göttervaters bestätigen.

Die beiden Hengste vor dem Sonnenwagen werden bei den meisten Indogermanen als Schimmel dargestellt. Es wäre jedoch nicht verwunderlich, wenn die goldene Farbe des Sonne auf sie „abgefärbt" hätte.

2. w)   Oddruns Klage

Die Formulierung „goldhufige Hengste", die ja kaum wörtlich sein kann, da die Hufe von Pferden weder golden aussehen noch mit Gold beschlagen sein können (weil Gold viel zu weich ist), wird vermutlich aus einer alten Beschreibung der Sonnen-Rosse stammen und könnte einst ein Bild i einer Hymne oder in einem Ritual-Text gewesen sein.

Goldhufige Hengste hörte man traben,
Da die Söhne Giukis in den Schloßhof ritten.

2. x)   Das erste Lied über Helgi Hunding-Töter

Hödbrodd:
„Laßt rasche Rosse zum Kampfthing rennen,
Aber Sporwitnir gen Sparinsheide,
Melnir und Mylnir gen Myrkwid:
Sitze mir selten säumig daheim,
Wer Wundenflamme zu schwingen weiß.“

Eine „Wundenflamme“ ist ein Schwert.
„Mylnir“ („Pferd mit Halfter“) ist vermutlich ein gezähmtes und gehorsames Pferd.
Der Name „Melnir“ bedeutet wörtlich „Gebißträger“, wobei mit dem „Gebiß“ keine Zahnprothese, sondern die Gebißstange des Zaumzeugs gemeint sein wird.
Da sich die Namen der beiden Rosse stabreimen und sie zum Jenseitsgrenzenwald Myrkvid („Düsterwald“) unterwegs sind, werden sie auf die beiden Alcis zurückgehen.

2. y)   Die Saga über Ragnar Lodenhose

Sie fuhren zu diesem Ort und als sie dort ankamen, bereiteten sich darauf vor, von Bord zu gehen. Es schien ihnen nötig, daß einige Truppen bei den Schiffen blieben, um sie zu bewachen. Und ihr Bruder Rögnvald schien ihnen so jung, daß er solch großen Gefahren wie denen, denen sie wohl begegnen würden, noch nicht gewachsen war, und sagten ihm daher, daß er zusammen mit einigen Truppen die Schiffe bewachen solle.
Als sie von Bord gegangen waren, sagte Ivar, daß die Festung zwei Tiere besaß, die zwei junge Wallache waren, und daß die Menschen sich von ihnen abwendeten und flohen, da sie ihre Schreien und ihre Troll-artige Gestalt nicht ertragen konnten.

Ein Wallach ist ein kastrierter Hengst. Dies könnte ein Umkehrung des Motivs der Wiederzeugung sein, bei dem die Toten bzw. der Göttervater im Jenseits mit einem Hengst identifiziert wurde. Die Kastration des Hengstes macht ihn unfähig dazu, die Toten bei ihrer Wiederzeugung magisch zu unterstützen. Wenn diese Deutung zutreffen sollte, wäre das ein versteckter Spott über die heidnischen Vorstellungen.
Es wäre aber auch denkbar, daß das Schreien der Hengste bei ihrer Kastration der Ursprung dieses Motivs gewesen ist.
Ihr Troll-artiges Aussehen spricht jedoch eher für eine mythologische Deutung dieses Motivs.

Da sagte Ivar: „Haltet euch so gut ihr könnt, auch wenn ihr Furcht spürt, denn nichts wird euch verletzen.“

Dann zogen sie mit ihren Truppen los. Und als sie in die Nähe der Festung kamen, bemerkten die, die an diesem Ort lebten, die nahenden Truppen und ließen die Tiere, in die sie großes Vertrauen hatten, auf sie los. Und als die Wallache losgelassen worden waren, sprangen sie wütend vor und brüllten schrecklich. Da sah Ivar sie von dort aus, wo er auf einem Schild getragen wurde und sagte seinen Männern, daß sie ihm seinen Bogen bringen sollten, was sie taten. Dann schoß er auf die üblen Wallache, so daß beide ihren Tod fanden und damit war die Schlacht, die die Männer am meisten gefürchtet hatten, beendet.

Diese beiden Wallache könnten die beiden Alcis sein, die die Menschen in dieser Stadt beschützen sollten.

Vielleicht ist diese Szene eine Umdeutung von zwei Pferden, die zu einem Alcis-Tempel gehört haben.

2. z)   Gylfis Vision

Der Riese, der die Mauer rings um Asgard errichtete, ist ebenfalls ein Tyr-Riese, d.h. der ehemalige Göttervater im Jenseits. Sein Roß trägt den Namen „Svadilfari“, d.h. „Gleitend Dahinziehender“ – ein passender Name für ein Roß, das den Sonnenwagen über den Himmel zieht.

Als die Asen dem Riesen-Baumeister diese Bedingung sagten, da verlangte er von ihnen, daß sie ihm erlauben sollten, sich der Hilfe seines Pferdes Swadilfari zu bedienen.

Dieser Hengst zeugt mit Loki, der sich in eine Stute verwandelt hat, Odins achtbeiniges „Doppel-Roß“ Sleipnir. Odins Roß ist also passenderweise der Sohn des Rosses seines Vorgängers Tyr, der hier als der Riesenbaumeister erscheint.

Mythologisch gesehen ist Sleipnir aus der Verschmelzung der beiden Rosse vor dem Sonnenwagen entstanden, als Odin die Symbolik des ehemaligen Sonnengott-Göttervaters Tyr übernommen. Da Odin kein Streitwagenfahrer, sondern ein Reiter war, war das achtbeinige „Doppel-Roß“ die eleganteste Lösung – schließlich konnte Odin nicht weniger PS besitzen als der von ihm abgesetzte Tyr …

Loki selbst war als Stute dem Swadilfari begegnet und einige Zeit nachher gebar er ein Füllen, das war grau und hatte acht Füße, und dies ist der Pferde bestes bei Göttern und Menschen.

2. aa) Völsungen-Saga

Da ritt Granmar fort um König Hodbrod an einem Ort, der Sonnenberg genannt wurde, zu treffen. Die Pferde der beiden wurden Sveipud und Sveggjud genannt. Die Brüder trafen sich in dem Vorraum der Halle und Granmar erzählte Hodbrod die Kriegs-Neuigkeiten.

Die beiden Pferde von zwei Männern, die sich in einer Saga, die viele Motive aus den alten Tyr-Mythen enthält, an einem Sonnenberg treffen, stehen natürlich sofort unter dem Verdacht, auf die beiden Alcis zurückzugehen.

Sowohl „Sveipud" als auch „Sveggjud" bedeutet „(Hufe-)Schwinger". Diese Gleichheit der Pferde-Namen sowie ihre Alliteration bestätigen den Anfangsverdacht, daß diese zwei Pferde auf die beiden Alcis zurückgehen.

Diese beiden Pferde sind zu einem Ort Namens „Sonnenberg" unterwegs, womit vermutlich das Hügelgrab des ehemaligen Sonnengott-Göttervaters Tyr, der der Vater der beiden Alcis ist, gemeint sein wird. Dieser „Sonnenberg" ist vermutlich ein Kult-ort des Tyr.

Diese beiden Rosse werden daher genauso wie die Alcis und genauso wie auch ihre Reiter Brüder sein.

1. ab) Die Rune „Ehwaz"

Der Name der Rune „Ehwaz" bedeutet „Pferd" (lateinisch „equus"). Zu dieser Rune sind viele Assoziationen möglich gewesen, die mit der Wichtigkeit der Pferde im Krieg beginnen und bis zu der Umwandlung der beiden Pferde-Söhne des ehemaligen Göttervaters Tyr zu dem achtbeinigen „Doppelpferd" Sleipnir des neuen Göttervaters Odin reichen.

In dem altenglischen Runenlied stehen nur allgemeine Dinge über diese Pferde-Rune:

Eh (Pferd) *ist eine Freude / für die Fürsten unter den Edlen,*
ein Huf-stolzes Roß, / wenn reiche Krieger
auf dem Pferderücken / sich über sie unterhalten:
dies ist stets eine Wohltat / für Ruhelose.

Nur die reichen Krieger konnten sich ein Pferd leisten. Sie ritten dann stolz einher und schilderten sich gegenseitig die großen Vorzüge ihres Rosses – so wie man heute vor seinen Kumpels die Vorteile des neuen Motorrads preisen würde …

Die „Ruhelosen" sind die Reiter, die nicht ruhig zuhause bleiben und den Acker bestellen können.

Die leise Ironie des Verfassers dieser Strophen ist kaum zu übersehen.

Auf der Bügelfibel von Dischingen stehen lediglich zwei Runen: „A E". Wenn man diese Runen, so wie es auch von vielen anderen Inschriften bekannt ist, als Abkürzungen nimmt, d.h. davon ausgeht, daß nicht die Rune, sondern der Runen-Name gemeint ist, ergäbe sich die Bedeutung: „A(nsuz) E(hwaz)".

Auf deutsch würde dies dann „Ase des Pferdes", d.h. „Pferde-Ase" bedeuten, womit entweder Tyr auf seinem Streitwagen, der von seinen beiden Pferde-Söhnen („Alcis") gezogen wird, oder Odin auf seinem achtbeinigen „Doppelpferd" (das aus den beiden Alcis entstanden ist) gemeint sein könnte. Drittens könnte diese Inschrift natürlich auch als Plural aufgefaßt werden und sich auf die beiden Alcis, also die beiden „Pferde-Asen" beziehen.

Da diese Fibel um ca. 550 in Württemberg, also bei den Südgermanen gefunden worden ist, wird der „Pferde-Ase" Odin sein, da dieser bei den Südgermanen schon in vorrömischer Zeit an die Stelle des Tyr als Göttervater getreten ist.

2. ac)   Das Doppelpferd von Novgorod

Doppelpferd von Novgorod

Die Stadt Novgorod liegt 180km südlich von St. Petersburg an dem Fluß Wolchow, der in den Finnischen Meerbusen der Ostsee mündet.

In dieser Stadt, die einst von den Wikingern beherrscht worden ist, ist ein Doppelpferd-Anhänger gefunden worden, das wahrscheinlich die beiden Alcis darstellt.

Vermutlich ist er um ca. 900 n.Chr. hergestellt worden.

2. ad)   Nykr

Dies ist ein Wasserungeheur, das in der Gestalt eines grauen Pferdes erscheint – evtl. sind dies die beiden Pferde-Söhne des Tyr gewesen, die seinen Streitwagen in die Wasserunterwelt fahren. Als die Wikinger Nilpferde kennenlernten, haben sie auch diese Tiere als „Nikr" bezeichnet.

Dieser Name ist eine Variante des Wassergeistes „Nicor", der ursprünglich der Gott des Meeres, d.h. der Wasserunterwelt-Totengott gewesen sein wird (siehe „Nicor" in Band 10).

Zu diesem Namen gehört auch der Odin-Name „Hnikarr". Diesen Titel hat Odin erhalten, da der Wasserunterwelt-Totengott Tyr-Ägir (Odins Vorgänger) während seiner winterlichen Verbannung in der Wasserunterwelt gewesen ist (siehe „Ägir" in Band 10).

2. ae)   Zusammenfassung

Zweispännige Wagen sind bereits aus den skandinavischen Felsritzungen und aus dem Hügelgrab von Kivik bekannt.

Das Motiv des Sonnenwagens ist auch durch den Sonnenwagen von Trundholm nachgewiesen, der jedoch ein Einspänner ist.

Die Felsritzung, die ein Pferd mit einem Kreis als Kopf darstellt, könnte die Sonne auf einem Pferd sein oder ein „Sonnenpferd" – analog dem „Sonnenhirsch" aus dem „Sonnenlied".

Sowohl auf einem Schlüssel als auch auf einem Schild ist ein Pferdepaar dargestellt worden, was zeigt, daß dieses Motiv auch noch um ca. 0-500 n.Chr. wichtig gewesen ist.

Die beiden Pferde, die um 920 n.Chr. für einen Wikingerfürsten bei dessen Bestattung geopfert worden sind, werden ebenfalls den beiden Alcis entsprochen haben.

Auch auf dem um 1100 n.Chr. angefertigten Wandteppich von Överhogdal sind noch Pferdepaare, achtbeinige „Doppel-Pferde", Pferde mit zwei Reitern und Pferde mit Sonnensymbolen auf ihrem Fell gestickt worden.

Die von Odin bekannte Kombination von zwei Pferden bzw. einem „Doppelpferd" (Sleipnir), zwei Wölfen und zwei Raben findet sich bereits auf dem um 700 n.Chr hergestellten Runenkästchen von Auzon.

In den Mythen, Liedern und Sagas wird der Sonnenwagen noch immer von zwei Rossen gezogen: von Arwakr und Aslwidr. Alswidr war auch ein Männername und ein Stiername.

Die Sonnengötter (Tyr) Dag und Delling reiten beide das Roß mit dem Namen „Skinfaxi" („Lichtmähne"). Heimdall (Tyr) reitet auf „Gulltop" („Goldmähne") und Tyr-Hrungnir besitzt ein Roß mit dem ganz ähnlichen Namen „Gullfaxi" („Gold-mähne").

Die beiden Rosse vor dem Sonnenwagen sind Schimmel mit goldener Mähne und goldenen Hufen – und vermutlich auch mit einem goldenen Schweif und goldenen Zähnen (wie Heimdall). Auf ihren Hufen stehen Runen – evtl. Sol, Algiz und Ehwaz.

In den Mythen, Liedern und Sagas kommen viele Pferde-Paare vor, deren Namen sich oft stabreimen und die an einigen Stellen auch mit Sonnensymbolen verknüpft werden.

Aus den beiden Alcis des Tyr ist nach 500 n.Chr. das achtbeinige „Doppel-Roß" Sleipnir des Odin geworden.

3. Die beiden Ziegenböcke

Der Streitwagen des Donnergottes Thor wird von zwei Ziegenböcken gezogen. Dies ist wahrscheinlich eine Parallelbildung zu den beiden Alcis-Rossen des Tyr, die aus den Ziegenbock-Opfern für Thor entstanden ist, als Thor und Odin um 500 n.Chr. den Gott Tyr als nordgermanischen Göttervater abgesetzt haben.
Siehe dazu auch „Ziegen" in Band 42.

3. a)   Gylfis Vision

Thor hat zwei Böcke, sie heißen Tanngniost („Zahnknirscher") und Tanngrisnir („Zahnmahler") und einen Wagen, in dem er fährt und die Böcke ziehen den Wagen: darum heißt er Ökuthor („Wagen-Thor").

3. b)   Gylfis Vision

Der Anfang dieser Erzählung ist nun, daß Ökuthor ausfuhr mit seinem Wagen und seinen Böcken und mit ihm der Ase, der Loki heißt. Da kamen sie am Abend zu einem Bauern und fanden da Herberge.

Zur Nacht nahm Thor seine Böcke und schlachtete sie beide; darauf wurden sie abgezogen und in den Kessel getragen. Und als sie gehäutet waren, wurden sie gekocht. Als sie gesotten waren, setzte sich Thor mit seinem Gefährten zum Nachtmahl. Thor bat auch den Bauern, seine Frau und beide Kinder, mit ihm zu speisen. Des Bauern Sohn hieß Thialfi und die Tochter Röskwa.

Da legte Thor die Bocksfelle neben den Herd, und wies den Bauer und seine Hausleute an, die Knochen auf die Felle zu werfen.

Diese Szene könnte aus den Bestattungsgebräuchen stammen, bei denen z.T. das Fell und die Knochen des Opfertieres in einem See oder Sumpf versenkt wurden.

Thialfi, der Sohn des Bauern Sohn, nahm das Schenkelbein des einen Bocks und öffnete es mit seinem Messer und brach es entzwei, um an das Mark zu kommen.

Thor blieb die Nacht da und kurz vor dem Morgengrauen stand er auf, kleidete sich an, nahm den Hammer Miölnir und erhob ihn, um die Bocksfelle zu weihen. Da standen die Böcke auf; aber dem einen lahmte das Hinterbein. Thor bemerkte es und sagte, der Bauer oder seine Hausgenossen müßten unvorsichtig mit den Knochen des

41

Bocks umgegangen sein, denn er sehe, das eine Schenkelbein wäre zerbrochen.

Es braucht nicht weitläufig erzählt zu werden, da es einem jeden klar ist, wie sehr der Bauer erschrak, als er sah, daß Thor seine Augenbrauen über die Augen sinken ließ – so wenig er auch noch von den Augen zu sehen vermochte, so glaubte er doch, unter der Schärfe des Blicks zusammenzubrechen. Thor faßte den Hammerschaft so hart mit den Fingern an, daß die Knöchel davon weiß wurden.

Der Bauer gebärdete sich, wie man es wohl erwarten mag: Er und alle seine Hausgenossen schrien entsetzlich und boten alles, was sie besaßen, zum Ersatz an.

Als Thor ihren Schrecken sah, ließ er von seinem Zorn, beruhigte sich und nahm ihre Kinder Thialfi und Röskwa zum Vergleich an: die wurden nun Thors Dienstleute und folgen ihm seitdem überall.

3. c)   Hymir-Lied

Sie fuhren nicht lange, so lag am Boden
Von Hlorridis Böcken halbtot der eine.
Scheu vor den Strängen schleppt er den Fuß:
Das hatte der listige Loki verschuldet.

Doch hörtet ihr wohl (wer hat davon
Der Gottesgelehrten ganze Kunde?),
Welche Büß er empfing von dem Bergbewohner (Loki):
Den Schaden zu sühnen gab er der Söhne zwei.

3. d)   Lied des Ulfr Ugga-Sohn

Angstvoll nannte der stämmige Dicke (Hymir)
dies eine schreckliche Gefahr,
als der wundersam riesige Fang (Jörmungandr)
von dem Herrn der Ziegenböcke (Thor) emporgezogen wurde.

3. e)   Haustlöng

Auf dem Kreis (Schild) *kann man auch sehen,*
O Mann des Höhlen-Feuers (Fürst) ,
wie der Schrecken der Riesen (Thor)
dem Hügel der Stein-Stadt (Utgard) *einen Besuch abstattete.*
Der wütende Sohn der Jörd (Thor)
fuhr zu dem Spiel des Eisens (Kampf)
und der Weg des Mondes (Himmel) *donnerte* (Thors Wagen) *unter ihm.*
Wut schwoll an in Meilis Bruder (Thor) .

All die Falken-Heiligtümer (Himmel)
standen in Flammen (Blitze)
wegen Ullrs Stiefvater (Thor)
und der Boden unten wurde von Hagel geprügelt,
als die Ziegenböcke
die Tempel-Macht (Thor) *auf dem leichten Streitwagen*
vorwärts zu dem Treffen mit Hrungnir zogen.
Svolnirs Witwe (Erde) *brach fast entzwei.*

3. f)   Die Zwillinge von Grevens Vaenge

In den kleinen dänischen Dorf Grevens Vaenge wurde eine germanische Standarte mit zwei Figuren aus der Bronzezeit (1700-500 v.Chr.) gefunden, die leider verloren-gegangen ist. Zum Glück existiert noch eine Zeichnung sowie eine der beiden Figuren.

Die Hörner an den Helmen der beiden Figuren könnten Ziegenhörner, aber auch Stierhörner sein.

Zwei gleichaussehende Männer auf einer Standarte, d.h. zwei Männer, die im Kult eine wichtige Rolle spielen, können nur die beiden Alcis sein.

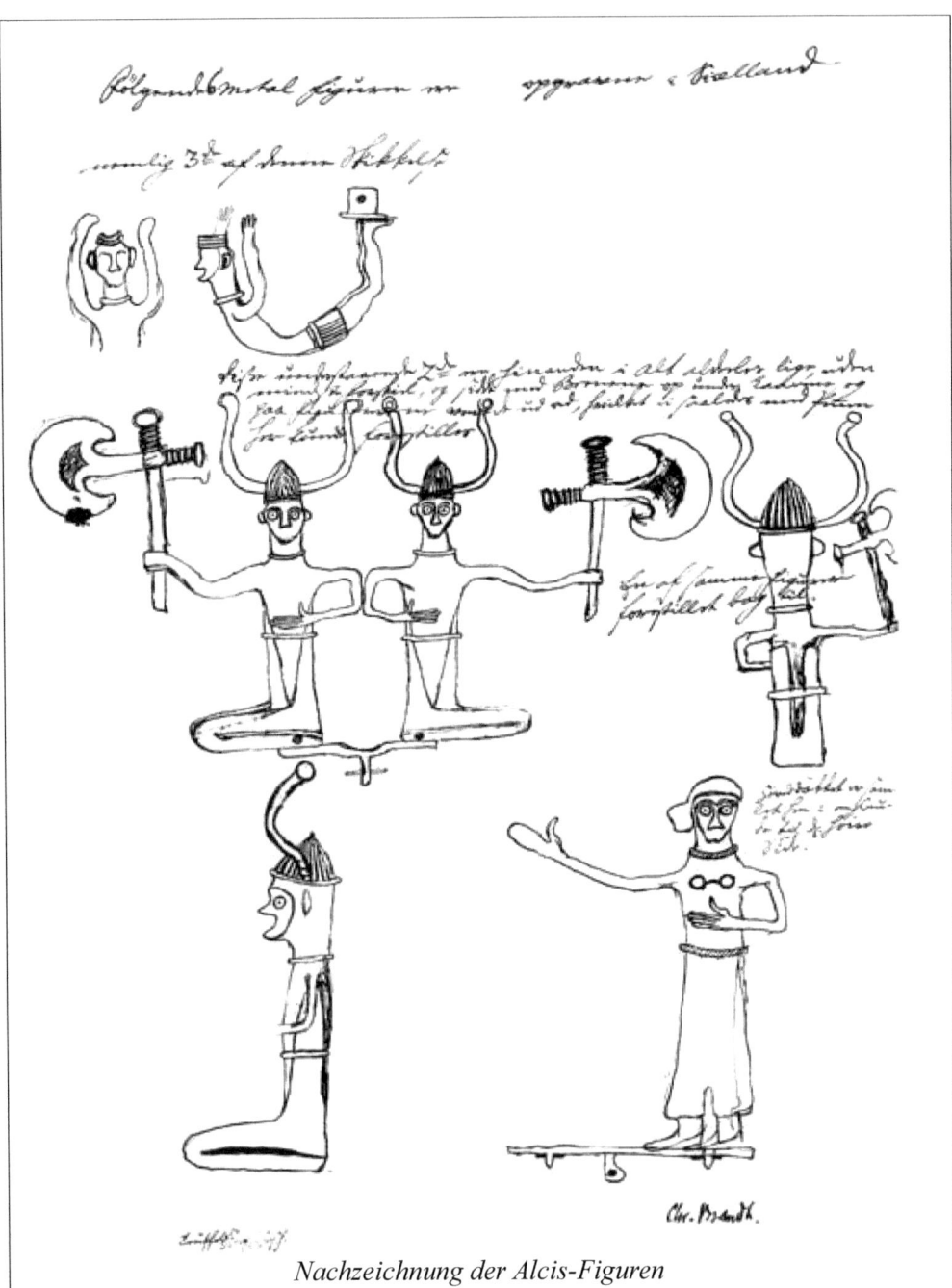

Nachzeichnung der Alcis-Figuren

erhaltene Figur (links)

Bronzezeit-Äxte, ca. 700 v.Chr.

3. g)   Zusammenfassung

In der Bronzezeit gab es Standarten mit den beiden Alcis mit einem Hörnerhelm auf dem Kopf und einer Axt in der Hand. Die Hörner an den Helmen könnten Ziegenhörner sein – aber das ist nicht sicher. Die Äxte der beiden Alcis erinnern an die goldene Axt ihres Vaters Tyr-Forseti (siehe Band 19).

Die beiden Ziegenböcke des Thor werden von den beiden Alcis des Tyr inspiriert worden sein.

4. Die beiden Eber

In den Mythen der beiden Wanen Freya und Freyr treten zwei Eber auf. Es wäre denkbar, daß diesen Götter-Reittiere dem Roß der Sonne bzw. den beiden Alcis entsprechen.

4. a) Gylfis Vision

In dem Bericht über Baldurs Bestattung findet sich eine Beschreibung von Freyrs Eber-gezogenem Wagen:

Und diesem Leichenbrand wohnten vielerlei Gäste bei: Zuerst ist Odin zu nennen, und mit ihm fuhr Frigg und die Walküren und Odins Raben, und Freyr fuhr im Wagen und hatte den Eber vorgespannt, der Gullinbursti hieß oder Slidrugtanni. Heimdall ritt den Hengst Gulltopp und Freyja fuhr mit ihren Katzen. Auch kam eine große Menge Hrimthursen und Bergriesen.

Der Name „Gullinborsti" bedeutet „Goldborste". Da die Farbe „golden" in aller Regel ein Symbol der Sonne ist, könnte dies ein weiterer Hinweis für eine Verbindung zwischen Freyr und dem Sonnengott-Göttervater sein.
Der Name „Slidrugtanni" setzt sich auch „slidr" („grimmig, grausam, fürchterlich") und „tanni" (Zähne") zusammen und bedeutet somit „Schreckenszahn". Dieser Name soll offenbar die Größe und Stärke dieses Ebers veranschaulichen.
Der Umstand, daß Freyr nicht auf dem Eber reitet, sondern ihn vor seinen Wagen gespannt hat, spricht für die Deutung der beiden Eber Hildiswin und Gullinborsti als einer der vielen Varianten der Alcis-Zwillinge.

4. b) Lied des Ulfr Ugga-Sohn

Der Kampf-kühne Freyr reitet
zuvorderst auf seinem goldborstigen
Hügelgrab-Keiler zu dem Bestattungs-Feuer
des Baldur und führt die Leute an.

Hügelgrab-Keiler: Der Keiler/Eber war ein beliebtes Opfertier bei den Bestattungen.

4. c) Skaldskaparmal

Und als sie zu der Schmiede kamen, legte Sindri eine Schweinshaut in die Esse und gebot dem Brock zu blasen und nicht eher aufzuhören, bis er aus der Esse nähme, was er hineingelegt. Aber sobald Sindri aus der Schmiede gegangen war und Brock blies, setzte sich eine Fliege auf seine Hand und stach ihn. Dennoch hörte er nicht auf mit Blasen bis der Schmied das Werk aus der Esse nahm. Da war es ein Eber mit goldenen Borsten.

... ...

Dem Freyr gab er den Eber und sagte, er renne durch Luft und Wasser, Tag und Nacht, schneller als jedes Pferd, und nie wäre es so finster in der Nacht oder im Dunkelwald (Jenseitswald), daß es nicht hell genug würde, wohin er auch führe, so leuchteten seine Borsten.

Deutlich als hier kann man kaum noch sagen, daß Freyrs Eber ein „Sonnen-Eber" ist – zumal er noch im Jenseitswald hell und golden leuchtet. Zudem sind Sindri und Brock die zu Zwergen umgedeuteten Pferde-Söhne des ehemaligen Sonnengott-Göttervaters Tyr.

4. d) Hyndla-Lied

Freya:
„Du faselst, Hyndla, träumt Dir vielleicht,
Daß Du sagst, mein Geselle sei mein Mann?
Meinem Eber glühn die goldnen Borsten,
Dem Hildiswin, den herrlich schufen
Die beiden Zwerge Dain und Nabbi."

Freya will offenbar nicht zugestehen, daß sie auf einem Liebhaber reitet, der (für seine Wiederzeugung mit Freya) die Gestalt eines Ebers angenommen hat.

„Hildiswin" bedeutet „Kampfschwein" – ein sehr kriegerischer Name für eine Göttin der Liebe. Bei der Betrachtung des Namens von Freyas Eber muß jedoch beachtet werden, daß bei den Wikinger zunehmend alle Mythen und Symbole ins Kriegerische umgedeutet wurden.

Die glühenden goldenen Borsten von Freyas Eber erinnern an „Gullinborsti", den Eber ihres Bruders, der in der Nacht so hell wie die Sonne leuchtete. Der Eber des Freyr und vermutlich auch der Eber der Freya werden daher auch das Herdentier sein, daß man der Sonne zur Sicherung ihrer Wiederzeugung und ihrer Wiedergeburt am

Morgen bzw. im Frühjahr opferte.

Der golden leuchtende Eber ist offenbar ein „Sonnen-Eber" und entspricht somit dem Sonnenhirsch und den goldmähnigen Rossen vor dem Sonnen-Streitwagen des Tyr.

Die beiden Zwerge Dain und Nabbi sind mit Sindri und Brock, die Freyrs Eber erschaffen haben, identisch.

4. e)   Gylfis Vision

Der Eber ist wie Thors Ziegenböcke ein Tier der Wiedergeburt:

Aber niemals kann die Volksmenge in Walhall so groß werden, daß ihr nicht das Fleisch des Ebers, der Sährimnir heißt, genügen würde. Er wird an jedem Tag gekocht und ist doch am Abend wieder heil.

Diese „Wiedergeburt" des Ebers ist ein Motiv aus den Jenseitsvorstellungen: Zur Absicherung der Zeugungskraft des Toten bei seiner Wiederzeugung wurde dem Toten ein männliches Herdentier geopfert und dessen Zeugungskraft magisch auf ihn übertragen. Dadurch nahm der Tote die Gestalt dieses Tieres an (z.B. Eber) und auch die Jenseitsgöttin hatte dann diese Gestalt (z.B. Freya als Sau) und natürlich auch der wiedergeborene Tote selber (in dem Fall ein Ferkel).

Das Fleisch des Opfertieres wurde dann gemeinsam von der Bestattungs-Gemeinschaft gekocht und gegessen. In Walhalla ist das Fleisch des Opfertieres zur Nahrung der Toten geworden.

4. f)   Zusammenfassung

Die Eber des Freyr und der Freya haben goldene Borsten, die in der Nacht hell leuchten. Diese Eber sind mit dem Jenseitsweg, mit Walhall, mit der Wiederzeugung und mit der Wiedergeburt verbunden.

Sie sind daher „Sonnen-Eber" und entsprechen dem „Sonnenhirsch", den beiden Rossen der Sonne und auch den beiden Ziegenböcken des Thor, die wie der Eber wiedergeboren werden können.

5. Die beiden Wölfe

Die beiden Wölfe Geri und Freki des Odin könnten die beiden Alcis-Jünglinge als Krieger, d.h. als Ulfhedinn-Wolfskrieger sein (siehe „Wölfe" in Band 43 und „Ulfhedinn" in Band 62).

Auch der ehemalige Göttervater Tyr war eng mit dem Fenris-Wolf verbunden, den er als einziger zu füttern wagte und der ihm schließlich seine rechte Hand abbiß – was eine Umdeutung des Fenrir als der Wolfskrieger-Gestalt des Tyr ist.

5. a) Das Hügelgrab von Kivik

In dieser bereits dargestellten Grabkammer in dem Hügelgrab eines Fürsten findet sich ein Wolfs- oder Hundepaar unter dem zweispännigen Wagen dargestellt.

Dies könnte die früheste Darstellung der beiden Alcis als zwei Wolfskrieger sein, die hier möglicherweise ihren Vater Tyr begleiten.

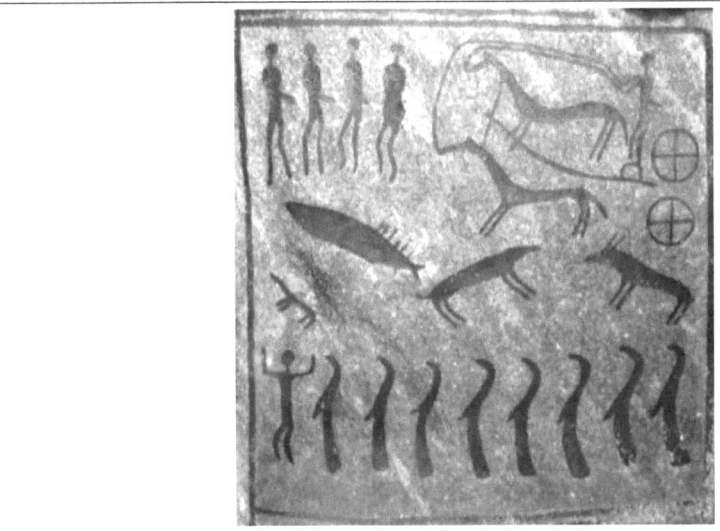

Streitwagenfahrer, Tiere, Priester

5. b)   Das Runenkästchen von Auzon

Titus-Platte (Detail)

Das Runenkästchen von Auzon wurde um ca. 700 n.Chr. in Northhumbria in Mittelengland aus den Kieferknochen eines Wales hergestellt. Es wurde nach seinem Fundort Auzon in Südfrankreich benannt.

Auf einer der Bildplatten finden sich zwei Pferde zusammen mit zwei Wölfen und zwei Raben in einem Tempel. Die Deutung der beiden mittleren Gestalten als Wölfe ist allerdings aufgrund der starken Stilisierung unsicher.

Diese drei Tier-Paare sind ursprünglich die beiden Alcis-Söhne des Tyr, die als seine beiden Rosse, als seine beiden Krieger (Wölfe) oder als deren Seelenvögel (Raben) erscheinen.

5. c)   Gylfis Vision

Da frug Gangleri: „Die Sonne fährt schnell, fast als wenn ihr bange wäre. Sie könnte ihren Gang nicht mehr beschleunigen, wenn sie um ihr Leben fürchten würde."

Da antwortete Har: „Das ist nicht zu verwundern, daß sie so schnell fährt, denn ihr Verfolger ist nah, und sie könnte nicht schneller sein, selbst wenn sie ihren Tod fürchten würde."

Da frug Gangleri: „Wer ist es, der sie so in Angst versetzt?"

Har antwortete: „Das sind zwei Wölfe: Der eine, der sie verfolgt, heißt Sköll und sie fürchtet, daß er sie packen könnte; der andere heißt Hati Hrodwitnir-Sohn und läuft vor ihr her und will den Mond schnappen, was auch geschehen wird."

„Sköll" bedeutet „Beller, Heuler"; „Hati" bedeutet „Hasser"; „Hrodwitnir" bedeutet „Kampfkundiger".

Der Wolfsvater Hrodwitnir wäre Tyr (Fenrir), falls die beiden Wölfe die beiden Pferdezwillinge („Alcis") sein sollten, die als Söhne des Tyr auch Krieger und somit

Wölfe waren.

Sehr wahrscheinlich sind diese beiden Wolfs-Begleiter des Tyr bei seiner Absetzung um 500 n.Chr. zu seinen Feinden, also zu den Feinden der Sonne umgedeutet worden.

Da frug Gangleri: „Von welcher Herkunft sind diese Wölfe? "

Har antwortete: „Ein Riesenweib wohnt östlich von Midgard in dem Wald, der Jarnwid (Eisenholz) heißt. In diesem Walde wohnen die Zauberweiber, die man Jarnwidur nennt. Jenes alte Riesenweib gebiert viele Riesenkinder, alle in Wolfs-gestalt und von ihr stammen die Wölfe. Es wird gesagt, der Mächtigste dieses Geschlechts werde der werden, welcher Managarm (Mondhund) heißt. Dieser wird mit dem Fleisch aller Menschen, die da sterben, gesättigt; er verschlingt den Mond und überspritzt den Himmel und die Luft mit seinem Blut; davon verfinstert sich der Sonne Schein und die Winde brausen und sausen hin und her.

So heißt es in der Wöluspa:

Östlich sitzt die Alte im Eisengebüsch
Und füttert dort Fenrirs Geschlechts.
Von ihnen allen wird eins das schlimmste:
Des Mondes Mörder übermenschlicher Gestalt.

Ihn mästet das Mark gefällter Männer,
Der Seligen Saal besudelt das Blut.
Der Sonne Schein dunkelt in kommenden Sommern;
Alle Wetter wüten; wißt ihr, was das bedeutet? "

5. d) Brakteat

Brakteaten waren dünne, geprägte Goldplättchen, die in der zeit von 400 bis 600 n.Chr. von den Germanen als Amulett getragen oder einem Toten ins Grab mit-gegeben wurden.

Brakteat, 400-600 n.Chr.

Auf einem dieser Brakteaten ist ein Bogenschütze zu sehen, der Ullr sein könnte, da es sich bei diesen Brakteaten um Amulette handelt. Ullr war der Gott Tyr im Winter-Jenseits (siehe den Band 11 über „Ullr").

Vor dem Bogenschützen ist eine Swastika (Sonnensymbol) und ein Kind (Daumen im Mund) zu sehen. Sonne und Kind könnten zusammen die wiedergeborene Sonne darstellen. Der Bogenschütze erweckt auf diesem Bild den Eindruck eines „helfenden Begleiters", d.h. evtl. eines Priester-Schamanen. Diese Funktion könnte mit Ullr assoziiert worden sein, der ja, wie sein magisches Schiff, das aus einem mit Runen beschriebenen Knochen besteht, auch die Jenseitsreise beherrscht.

Vor dem Bogen sind zwei vierbeinige Tiere zu sehen, die Wölfe sein könnten. Dies sind evtl. die beiden „Alcis" genannten Pferdesöhne des Tyr.

Links ist ein weiteres Tier zu sehen, das dreibeinig ist. Falls dieses Tier nicht einfach aus Platzmangel nur drei Beine hat, könnte es sich um Hels dreibeiniges Pferd handeln.

Ganz links ist ein Hörnern-tragendes Tier zu sehen, das wiederum nur drei Beine hat – was Platzmangel als Erklärung recht unwahrscheinlich macht. Es könnte sich bei ihm um ein Opfertier handeln.

Rechts unten sitzt ein (wiedergeborenes?) Kind – der junge Tyr am Morgen?

Die Gesamtszene läßt sich am ehesten als Jenseitsreise auffassen.

5. e) Gylfis Vision

In den folgenden Zeilen werden „Geri" ("Räuber") und „Freki" („Fresser") als die beiden Wölfe des Odin vorgestellt. Das Zitat am Ende stammt aus dem Grimnir-Lied.

Da frug Gangleri: „Genießt Odin von derselben Speise wie die Einherjer?"
Har antwortete: „Die Speise, die auf seinem Tische steht, gibt er seinen beiden Wölfen, welche Geri und Freki heißen, und keiner Kost bedarf er; Wein ist ihm Trank und Speise, wie es heißt:

Geri und Freki füttert der krieggewohnte
Herrliche Heervater,
Da nur von Wein der waffenhehre
Odin ewig lebt."

5. f) Die Goldhörner von Gallehus

In Südwest-Dänemark sind zwei goldene Trinkhörner gefunden worden, die um ca. 400 v.Chr. hergestellt worden sind. Auf ihnen finden sich mehrere Wolfs-Paare.

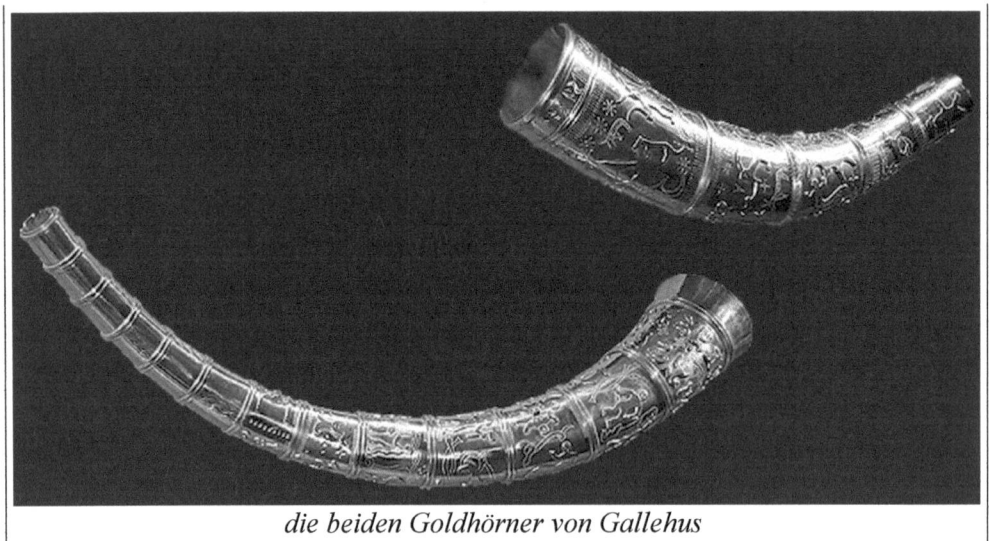

die beiden Goldhörner von Gallehus

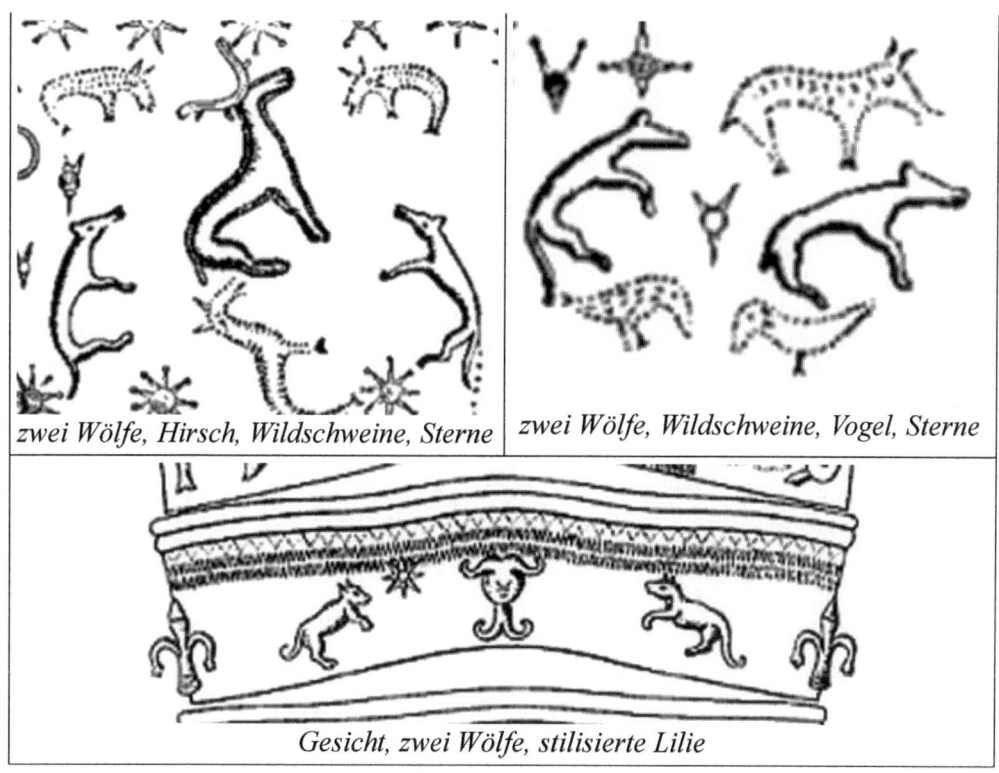

zwei Wölfe, Hirsch, Wildschweine, Sterne | *zwei Wölfe, Wildschweine, Vogel, Sterne*

Gesicht, zwei Wölfe, stilisierte Lilie

Am interessantesten ist das Gesicht mit den beiden Wölfen, da es den Göttervater und seine beiden Söhne als Wolfskrieger darstellen könnte. Das Symbol an den beiden Seiten befindet sich nur einmal auf dem Horn, das an der Stelle, an der sich dieses Symbol befindet, „aufgeschnitten" worden ist. Dieses Symbol ist später zu der „fleur de lys", dem Symbol der französischen Könige geworden. Es scheint ursprünglich einen Mann auf einer Jenseitsreise symbolisiert zu haben.

Der Hirsch mit den beiden Wölfen stellt recht sicher keine Jagdszene dar, sondern eher den Göttervater Tyr, der bei seiner Wiederzeugung die Gestalt eines Hirsches angenommen hat (siehe „Hirsch" in Band 42), zusammen mit den beiden Alcis.

Über das Wolfspaar, das ohne einen Mann und ohne ein anderes zentrales Tier abgebildet ist, läßt sich nicht viel sagen.

Das um 1000 v.Chr. in dem Hügelgrab von Kivik gemalte Motiv des Tyr als Streitwagenfahrer, der von seinen beiden Wölfen begleitet wird, hat sich in den 1400 Jahren bis zu den Goldhörnern von Gallehus kaum verändert.

5. g) Die Bronzeplatte von Galsted

In Galsted bei Hadeslev in Süddänemark wurde eine um ca. 500 n.Chr. hergestellte Bronzeplatte gefunden.

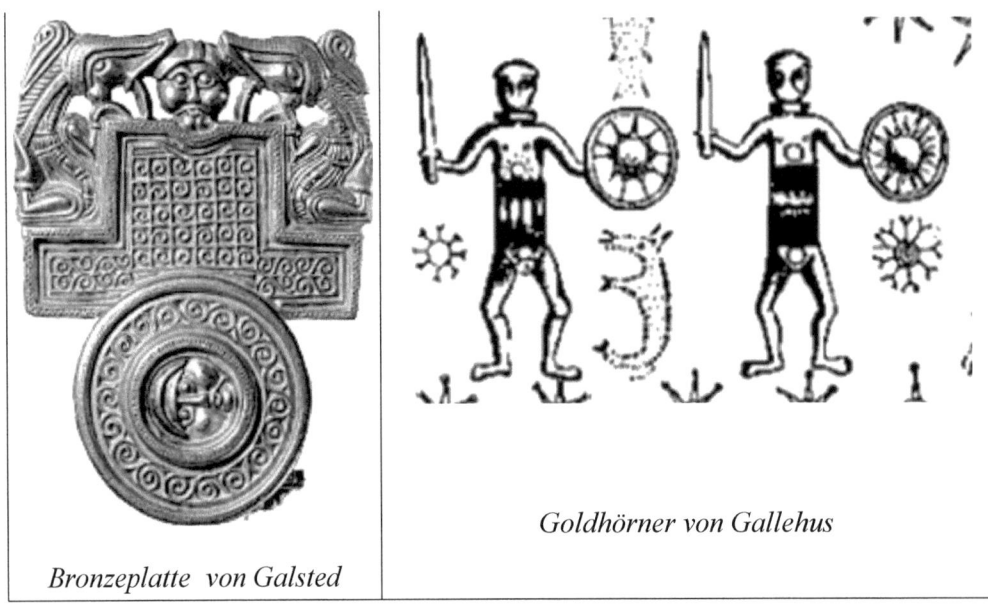

Bronzeplatte von Galsted

Goldhörner von Gallehus

Auf ihr sind vier Lebewesen zu sehen:
- der Kopf eines Mannes,
- zwei stilisierte Wölfe neben ihm, und
- ein Mann in einem Kreis.

Um ca. 500 n.Chr. begann der Wechsel von der Tyr-zentrierten zur Odin-zentrierten Mythologie. Es ist daher wahrscheinlich, daß der dargestellte Männerkopf der Gott Tyr ist. Die beiden Wölfe wären dann seine beiden Alcis-Söhne in Wolfskrieger-Gestalt.

Der „Kopf in der Scheibe" könnte evtl. Tyr als Sonnenscheibe sein. Evtl. ist auch das gesamte Arrangement ein stilisierter Mensch – dann hätte Tyr ähnlich seiner Darstellung auf den Goldhörnern von Gallehus eine Sonnenscheibe auf seinem Leib. Schließlich könnte es ich bei dieser „Kopf-Scheibe" auch noch um den Sonnenschild des Tyr handeln.

5. h) Sutton Hoo

Um ca. 650 n.Chr. wurde in Sutton Hoo in Südostengland eine angelsächsischer König in einem Hügelgrab bestattet. In diesem Grab fand sich ein Scharnier mit mehreren mythologischen Szenen.

Scharnier, Sutton Hoo (Südostengland), ca. 650 n.Chr.

oben Mitte: zwei Paare von Vierbeinern (vermutlich Wölfen),
    unten Mitte: zweimal ein Adler o.ä., der eine Ente schlägt (dies Motiv ist auch auf den Goldhörnern von Gallehus zu finden),
    unten links und unten rechts: ein Mann mit zwei Wölfen

Das Wolf/Mann-Motiv ist dasselbe wie auf den Goldhörnern von Gallehus und auf der Bronzeplatte aus Süddänemark. Vermutlich handelt es sich auch hier um Tyr mit seinen beiden Alcis-Söhnen als Krieger – vielleicht ist es aber auch schon Odin mit seinen beiden Wölfen Geri und Freki.

5. i)   Das Gosforth-Kreuz

Auf diesem Kreuz aus Cumbria in Nordwest-England, das um ca. 900 n.Chr. errichtet worden ist, ist vermutlich Odin mit seinem Speer Gungnir und dem Trinkhorn mit dem Met der Gunnlöd neben zwei stark stilisierten Wölfen zu sehen, die Geri und Freki sein werden.

5. j)   Die Statuette von Alt-Lejre

Lejre ist die ehemalige Hauptstadt des dänischen Reiches gewesen. Sie lag in der Nähe des heutigen Kopenhagen auf der Insel Seeland.

Dort wurde eine um ca. 950 n.Chr. hergestellte, 18mm hohe silberne Statuette gefunden, die Odin auf einem Thron mit seinen beiden Wölfen und seinen beiden Raben darstellt. Die Figur auf diesem Thron trägt jedoch auffälligerweise Frauenkleider, sodaß es nicht ganz sicher ist, daß es sich um Odin handelt. Loki sagt in der Loksasenna jedoch, daß sich Odin manchmal als Frau verkleidet hat – vielleicht ist dies eine Darstellung von Odin als Seherin.

Die betreffende Stelle in der Lokasenna lautet:

Du schlichest, sagt man,   /   in Samsö umher
Von Haus zu Haus als Wala.
Vermummter Zauberer   /   betrogst Du das Menschenvolk:
Das dünkt mich eines Argen Art.

Wenn es sich bei der Gestalt auf dem Thron um Odin handeln sollte, wäre dies eine Fortführung des „Göttervater und zwei Söhne"-Motivs, das sich bereits fast 2000 Jahre zuvor in dem Hügelgrab von Kivik fand.

Odin, Wölfe (hinten oben), Raben (auf den Stuhllehnen)
Gammel Lejre, Dänemark ca. 950 n.Chr.

5. k)   Fiölswin-Lied

Die beiden Wölfe „*Geri*" („Räuber") und „*Gif*" („Frecher") in diesem Lied sind offensichtlich mit „Geri" und „Freki" („Gieriger"), den beiden Wölfen des Odin, identisch. Stabreime bei den Namen der beiden Alcis sind recht häufig.

Windkald (Tyr)*:*
„Sage mir, Fiölswin, was ich Dich fragen will
Und zu wissen wünsche:
Wie heißen die Hunde? Ich hatte so grimmige
Lange nicht im Land gesehen."

Fiölswinn (Odin)*:*
„Gif heißt einer und Geri der andre,
Weil Du's zu wissen wünschest.
Elf Wachen müssen sie wachen
Bis die Götter vergehen."

Die elf Wachen könnten die elf Monate sein, nach denen dann der Monat kommt, in dem die Götter vergehen, d.h. der Ragnarök. Dieses „Vergehen der Götter" ist vermutlich der Winteranfang. Die Vorgänge im Fiölswin-Lied stellen den Gegenpol zum Ragnarök dar, also das Ende des Winters, den Frühlingsanfang und die Wiedergeburt der Asen in ihren Söhnen nach dem Ragnarök.

An dem Ort, den sie bewachen, wohnt die Jenseitsgöttin Menglöd-Freya. Dieser Ort ist die Unterwelt.

Windkald (Tyr)*:*
„Sage mir, Fiölswin, was ich Dich fragen will
Und zu wissen wünsche:
Ob einer der Menschen eingehen mag
Während die Schnaufenden schlafen."

Fiölswinn (Odin)*:*
„Abwechselnd zu schlafen war ihnen auferlegt
Seit sie hier Wächter wurden:
Einer schläft tags, der andre nachts,
Und so kann niemand hinein."

Windkald (Tyr):
„Sage mir, Fiölswin, was ich Dich fragen will
Und zu wissen wünsche:
Gibt es keine Kost, sie kirre zu machen
Und einzugehn, während sie essen?"

Fiölswinn (Odin):
„Zwei Flügel siehst Du an Windofnirs Seiten,
Weil Du's zu wissen wünschst.
Das ist die Kost, sie kirre zu machen
Und einzugehen, während sie essen."

„Windofnir" („Windweber") ist ein der Namen für den Himmel. Er hat aber auch die Gestalt eines goldenen Hahnes, wie sich später im Fjölswin-Lied zeigt. Auch auf dem Weltenbaum sitzt ein Hahn. Er wird Fjalar („Verberger") genannt und hat einen goldenen Kamm. Beide Hähne könnten somit identisch sein. Evtl. stellen sie aufgrund der Betonung der goldenen Farbe die Sonne dar.

Mit den Flügeln dieses Hahnes lassen sich die beiden Hunde „kirre machen", d.h. besänftigen.

5. l) Grimnir-Lied

Auf einem der beiden Goldhörner von Gallehus erscheint ein Mann mit zwei Schlangen in demselben Arrangement wie sonst der Mann mit den beiden Wölfen (siehe „Drachen" in Kapitel 7).

Im Grimnir-Lied erscheinen zwei Schlangen („Würmer"), die Wolfs-Namen tragen, sowie eine einzelne Schlange mit einem Wolfs-Namen, die zwei Söhne mit sehr ähnlichen Namen hat. Der Ursprung dieser Schlangen mit Wolfs-Namen ist daher recht sicher Tyr und seine beiden Alcis-Söhne als Schlangen im Jenseits.

Mehr Würmer liegen unter den Wurzeln der Esche
daß sie keine Zunge zu zählen vermag.
Goin und Moin, Grafwitnirs Söhne,
Grabak und Grafwöllud,
Ofnir und Swafnir sollen ewig
Von der Wurzeln Zweigen zehren.

Hier werden die Namen einiger der Schlangen, die unter der Weltesche hausen, aufgeführt. Aus der Bedeutung ihrer Namen läßt sich ihr Charakter rekonstruieren:

„*Grafwitnir*" ist der „Grab-Wolf", also ein Wesen, das im Grab liegt und das als gefährlich angesehen wird. Da er zwei Söhne hat, wird er der Göttervater Tyr in seinem nächtlichen bzw. winterlichen Hügelgrab sein. Die Bedeutung der Schlangennamen „*Goin*" und „*Moin*" läßt sich nicht mehr rekonstruieren.

„*Grabak*" bedeutet „Graurücken" und ist ein allgemeines Bild für den Wolf. Dieser Name ist vermutlich eine Kurzform für „Grafgrabak", also „Grab-Graurücken". (Dieser Name ist durch die Gestalt „Fenrir Graurücken" aus den Harry Potter-Romanen wieder bekannter geworden.)

„*Grafwöllund*" bedeutet „Grab-Wieland". „Wieland" oder „Wölund" bedeutet „kunstfertiger Handwerker" und ist der Name des Sonnengott-Göttervaters Tyr als Schmied in der Unterwelt, der sein bei seinem abendlichen bzw. herbstlichen Tod zerbrochenes Schwert neu schmiedet. Der Name „Wieland" wird u.a. dadurch als Beiname des Göttervaters deutlich, daß Wieland der Schmied in der Edda auch als „Albenkönig" und als „Weisester der Alben" bezeichnet wird. „Grafwöllund" entspricht somit der Schlangengestalt des Odin auf seiner Reise zu Gunnlöd.

Odin löste Tyr als Göttervater während der Völkerwanderungszeit ab und übernahm dabei den größten Teil seiner Symbolik.

„*Swafnir*" ist auch als Beiname des Odin bekannt und bedeutet „Schlafbringer". Möglicherweise liegt eine Assoziation zu Odins „Schlafdorn" (Schwert) zugrunde, mit dem er z.B. die Walküre Brünhilde in dauerhaften Schlaf, d.h. in den Tod versetzt hat.

Auch „*Ofnir*" ist ein Beiname des Odin. Er bedeutet in etwa „Aufhetzer, Rasender". Das erinnert an die „Drachen des Wahns" aus dem Sonnenlied. Mit diesem Geisteszustand ist möglicherweise dasselbe wie mit Odins Name gemeint, der „Ekstase, außergewöhnlicher Bewußtseinszustand" bedeutet. Die Ekstase in der Form einer Astralreise ist in den meisten Fällen von einer völligen Reglosigkeit des Körpers begleitet, sodaß auch eine Verbindung zum Schlaf besteht. Die ursprüngliche Bedeutung von „Ofnir" wird daher wohl der Zustand auf der Jenseitsreise sein, der von der Ekstase und der Astralreise über die rituelle Einweihung bis hin zum Schlaf und zum Tod reicht.

Es hat den Anschein, als ob die Wolfsnamen „Grafwitnir", „Grafwöllund", „Grabak", „Swafnir" und „Ofnir" (wie auch „Fenrir") alle einst Beinamen des Tyr als Wolfskrieger in der Unterwelt, der dort von seinen beiden Wolfs-Söhnen Goin und Moin begleitet wird, gewesen seien.

Mit diesen Wolfsnamen werden hier Schlangen, also Totengeister bezeichnet, was wie der Name „Wieland" zeigt, daß diese Wölfe, d.h. Tyr und seine beiden Alcis-Söhne, in der Unterwelt sind.

Das wird dadurch bestätigt, daß eine Funktion des Grimnir-Liedes zu sein scheint, möglichst viele Namen des ehemaligen Göttervaters Tyr und Motive aus seinen Mythen auf den neuen Göttervater Odin zu übertragen.

5. m) Skaldskaparmal

Manchmal wie in dem folgenden Text waren „Geri" bzw. „Freki" nur allgemeine Umschreibungen für „Wolf":

Und so sang weiterhin Thordr:

„Gjalps Roß watete in Blut
und das Rudel des Grauen
erhielt reichlich von Frekis Speise.
Der Heuler genoß Geris Bier."

Gjalp = Riesin = Hel; ihr Roß = Fenrir = Wolf
Grauer = Wolf
Frekis Speise = Aas, Leichen
Heuler = Wolf
Geris Bier = Blut

5. n) Kormak-Saga

In einem der vielen Lieder des Skalden Kormak finden sich die folgenden schönen Verse:

Als der Wolf des Kriegsgottes einst
im Norden heulte, hast Du mir geholfen.

Es ist hier nicht ganz deutlich, welcher Wolf damit gemeint ist – vermutlich einer der beiden Begleiter des Kriegsgottes Odin, also Geri oder Freki. Es wäre allerdings auch denkbar, daß nur allgemein ein anonymer Wolf gemeint ist, der die Leichen auf dem Schlachtfeld frißt. Möglicherweise hat Kormak auch beide Assoziationen beabsichtigt.

Der Norden sollte vermutlich eine Assoziation zur Unterwelt „Niflheim" im Norden hervorrufen.

5. o)   Hyndla-Lied

Dag ist der Gott „Tag", der mit der Sonne und dem ehemaligen Sonnengott-Göttervater Tyr identisch ist. Seine acht Söhne sind ähnlich den späteren „12 Söhnen" die vollkommene Anzahl. Zu ihnen zählen auch „die beiden Freki", die die beiden Wolfskrieger-Söhne des Tyr sind (Alcis).

Dag hatte Thora, die Heldenmutter:
Dem Stamm entstiegen der Streiter beste:
Fradmar und Gyrd und beide Freki,
Am, Jösur, Mär und Alf der Alte.
Dies wiß und bewahre: willst Du noch mehr?

5. p)   Jakob Grimm: Deutsche Mythologie

Die persönliche natur der sonne und des monds zeigt sich außerdem in einer fast durch die ganze welt verbreiteten vorstellung. beide in ihrem unablässigen, unaufhaltsamen lauf durch den raum des himmels scheinen zu fliehen und einem verfolger zu weichen. zwei wölfe sind es, die ihnen nachstellen, Sköll fährt hinter der sonne, Hati hinter dem mond her; sie stammen aus einem riesengeschlecht, und Mânagarmr (mondhund) der mächtigste unter ihnen, wie es scheint, nur ein andrer name für Hati, wird einmal den mond erreichen und verschlingen. wie ausgebreitet diese überlieferung herrschte ist schon dargethan worden. Eine nebensonne (vädersol) heißt schwedisch solvarg, solulf (sonnenwolf).

Eine „Nebensonne" ist ein regenbogenfarbener Lichtfleck 22° links oder rechts der Sonne, der durch Lichtbrechung an Eiskristallen in der Luft entsteht. Dasselbe Phänomen gibt es manchmal auch bei Vollmond. Die Nebensonnen können sich zu einem vollständigen Kreis im Abstand von 22° von der Sonne ausweiten.

Ihr schwedischer Name „Sonnenwolf" und ihr englischer Name „Sonnenhunde" wird dadurch entstanden sein, daß man diese oft paarweise auftretenden Nebensonnen einst als die beiden Alcis-Söhne des ehemaligen Sonnengott-Göttervaters Tyr angesehen hat.

5. q) Zusammenfassung

Der „Mann mit den beiden Wölfen" ist eines der ältesten und bekanntesten Themen, das sich von 1000 v.Chr. bis 1250 n.Chr. in vielen Bildern und Texten findet. Der Mann wird ursprünglich Tyr und die beiden Wölfe seinen beiden Alcis-Söhne als Wolfskrieger (Ulfhedinn) gewesen sein.

Der Mann, der von zwei Wölfen begleitet wird, erscheint auf einem Brakteat als Bogenschütze. Vermutlich ist er Ullr, der eine Form des Tyr in der winterlichen Unterwelt ist.

Ab 500 n.Chr. ist aus „Tyr mit den beiden Alcis" dann „Odin mit seinen beiden Wölfen Geri und Freki" geworden. Schon um 700 n.Chr. findet sich das Motiv „2 Pferde, 2 Wölfe, 2 Raben", die die beiden Alcis als Pferde vor dem Sonnenwagen, als Wolfskrieger und als Seelenvögel im Jenseits sind. Aus ihnen wurde Odins „Doppel-Roß" Sleipnir sowie seine beiden Wölfe Geri und Freki und seine beiden Raben Hugin und Munin.

Auf dem Goldhorn gibt es auch die Kombination „Hirsch und zwei Wölfe". Dies wird vermutlich Tyr als „Sonnenhirsch" mit den beiden Alcis sein.

Eine vermutlich um 500 n.Chr. entstandene Umdeutung dieses Motivs wird die Verfolgung (statt Begleitung) der Sonne (statt des Sonnengottes Tyr) und des Mondes von zwei Wölfen sein.

Aus den beiden Wölfen als Tyr-Begleiter in der Unterwelt sind in den Odin-Mythen dessen zwei Wölfe als Jenseitstor-Wächter geworden.

Die beiden Freki-Brüder im Hyndla-Lied werden eine Erinnerung an die beiden Wolfskrieger des Tyr/Odin sein.

Die Bezeichnung der Nebensonnen in Skandinavien und in England als „Sonnen-wolf" bzw. „Sonnenhund" sind eine Erinnerung an die beiden Alcis-Wölfe als Begleiter des Sonnengott-Göttervaters Tyr.

Tyr wurde im Jenseits als Schlange oder Drache angesehen. Daher finden sich auch einige Wolfsnamen für Tyr und die beiden Alcis als Schlangen im Jenseits.

6.   Die beiden Raben

Die beiden Raben Hugin und Munin des Odin könnten ebenfalls die beiden Alcis-Jünglinge, d.h. ihre Seelenvögel sein. Sie würden den beiden Zwergen entsprechen, da sowohl die Zwerge als auch die Seelenvögel die Totengeister sind.

Wenn der ehemalige Sonnengott-Göttervater Tyr am Abend bzw. im Herbst von Loki getötet wurde und er zusammen mit seinen beiden Söhnen in die Unterwelt gehen mußte, wurde Tyr zu einem Adler-Seelenvogel und seine beiden Söhne zu zwei Raben-Seelenvögeln.

6. a)   Skaldskaparmal

Zwei Raben sitzen auf seinen (Odins) *Schultern und sagen ihm ins Ohr alle Dinge, die sie hören und sehen. Ihre Namen sind heißen Hugin („Gedanke, Weisheit") und Munin („Erinnerung"). Er sendet sie zur Morgendämmerung aus, alle Welten zu umfliegen, und mittags kehren sie zurück. Auf diese Weise weiß er viele Geschehnisse. Die Menschen nennen ihn darum Rabengott.*

Davon wird gesagt:

Hugin und Munin fliegen jeden Tag
Über die weite Erde.
Ich fürchte, daß Hugin nicht nach Hause kehrt;
Doch sorg ich mehr um Munin."

6. b)   Skaldskaparmal

Diesem Leichenbrand wohnten vielerlei Gäste bei: Zuerst ist Odin zu nennen, und mit ihm fuhr Frigg und die Walküren und Odins Raben.

6. c)   Edda-Prolog

Er (Odin) *hatte zwei Raben, denen er die Sprache der Menschen gelehrt hatte. Sie flogen weit und breit durch das Land und berichteten ihm die Neuigkeiten.*

6. d)   Skaldskaparmal

So sang Refr:

Oft kam der Gnädige (Fürst) *zu mir*
mit dem heiligen Kelch des Raben-Gottes (Odin)*;*
Der König des Goldes der Bug-gepflügten See (Fürst)
wird im Tod von dem Skalden getrennt werden.

6. e)   Skaldskaparmal

So sang Ulfr Ugga-Sohn:

Dort folgen, glaube ich, Walküren
und Raben dem siegreichen Odin
zu dem Blut (Bestattung) *des heiligen Baldur.*
Mit alten Geschichten war er (der Schild) *bemalt.*

6. f)   Skaldskaparmal

So sang Ulfr Uggason:

Der herrliche Heimdall spornte sein Roß an
um zu dem Scheiterhaufen zu gelangen, den die Götter
für den gefallenen Sohn des Odin (Baldur),
dem all-weisen Raben-Herrn, errichtet hatten.

6. g)   Statuette von Alt-Lejre

Diese Statue ist schon in dem Kapitel über die Wölfe besprochen worden. Auf den beiden Lehnen sitzen Odins Raben Hugin und Munin.

Odin, Wölfe (hinten oben), Raben (auf den Stuhllehnen)
Gammel Lejre, Dänemark ca. 950 n.Chr.

6. h) Das Frauengrab von Haithabu

In Haithabu, dem heutigen Schleswig, ist in einem Frauengrab ein 15mm hoher silberner Sitz mit zwei Vögeln als Lehne gefunden worden, in dessen Sitzfläche sich ein Loch befindet, in das vermutlich eine Statue (des Odin?) eingesteckt werden konnte.

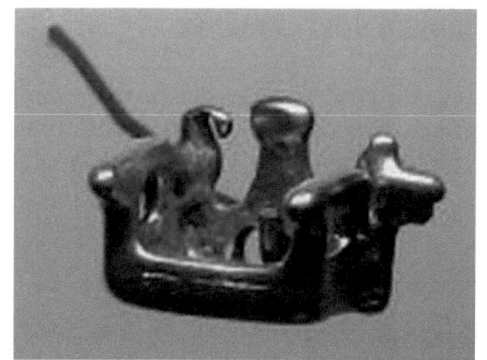

Götterthron aus Haithabu

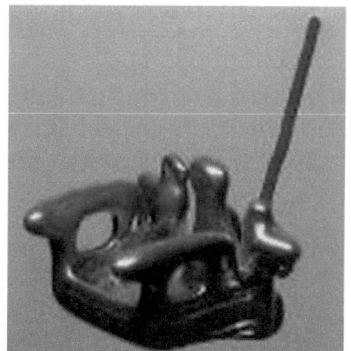

Götterthron aus Haithabu

6. i)   Das Runenkästchen von Auzon

Titus-Platte (Detail)

Vermutlich sind auf dieser bereits bei den Pferden und den Wölfen besprochenen Schnitzerei zwei Pferde, zwei Wölfe und zwei Raben dargestellt worden.

6. j)   Zusammenfassung

Die beiden Raben Hugin und Munin des Odin werden ursprünglich die beiden Seelenvögel der Alcis gewesen sein.

Der Seelenvogel ihres Vaters Tyr war hingegen ein Adler – der stärkste Gott hatte auch den stärksten Seelenvogel …

7. Die beiden Schlangen oder Drachen

Schlangen und Drachen („Riesenschlangen") sind Totengeister in ihren Gräbern. Diese Symbolik findet sich schon in der frühen Jungsteinzeit und ist dadurch entstanden, daß Schlangen auf der Erde und in Höhlen in der Erde leben – so wie auch die Toten in der Erde liegen.

7. a) Skaldskaparmal

Dies sind die Namen der Schlangen: Drache, Fafnir, Jörmungandr, Natter, Nidhöggr, Lindwurm, Natter-Weibchen, Goinn Grafvitnir-Sohn, Moinn Grafvirnir-Sohn, Grafvitnir, Grabak, Ofnir, Svafnir, Grimr.

Fafnir = „Umfanger, Festhalter"; Er wurde von Sigurd/Siegfried getötet. Vermutlich ist er eine Saga-Variante des Tyr.

Jörmungandr = „gewaltig großer Stab"; Er liegt rings um Midgard im Weltenmeer.

Nidhöggr = „Zustoßer in der Tiefe"; Der Name dieses Drachen, der unter den Wurzeln des Weltenbaumes haust, wird oft etwas ungenau als „Neidnatter" übersetzt.

Goinn und Moinn = Bedeutungen unklar; die beiden Alcis-Söhne des Tyr („Grafvitnir") als Schlangen-Totengeist im Jenseits

Grafvitnir = „Grab-Wolf" = „toter und bestatteter Krieger"; hier: Tyr als Vater der beiden Alcis (Goinn und Moinn)

Grabak = „Grau-Rücken" (eigentlich eine Wolfs-Kenning)

Ofnir = „Aufhetzer, Rasender"; Beiname des Odin = Odin in Schlangengestalt, d.h. im Jenseits (auf seiner Reise zu Gunnlöd in deren Hügelgrab)

Svafnir = „Schläfer" = Toter = Totengeist in Schlangengestalt

Grimr = Ein „Grimr" ist ein Maskenhelm, wobei hier der Schreckenshelm gemeint ist, mit dem sich auch der Mensch Fafnir in einen Drachen verwandelt hat. Dieser Helm ist ursprünglich der Schädel des für den Toten geopferten Tieres gewesen, mit dem man sein Haupt bedeckt hat. Der Maskenhelm („Grimr") ist ein Zeichen des Tyr gewesen.

Diese Schlangen scheinen zum größten Teil Tyr und seine beiden Alcis-Söhne im Jenseits zu sein.

7. b)   Drachen auf den Bildsteinen

Die Bildsteine der Germanen stammen aus der Spätphase der Tyr-zentrierten Religion, d.h. aus der Zeit zwischen ca. 400-600 n.Chr. Auf ihnen wird sehr oft das Sonnenrad (Tyr) und daneben eine oder mehrere Schlangen dargestellt.

Sonne, Drache (Tyr im Jenseits), Mann (Tyr im Diesseits) und Schiff Austers, Schweden

Sonne, Schlange (oben und unten) Bro Kyrka, Schweden

Detail (links unten)

Auf dem linken Bildstein findet sich über der Sonne die seltene Darstellung eines vielbeinigen Drachens. Der Mann vor ihm scheint mit ihm zu sprechen – auf jeden Fall kämpft er nicht mit dem Drachen. Unter der Sonne ist ein Schiff zu sehen. Möglicherweise handelt es sich bei dem Mann um den ehemaligen Sonnengott-Göttervater Tyr, der links ein Drache in der Unterwelt ist. Er fährt als Mann in der Sonnenbarke

71

durch das Diesseits und als Totengeist (Drache) durch das Jenseits.

Auf dem rechten Runenstein ist in der Mitte die Sonne, oben ein Drache oder eine Schlange und unten zwei Schlangen zu sehen. Möglicherweise sind dies Tyr und seine beiden Alcis-Söhne als Totengeist-Schlangen im Jenseits.

Meditierender mit zwei Schlangen
Gotland, Schweden

Sonne und 11 stilisierte Schlangen
Havor, Schweden

Auf dem linken Runenstein ist ein Meditierender zu sehen. Er könnte Tyr und seine beiden Alcis-Söhne sein (siehe dazu auch „Kundalini" in Band 64).

Der Triskelis über dem Meditierenden ist eine differenzierte Form des Hrungnir-Herzens, die aus einer Schlange (rechts oben), einem Vogel (links oben) und einem Wolf oder Eber (unten) besteht – also aus Tieren, die mit der Jenseitsreise verbunden waren: der Seelenvogel, der Schlangen-Totengeist und der Wolf als Jenseitsführer bzw. der Eber als das Opfertier für den Toten, das seine Zeugungskraft für seine Wiederzeugung sichern soll.

Der Triskelis ist deutlich als Sonnensymbol erkennbar, da er sich genau dort befindet, wo auf den anderen Bildsteinen das Sonnensymbol steht.

Auf dem rechten Bildstein sind rings um das Sonnensymbol eine Vielzahl von sehr stark stilisierten Schlangen/Drachen zu sehen: oben ein vierbeiniger Drache (Kopf oben in der Mitte), links und rechts jeweils vier Schlangen/Drachen und unten noch einmal zwei Drachen. Der Drache oben und die beiden Drachen unten könnten wieder Tyr und seine beide Alcis-Söhne sein.

Drache, Sonne Schlangen, Baum, Schiff
Sanda, Schweden

Oben in der Mitte ist das Sonnensymbol zu sehen.

Darüber ist noch in Resten eine Schlange oder ein Drache erkennbar.

Unten der Sonne befinden sich zwei Schlangen, die zwei kleine Sonnensymbole umschlingen.

Unter ihnen ist vermutlich der Weltenbaum dargestellt worden.

Unter diesem ist wieder in Resten ein Drache zu sehen.

Unter diesem ist ein Schiff dargestellt worden.

Vermutlich handelt es sich hier wieder um den ehemaligen Sonnengott-Göttervater Tyr (Schlange oben, Sonne) mit seinen beiden Alcis-Söhnen (zwei Schlangen), die in ihrem Schiff (unten) auf dem Jenseitsweg (Weltenbaum) fahren.

73

Sonne, 2 Reiter, Schlange
Gotland, Schweden

2 Drachen, Sonne, 2 Pferde (Drachen?)
Gotland, Schweden

Auf dem linken Runenstein ist wieder die Sonne zu sehen und unter ihr zwei Reiter – vermutlich Tyr und seine beiden Alcis-Söhne.

Auch auf dem rechten Runenstein steht die Sonne (Tyr) im Mittelpunkt. Die beiden Schlangen/Drachen oben und die beiden „Drachen-Pferde" unten werden wieder die beiden Alcis sein.

Die Deutung der beiden „Drachen-Pferde" als die beiden Alcis ist recht sicher, da die beiden Alcis den Sonnenwagen ihres Vaters Tyr in der Gestalt von zwei Schimmeln gezogen haben – ein „Drachen-Pferd" ist der Totengeist eines Pferdes im Jenseits. Diese Symbolik entspricht der Darstellung der beiden Alcis als zwei Reiter auf dem linken Bildstein.

1 große Schlange und 2 kleine Schlangen
Sandegard, Schweden

2 Drachen, Sonne, 2 Männer
Uppland, Schweden

Auf dem linken Bildstein ist in der zentralen Position die Sonne, d.h. Tyr zu sehen. Sie wird oben von den beiden Alcis als „Drachen-Pferde" und unten von ihnen als Krieger mit Schild und Speer begleitet.

Auf dem rechten Runenstein ist eine Große Schlange zu sehen, die von zwei kleinen Schlangen begleitet wird: Tyr und seine beiden Alcis-Söhne.

7. c) Sutton Hoo

An zwei nur 280km voneinander entfernten angelsächsischen Fundorten, in dem Schiffsgrab des Fürsten Raedwald von Ost-Anglia in Sutton Hoo bei Suffolk in Ostengland (750 n.Chr.) und in einem Hort-Fund bei dem Ort Burntwood bei

Staffordshire in Mittelengland (620 n.Chr.) und 750 n.Chr. sind einige Schmuck-
stücke entdeckt worden, die mit Drachen bzw. Schlangen verziert worden sind.

Gürtelschnalle mit rechteckigem Schlangen-Ornament;
an den Ösen ist der Gürtel befestigt gewesen
Sutton Hoo, ca. 750 n.Chr.

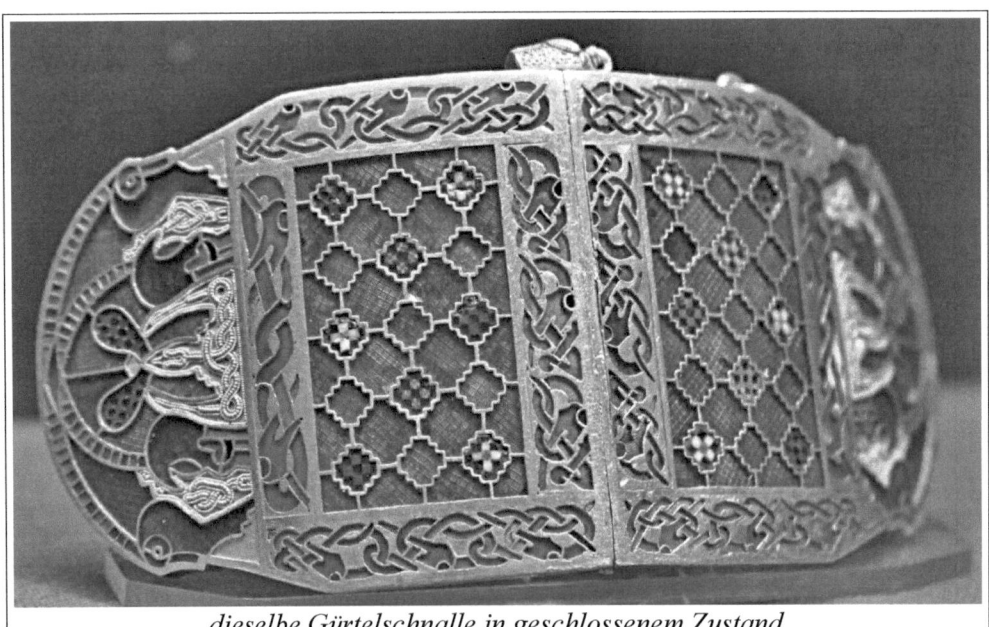

dieselbe Gürtelschnalle in geschlossenem Zustand

Auf dieser Gürtelschnalle sind rings um das rechteckige Feld oben zwei Schlangen sowie links, rechts und unten jeweils drei stilisierte Schlangen/Drachen zu sehen. Darüber ist in der Mitte eine Biene zu sehen, die von einem Eber-Doppelkopf umgeben wird, deren beiden Köpfe durch einen halbkreisförmigen Hals verbunden sind. Ganz außen sind zwei Pferde-Köpfe zu sehen, deren Hälse ebenfalls einen Halbkreis bilden und die die beiden Alcis darstellen könnten.

Vermutlich sind hier einfach wichtige mythologische Symbole ohne Bezug auf eine konkrete Mythe dargestellt worden.

Fibel mit komplexem Schlangen-Ornament; Sutton Hoo

Auf dieser Fibel ist ein sehr stark stilisiertes Flechtmuster zu sehen, das Tiere darstellt. Es sind mehrere Körperteile von Tieren zu sehen: Vogelkopf-Paare (1 und 2,

3 oben/unten, 8 oben/unten), Hände oder Krallen (4 oben/unten, 5 oben/unten, 6 oben/unten), Augen, Gelenke o.ä. (7 oben/unten, 9 oben/unten) und ein vierfüßiges Tier (10).

Das Flechtmuster selber ist vermutlich durch die Darstellung von Schlangen inspiriert worden.

Wahrscheinlich sind auch hier lediglich wichtige mythologische Motive ohne den Hintergrund einer konkreten Mythe dargestellt worden.

Geldbeutel-Verschluß; oben Mitte: vier Tiere; Sutton Hoo

Auf diesem Beutel-Verschluß sind oben in der Mitte vier Drachen oder Wölfe zu sehen, darunter zweimal das „Adler schlägt Ente"-Motiv und unten außen zweimal das „Krieger mit zwei Raubtieren"- Motiv.

Auch hier ist vermutlich keine konkrete Mythe dargestellt worden – es wurden nur wichtige Motive „aufgezählt", um dem Beutel und somit seinem Träger Macht, Bedeutung und Ansehen zu verleihen.

7. d) Burntwood

Der Fund von Burntwood, der auch als „Staffordshire-Hort" bezeichnet wird, ist ca. 130 Jahre jünger als der von Sutton Hoo.

Armreif mit Schlangen-Ornament; Burntwood

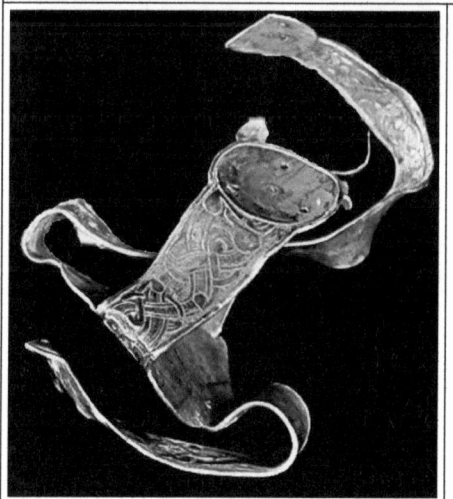

*stark verbogene Helmzier mit
Schlangen-Ornament; Burntwood*

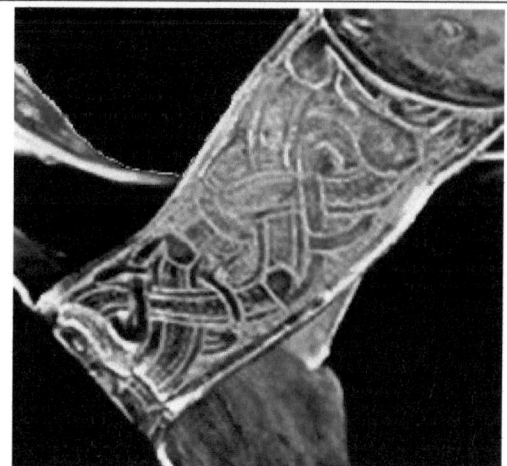

Detail

7. e) Uppakra

Auch aus Skandinavien sind Schlangen/Drachen-Schmuckstücke bekannt – sie wurden in dem Tempel von Uppakra in Schweden gefunden und zwischen 800 n.Chr.

und 1000 n.Chr. hergestellt. Unter ihnen findet sich auch eine Doppelschlange, die die beiden Alcis darstellen könnte.

Medallion mit zwei symmetrischen Schlangen

7. f)   Das größere Goldhorn von Gallehus

Auf diesem Goldhörner ist eine große Schlange mit zwei kleinen Schlangen dargestellt, wobei die große Schlange die kleinen Schlangen zu stillen scheint. Diese Deutung wird dadurch gestützt, daß sich links neben diesem Motiv eine Hindin oder eine Stute mit ihrem Jungen befindet.

Da Schlangen keine Säugetiere sind, muß es sich hier um eine mythologische Szene handeln – evtl. die Muttergöttin, die die beiden Alcis wiedergeboren hat. Wenn dies zutreffen sollte, wäre links die Muttergöttin als Stute oder Hindin mit dem wiedergeborenen Tyr als Fohlen oder Kitz zu sehen.

Es wäre auch denkbar, die drei Schlangen als Tyr-Grabak und seine beiden Alcis-Söhne, die als Schlangen Goin und Moin heißen, zu deuten. Dann bliebe allerdings die Frage, warum die beiden kleinen Schlangen die große Schlange mit ihren Mäulern berühren.

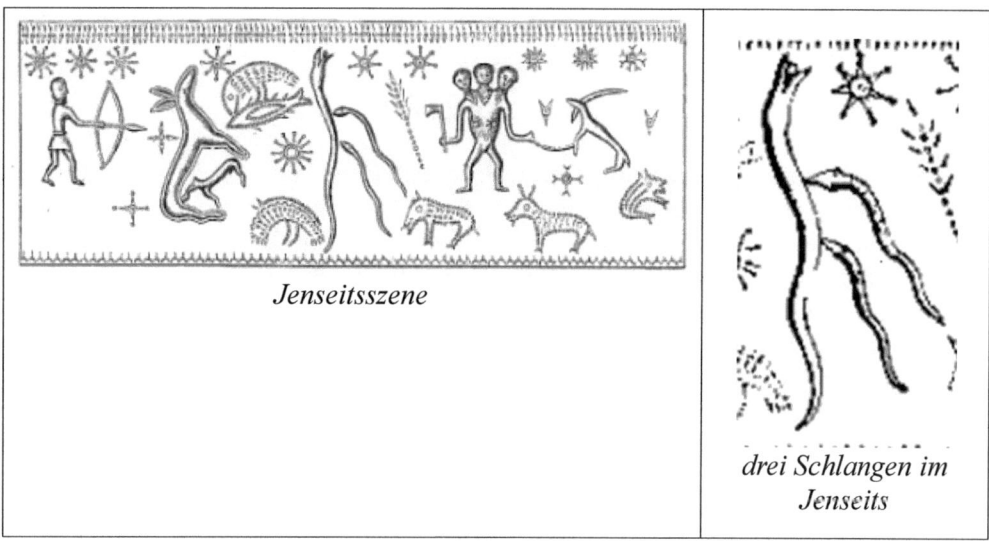

Jenseitsszene

drei Schlangen im Jenseits

7. g)   Zusammenfassung

Auf den Bildsteinen wird der ehemalige Sonnengott-Göttervater Tyr als Sonne und als großer Drache/Schlange dargestellt, der von seinen beiden Alcis-Söhnen als zwei Krieger, Reiter, „Drachen-Pferde" oder Schlangen begleitet wird.

Der Weltenbaum und das Drachenschiff stellen den Jenseitsweg dar – Tyr und seine beiden Söhne befinden sich in der Unterwelt, wie ihre Schlangengestalt zeigt.

Die Drachendarstellungen auf den Gürtelschnallen, Beutelschnallen, Armreifen, Helmverzierungen und Fibeln sind vermutlich lediglich ein Bestandteil einer Ansammlung von mythologischen Symbolen, der jedoch keine konkrete Mythe zugrundeliegt.

8.   Die beiden Katzen

Ein Katzenpaar erscheint in der germanischen Mythologie nur als die beiden Katzen vor Freyas Wagen.

8. a)   Gylfis Vision

Freyas Wagen wird von zwei Katzen gezogen. Dies Motiv steht zwar auch im Zusammenhang mit den beiden Rossen vor Tyrs Streitwagen, aber dieses Motiv ist deutlich älter als das der beiden Rosse – die beiden Katzen der Freya gehen auf die beiden Panther der Göttin von Çatal Höyük (7.000 v.Chr.) und von Göbekli Tepe (9.500 v.Chr.) zurück.

Die Symbolik der beiden Rosse vor dem Streitwagen des indogermanischen Sonnengott-Göttervaters Dhyaus (germanisch: Tyr) ist von diesen Panthern abgeleitet worden – der Streitwagen ist erst um ca. 2000 v.Chr. erfunden worden.

Siehe dazu auch das Kapitel „Katzen" in Band 43.

Wenn sie (Freya) *ausfährt, sind zwei Katzen vor ihren Wagen gespannt.*

8. b)   Gylfis Vision

Und diesem Leichenbrand wohnten vielerlei Gäste bei: zuerst ist Odin zu nennen, und mit ihm fuhr Frigg und die Walküren und Odins Raben, und Freyr fuhr im Wagen und hatte den Eber vorgespannt, der Gullinbursti hieß oder Slidrugtanni. Heimdall ritt den Hengst Gulltopp und Freyja fuhr mit ihren Katzen. Auch kam eine große Menge Hrimthursen und Bergriesen.

8. c)   Zusammenfassung

Der Streitwagen der Freya wurde von zwei Katzen gezogen so wie Tyrs Sonnenwagen von zwei Pferden und Thors Streitwagen von zwei Ziegenböcken.

9. Zwei Heerführer

In einigen frühen germanischen Sagen treten halb historische, halb mythologische Brüder auf, die von den beiden Alcis inspiriert worden sein könnten. Da sich die Fürsten gerne als Söhne oder Nachkommen des Göttervaters angesehen haben, lag eine Identifizierung der Fürsten mit den beiden Pferde-Zwillingen, die die Söhne des Göttervaters Tyr waren, nahe – wodurch die Fürsten natürlich zu einem Brüderpaar wurden.

Zu diesen Fürsten-Brüdern bei den Germanen zählen u.a.:

- Ibur und Aio   (Langobarden)
- Aggi und Ebbi   (Langobarden)
- Raos und Raptos   (Wandalen)
- Hengist und Horsa   (Angelsachsen)
- Norr und Gorr   (Norweger)

Insbesondere die beiden Fürsten Hengist und Horsa gehen recht sicher auf die beiden Pferde-Zwillinge zurück, da ihre Namen „Hengst" und „Pferd" (englisch: „horse") bedeuten.

Auch der Stabreim der Namen bei vier dieser fünf Anführer-Paare und der Endreim bei dem fünften Paar spricht dafür, daß diese Namen nicht zufällig sein können und einen rituellen Bezug haben müssen – eben zu den beiden Alcis, die gleichfalls fast immer zwei stabreimende oder seltener auch endreimende Namen tragen.

Dies läßt vermuten, daß es bei der „Inthronisierung" der beiden Heerführer ein Namens-Ritual gegeben hat, bei dem die beiden Männer neue (stabreimende) Namen erhielten und durch das eine Verbindung zu den beiden Alcis hergestellt wurde. Möglicherweise hat dazu auch eine Jenseitsreise und das Trinken des Göttermets gehört.

An sich sollte man annehmen, daß es in aller Regel entweder einen einzelnen Anführer gibt oder eine Gruppe, die alles gemeinsam beschließt. Gerade ein Anführer-Paar ist zunächst einmal eigentlich eine recht instabile sozial-politische Konstruktion – was die Vermutung bestätigt, daß diese Anführer-Paare ihren Ursprung in der Vorstellung haben, daß diese Anführer als die beiden Alcis-Söhne des Göttervaters angesehen wurden.

9. a) origo gentis langobardorum

In einem um ca. 650 n.Chr. niedergeschrieben Bericht über eine Schlacht zwischen den Winnilern (den späteren Langobarden) und den Wandalen treten zwei Anführer auf, deren Namen, die beide mit einem Vokal beginnen, nach germanischem Sprachgefühl stabreimen.

In den Nord-Landen liegt eine Insel, auf der viele Menschen wohnen und die *Scadanan* genannt wird, was als „Zerstörung" gedeutet wird.

Unter diesen Menschen gibt es ein kleines Volk, das *Winniler* genannt wird. Bei ihnen lebte eine Frau mit dem Namen *Gambara*, die zwei Söhne hatte – *Ybor* war der Name des einen und *Agio* der Name des anderen. Sie waren zusammen mit ihrer Mutter, also mit Gambara, die Anführer der Winniler.

Die Anführer der Wandalen, also *Ambri* und *Assi*, kamen mit ihrem Heer und sagten zu den Winnilern: „Entweder ihr zahlt uns Tribut oder ihr bereitet euch für eine Schlacht vor und kämpft mit uns!"

Da antworteten Ybor und Agio zusammen mit ihrer Mutter Gambara: „Es ist besser für uns, uns für eine Schlacht vorzubereiten als den Wandalen Tribut zu zahlen."

Da baten Ambri und Assi, also die Anführer der Wandalen, *Godan* (Wotan/Odin), daß er ihnen den Sieg über die Winniler gab.

Godan antwortete und sprach: „Dem, den ich als erstes bei Sonnenaufgang sehen werde, dem werde ich den Sieg geben."

Zu derselben Zeit flehte Gambara mit ihren beiden Söhnen, also mit Ybor und Agio, die die Anführer der Winniler waren, *Frea* (Freya), die Frau des Godan, an, den Winnilern wohlgesonnen zu sein.

Da gab Frea ihnen den Rat, daß die Winniler bei Sonnenaufgang kommen sollten und zusammen mit ihren Männern auch die Frauen, die ihr Haar um ihr Gesicht herabfallen lassen sollten, sodaß es wie Bärte aussah.

Als es dann, als die Sonne aufging, hell wurde, drehte Frea, die Frau des Godan, das Bett, in dem ihr Gemahl lag, herum, sodaß sein Gesicht nach Osten gewandt war, und weckte ihn auf.

Und als er dann aufblickte, sah er die Winniler mit ihren Frauen, die ihr Haar um ihr Gesicht herum herabfallen ließen. Da frug er: „Wer sind denn diese Langbärte?"

Und Frea sagte zu Godan: „Da Du ihnen nun einen Namen gegeben hast, solltest Du ihnen nun auch den Sieg geben!"

Da gab er ihnen den Sieg und sie verteidigten sich seinem Rat gemäß und errangen den Sieg.

Von dieser Zeit an wurden die Winniler *Langobarden* („Langbärte") genannt.

9. b)   Fornjotr und seine Verwandten

Diese Saga stammt aus Norwegen.

Einst lebte ein Mann namens Fornjot („uralter Riese").
Er hatte drei Söhne; einer wurde Hler („Meer") genannt, der zweite Logi („Feuer"), und der dritte Kari („Wind") – er beherrschte den Wind, Logi jedoch das Feuer und Hler beherrschte das Meer.
Kari („Wind") war der Vater des Jokul („Eis, Eiszapfen, Gletscher"), der der Vater von König Snae („Schnee") war.
Die Kinder des Königs Snae („Schnee") waren Torri („Firn-Schnee" = der dem Steinbock entsprechende Wintermonat), Fonn („Schneewehe"), Drifa („Schneetreiben") und Mjoll („Puderschnee").
Thorri war ein edler König. Er herrschte über Gotland, Kvenland und Finnland.
Ihm opferten die Menschen in Kvenland, damit es schneite und man gut auf Skiern reisen konnte. Dieses Fest wurde zu Mitwinter („Jul") gefeiert und von da an wurde dieser Monat „Thorri" genannt.
König Torri hatte drei Kinder. Seine Söhne waren Norr („Nördlicher") und Gorr („Vieh" oder „Vergorenes") und seine Tochter Goi („Schnee" = der dem Wassermann entsprechende zweite Wintermonat).

Norr und Gorr gründeten Norwegen, das nach „Norr" benannt worden ist – die beiden sind folglich eine Variante des Anführer-Paares.

9. c)   Saga über die Orkney-Leute

In dieser Saga wird ebenfalls der Stammbaum des Norr und des Gorr beschrieben, der jedoch leicht von der norwegischen Fassung abweicht.

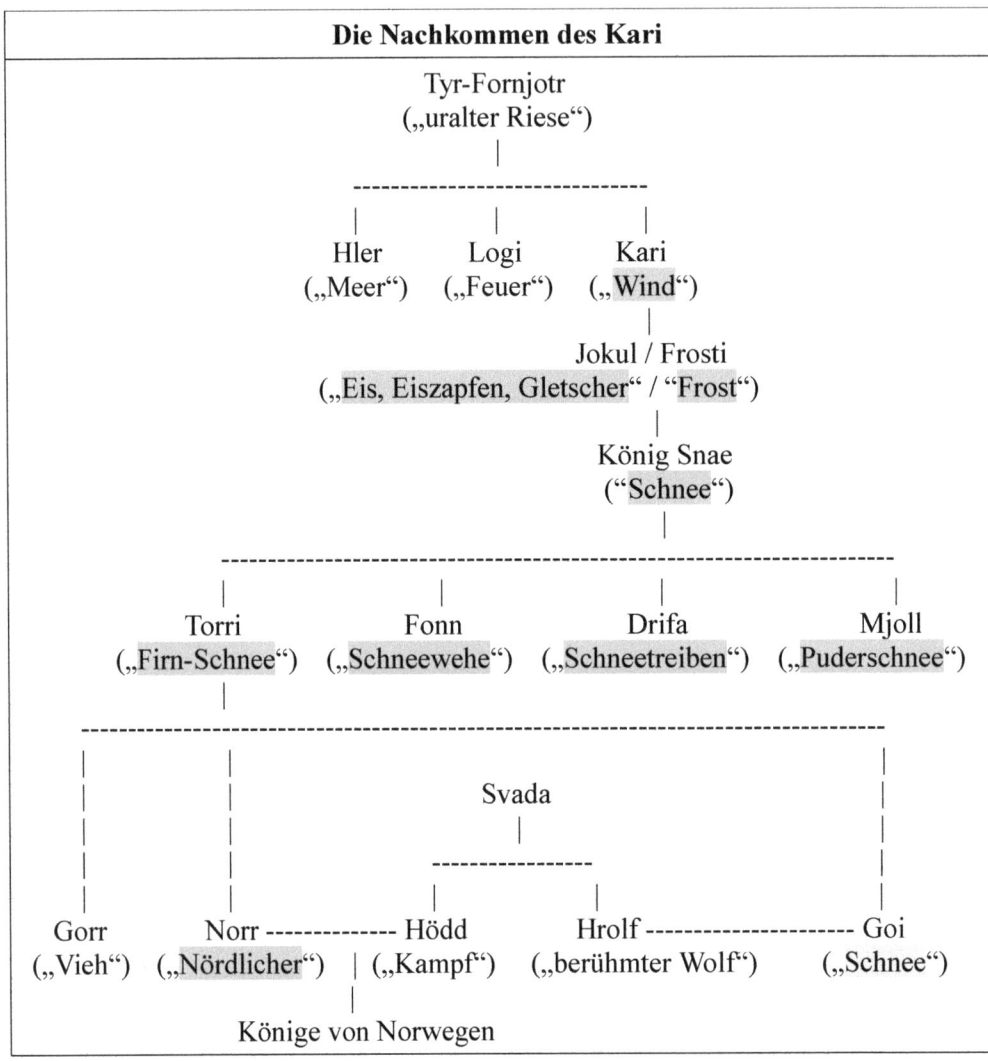

Die Nachkommen des Kari

Tyr-Fornjotr
(„uralter Riese")

Hler   Logi   Kari
(„Meer")   („Feuer")   („Wind")

Jokul / Frosti
(„Eis, Eiszapfen, Gletscher" / "Frost")

König Snae
("Schnee")

Torri   Fonn   Drifa   Mjoll
(„Firn-Schnee")   („Schneewehe")   („Schneetreiben")   („Puderschnee")

Svada

Gorr   Norr ------------- Hödd   Hrolf ---------------------- Goi
(„Vieh")   („Nördlicher") | („Kampf")   („berühmter Wolf")   („Schnee")

Könige von Norwegen

9. d) Hengist und Horsa

Über diese beiden Anführer der Angeln, Sachsen und Jüten, die um 449 die Invasion Englands begannen, wird in mehreren Quellen berichtet: in der Historia ecclesiastica gentis Anglorum, in der angelsächsichen Chronik, in der Historia Brittonum, in der Historia Regum Britanniae und im Edda-Prolog.

86

9. e) Die beiden Haddingar

„Haddr" bedeutet „langes (Frauen-)Haar". Möglicherweise sind die beiden Brüder, die als die beiden Haddinger bezeichnet wurden, Fürsten gewesen, da diese in früher Zeit oft ihr Haar lang trugen, wie man u.a. auf den Fürsten- und Götter-Darstellungen auf den Brakteaten (Gold-Amulette) sehen kann.

Die beiden langhaarigen Haddingar werden in vielen Zusammenhängen genannt:

- Tacitus: die beiden Alcis, deren Priester „Frauentracht" trugen, womit eventuell (auch wenn dies eher unwahrscheinlich ist) auch lange Haare gemeint sein könnten, die eine Anspielung auf die Mähne der Alcis gewesen sein könnte, die sowohl Pferde- als auch Menschengestalt hatten;
- Cassius Dio: die Königs-Dynastie der Wandalen mit dem Namen „Asdingi" („Haddingar => „Hasdingi" = „Asdingi");
- Jordanes: die Königs-Dynastie der Wandalen mit dem Namen „Asdingi";
- Darstellung der Merowinger wie z.B. auf König Childerichs Siegelring: die Merowinger trugen lange Haare;
- mittelhochdeutsche Sagas: zwei Brüder, die beide „Hartung" heißen;
- Thidrek-Saga: Hertnid (später: Ortnit) und Hartnid (später: Hirdir);
- Saga über Hervor und König Heidrek den Weisen: die beiden Haddingjar sind zwei der zwölf Söhne des Berserkers Arngrim;
- Gesta danorum: die beiden Haddingjar sind zwei der zwölf Söhne des Berserkers Arngrim;
- Saga über Pfeile-Odd: die beiden Haddingjar sind zwei der zwölf Söhne des Berserkers Arngrim;
- Hyndla-Lied: die beiden Haddingjar sind zwei der zwölf Söhne des Berserkers Arngrim;
- Zweites Lied über Helgi Hunding-Töter: Helgi Hadding-Fürst (= Vandalen-Fürst);
- Saga über Hromund Grip-Sohn: Zwei Schwedenkönige mit dem Namen Hadding;
- Zweites Gudrun-Lied: Erwähnung eines Hadding-Landes;
- Kalfsvisa: Erwähnung eines Königs der Haddingjar;
- Gesta danorum: ausführlicher Bericht über König Hadding (Vater des Königs Frode, der die Sagen-Variante des Gottes Freyr ist);
- „Wie Norwegen besiedelt wurde": König Hadding Raum-Sohn von Hadding-Tal (der Riese Raum ist evtl. Tyr); fünf seiner Nachkommen hießen ebenfalls Hadding.

Die urgermanische Form dieser Namen müßte „hazdingoz" („Langhaarige") gelautet haben und wäre eine Entsprechung zu den Langobarden („Langbärte").

Diese beiden „Langhaarigen" sind sehr wahrscheinlich die beiden Alcis. Diese Bezeichnung wird ursprünglich eine konkrete Beschreibung ihres Aussehens, also der langen Haare der beiden Jünglinge gewesen sein, die der lange Mähne ihrer Pferde-Gestalt entsprach. Da die beiden Sonnenrosse eine goldene Mähne hatten, sollte man vermuten dürfen, daß die beiden Alcis goldblond gewesen sind.

9. f) Bruchstück einer Saga über die frühen Könige von Dänemark und Schweden

Ubbi war ein solch großer Krieger, daß er nicht nachließ, bis der Zweikampf beendet und Rögnvald von seiner Hand gefallen war. Daraufhin stürmte er Tryggvi entgegen und versetzte ihm eine tödliche Wunde. Als die Söhne des Alrek sahen, auf welch fürchterliche Weise er durch das Heer stürmte, traten sie ihm entgegen und kämpften mit ihm, doch er war ein solch harter und großer Krieger, daß er sie beide tötete. Danach tötete er Yngvi.

Der Name „Alrek" hat wie der Tyr-Beiname „Iwaldi" die Bedeutung „Allherrscher". Ein solcher Alrek mit zwei Söhnen wird sehr wahrscheinlich auf Tyr mit seinen beiden Alcis-Söhnen zurückgehen.

9. g) Die Saga über Thorsteinn Haus-Macht

In dieser Saga treten zwei Riesen mit den Namen Jokul und Frosti auf, die möglicherweise Saga-Varianten der beiden Alcis sind – zumal sie am Hofe des Tyr-Geirröd erscheinen, der der Vater der beiden Alcis ist.

„Jokull" bedeutet „Eiszapfen, Gletscher" und „Frosti" bedeutet „Frostiger, Eisiger". Sie sind beide auch aus anderen Sagas als Riesen bekannt.

Der König dankte ihm und sagte, daß ihm dies mehr wert scheine als wenn er einen Eid geschworen hätte. Da trank Godmund aus dem Horn und setzte sich auf den Hochstuhl.

Die Männer waren glücklich und fröhlich.

Neben Jarls Agdi waren zwei Männer, die Jokull und Frosti genannt wurden.

Sie waren neidisch auf Godmund. Jokull griff einen Stierknochen und warf ihn auf Godmunds Männer. Thorstein sah dies und ergriff ihn im Flug und war ihn zurück und er traf Gustar mitten im Gesicht, sodaß seine Nase brach und ihm alle Zähne ausgeschlagen wurden und er ohnmächtig niederfiel.

Thorsteinn ist unsichtbar mit zu dem Fest gekommen.

Der Name „Gustar" bedeutet „kalter Windstoß" (englisch: „gust"). Er gehört offenbar zu derselben Riesen-Sippe wie Jokul und Frosti.

Der Streit zwischen Godmunds Männern und Agdis Männern könnte eine Variante des Streites zwischen Thor und Geirröd sein. Dann gäbe es folgende Entsprechungen zwischen diesen Männern:

Die beiden Streit-Parteien			
Charakter	*Geirröd-Mythe*	*Thorsteinn-Saga*	*Ursprung*
Partei 1	Thor	Godmund	Tyr
	Begleiter Loki	Junker Fullsterk	seine beiden Pferde-Söhne
	Begleiter/Priester Thialfi	Junker Allsterk	
Partei 2	Geirröd	Agdi	Tyr
	Tochter/Riesin Grip	Gefolgsmann/Riese Jokul	Freya
	Tochter/Riesin Gjalp	Gefolgsmann/Riese Frosti	Frigg

Der ehemalige Göttervater Tyr mit seinen beiden Pferde-Söhnen (Alcis) wurde in der Thorsteinn-Saga zu Godmund und seinen beiden Begleitern. In der Geirröd-Mythe hat Thor diese Helden-Rolle übernommen und die beiden Söhne des Tyr durch Loki und Thialfi ersetzt.

Der ehemalige Göttervater Tyr mit seinen beiden Frauen Freya und Frigg, die die zweifache Göttin des Diesseits und des Jenseits waren, wurde in der Geirröd-Mythe zu Geirröd und seinen beiden Töchtern Grip und Gjalp. In der Thorsteinn-Saga behielt Geirröd den Charakter des „guten Gottes" und wurde zum „guten König". Die Rolle des Gegners übernahmen der Riesen-Jarl mit seinen beiden Riesen-Begleitern Jokul und Frosti.

König Geirröd wurde wütend und frug, wer dort Knochen über die Tafel warf. Er sagte, daß sie, bevor alles vorüber sei, herausfinden würden, wer der Stärkste im Steinewerfen sei.

Der König rief zwei Männer, Drott und Hosvi, herbei und sagte zu ihnen: „Geht und nehmt meine Goldkugel und bringt sie herbei."

Der Name „Drott" bedeutet „Kriegerschar, Gefolge" und der Name „Hosvi" bedeutet vermutlich „Haus-Priester" oder „Ergrauter". Offensichtlich sind die Namen in dieser Saga alle sehr bewußt gewählt worden.

Ob auch sie durch die beiden Alcis inspiriert worden sind, ist unklar – denkbar wäre es, da eigentlich auch ein einzelner Mann die Goldkugel hätte holen können.

Sie gingen fort und kehrten mit dem Kopf eines Seehundes zurück, der zehn Fjortunge wog. Er glühte und sprühte Funken wie eine Schmiede-Esse und aus ihm troff Fett wie glühendes Pech heraus.

Leider ist nicht bekannt, wieviel Gramm einem Fjortung („Vierzehner") entsprechen.

Dieser „Seehund-Kopf" erinnert sehr an das glühende Stück Eisen, daß Geirröd in der Geirröd-Mythe nach Thor warf und das dieser auffing und nach ihm zurückwarf und dadurch den Riesen tötete. In der Geirröd-Mythe scheint dieses Eisenstück Thors Hammer Mjöllnir zu sein – hier wird dieses Wurfobjekt auch „Seehundkopf" und „Goldkugel" genannt, was zum einem an Heimdalls Seehund-Gestalt bei seinem Kampf mit Loki erinnert und zum anderen daran, daß Tyr eng mit der Sonne assoziiert gewesen ist. Zu der Deutug als Sonne paßt auch, daß der Seehundkopf glüht.

Der König sagte: „Nehmt nun diese Kugel und werft sie einander zu. Wer sie fallenläßt, soll ein Ausgestoßener werden und all seine Besitztümer verlieren, und jeder, der nicht teilzunehmen wagt, soll ein Feigling heißen."

Da warf Dottur die Kugel zu Fullsterk. Er schnappte ihn mit einer Hand. Thorsteinn sah, das ihm seine Kraft nicht reichte und griff nach dem Ball. Sie warfen ihn zu Frosti, der am weitesten von der Bank der Krieger entfernt saß.

Die „Krieger" sind Godmund und sein Gefolge.
Thorsteinn hilft nun unsichtbar den Männern des Godmund.

Frosti fing die Kugel mit mächtiger Kraft auf, aber sie kam seinem Gesicht so nahe, daß sein Wangenknochen brach. Er warf die Kugel nach Allsterk.

Dieser fing sie mit beiden Händen, aber er hätte sich nach hinten übergebeugt, wenn Thorsteinn ihm nicht geholfen hätte.

Allsterk warf die Kugel schnell nach Jarl Agdi, der sie mit beiden Händen auffing. Fett tropfte in seinen Bart und setzte ihn in Brand, weshalb er ihn schnell loswerden wollte und ihn nach König Godmund warf.

Godmund wiederum warf ihn nach König Geirröd. Er wich ihm aus und die Kugel traf Frottur und Hosvir und tötete beide. Die Kugel flog durch ein Glasfenster und hinaus in den Graben, der rings um die Stadt gezogen worden war. Dort loderten nun Flammen empor.

Das Spiel war vorbei.

Das Hin- und Herwerfen des glühenden Eisens zwischen Thor und Geirröd ist hier zu einer längeren Szene ausgebaut worden.

Thors Wurf des Eisenstückes durch eine Säule in der Halle des Geirröd erscheint in der Thorsteinn-Saga als Wurf der Kugel durch ein Fenster der Halle.

Der Tod der beiden Diener des Geirröd durch den Wurf des Godmund entspricht in der Geirröd-Mythe dem Tod der beiden Riesinnen durch Thor, der in der Thorsteinn-Saga dem Godmund entspricht.

Die vollständige Schilderung dieses und der beiden noch folgenden Kämpfe findet sich in „Die Saga über Thorstein Haus-Macht" in Band 79.

9. h)   Die Saga über Bosi und Herraud

In dieser Saga treten zwei Brüder mit den Namen „Dagfari" („Tag-Fahrer") und „Nattfari" („Nacht-Fahrer") auf, die aufgrund ihrer Namen recht sicher „mythologische Nachkommen" entweder des Tyr im Diesseits und des Tyr im Jenseits oder (was wahrscheinlich ist) „mythologische Nachkommen" der beiden Alcis sind, die den Wagen des Sonnengott-Göttervaters durch den Tag (Diesseits) und durch die Nacht (Jenseits) zogen.

Über diese beiden Brüder wird jedoch nur recht wenig berichtet:

König Hring heiratete Sylgj, die Tochter des Jarl See-Fahrer von Smaland. Sie war eine friedliche Frau und sah gut aus. Ihre Brüder waren Dagfari („Tag-Fahrer") *und Nattfari (*„Nacht-Fahrer").

... ...

Zu dieser Zeit traten Dagfari und Nattfari in die Dienste des Königs Harald Kampfzahn.

... ...

Sowohl Dagfari als auch Nattfari fielen und Bosi und Herraud wurden beide verwundet, aber beide überlebten die Schlacht.

9. i)   Die Saga über Thorstein Viking-Sohn

In dem Traum, der in dieser Saga berichtet wird, sind zwei Füchse die Anführer von Feinden („Wölfe").

An demselben Morgen erwachte Thorstein in seiner Hütte und sprach: „Bist Du wach, Thorer?"

Er antwortete: „Ich bin wach, aber ich habe bis gerade eben geschlafen."

Thorstein sprach: „Ich will, daß wir uns bereit machen, um die Hütte zu verlassen, denn ich bin mir sicher, daß Jokul heute mit vielen Männern hierher kommen wird."

Thorer antwortete: „Das glaube ich nicht und ich will nicht gehen oder hast Du irgendwelche Hinweise darauf?"

„Ich habe geträumt," sagte Thorstein, „daß zweiundzwanzig Wölfe hierhergerannt kamen und mit ihnen sieben Bären und noch ein achter, ein Rotwangen-Bär, der groß und grimmig war. Und außerdem waren da noch zwei Füchsinnen, die diese Gruppe anführten – sie sahen sehr häßlich aus und waren die abscheulichsten von allen. All die Wölfe griffen uns an und sie schienen all meine Brüder zu zerreißen außer Dir, doch auch Du fielst. Viele von den Bären haben wir getötet und ich habe die Wölfe umgebracht und die kleinere der Füchsinnen, aber dann fiel ich."

Thorer frug: „Was glaubst Du, was dieser Traum bedeutet?"

Thorstein gab die Antwort: „Ich glaube, daß der Rotwangen-Bär die Fylgja des Jokul sein muß und die anderen Bären die Fylgjas seiner Brüder. Die Wölfe waren jedoch meiner Meinung nach ohne Zweifel soviele Männer, wie mit ihnen kommen – denn sie sind uns gewiß wölfisch gesonnen. Doch bei ihnen waren zwei Füchsinnen und ich kenne keine Männer, zu denen solche Fylgjas gehören. Nun habe ich Dir erzählt, was ich über diese Sache denke und wir sollten in dieser Sache so handeln, wie es mir im Schlaf geraten worden ist. Dann werden wir jeden Ärger vermeiden."

Thorer sagte: „Ich glaube, daß Dein Traum nichts weiteres als eine Vogelscheuche und eine schlimme Vorahnung ist – und ich fände es auch interessant, unsere Kräfte mit ihnen zu messen."

Da sprach Thorstein: „Das finde ich nicht – es scheint mir, daß sie ein ungleiches Treffen beabsichtigen und es wäre mir lieb, wenn wir uns fertig machen würden, um von hier fortzugehen."

Thorer sagte, daß er nicht fortgehen wolle und daß es so gemacht werden solle, wie er es wolle.

Thorstein stand auf und nahm seine Waffen und alle seine Brüder taten dasselbe, nur Thorer ließ sich damit viel Zeit.

Kurz darauf kamen Jokul und seine Männer und der Kampf verlief so, wie es Thorstein geträumt hatte. Leider wird nicht gesagt, wessen Fylgjas die beiden Füchsinnen gewesen sind, aber da das einzige Männerpaar in der Gruppe des Jokul die beiden Zauberer Gautan und Ogautan waren, werden vermutlich sie diejenigen mit dem Fuchs-Krafttier gewesen sein. Ihre fast identischen Namen lassen vermuten, daß sie eine Saga-Variante der beiden Alcis sind.

9. j)   Die Saga über Thorstein Viking-Sohn

Das Motiv der beiden Füchse, die Wölfe anführen, findet sich auch in diesem Traum.

Da geschah es eines Nachts, als Ingibjorg schlafend in ihrem Bett lag, daß sie unruhig war und nach einer langen Zeit erwachte. Ihre Dienerinnen frugen sie, was sie geträumt habe, aber sie wollte es ihnen nicht erzählen.

Am nächsten Tag kam Jarl Thorfid zu ihrem Frauenhaus hinüber und setzte sich neben die Königstochter. Sie begannen zu erzählen.

Ingibjorg sagte: „Ich will Dir meinen Traum erzählen, Ziehvater."

„Was hast Du geträumt?" sagte der Jarl.

Sie antwortete: „Mein Traum begann damit, daß mir schien, daß ich draußen stehe und ein wenig in die Richtung des Meeres blickte. Dann sah ich etwas Dunkles, das zuerst fern war, das aber näher und näher kam. Nach einer Weile sah ich, daß es viele Schiffe waren, die dort an das Land anlegten und eine zahllose Meute von Wölfen kamen von dort auf die Stadt zugerannt. Zwei Schneefüchse rannten vor den Wölfen und sie waren ganz abscheulich. Sie waren alle schreckliche Bestien. Sie machten vor nichts halt und zerrissen Menschen und Pferde und alles, was sie fangen konnten. Schließlich schien mir, daß sie Dich, mein Ziehvater, angriffen und meinen Vater – und dann erwachte ich. Sage mir, was dieser Traum bedeutet," sprach Ingibjorg.

Der Jarl sprach: „Dieser Traum ist leicht erklärt," sagte er, „bald wird Krieg zu uns kommen und deshalb werde ich den Traum nicht weiter deuten."

9. k)   Hrolf Kraki und seine Berserker

In dieser Geschichte wird ein König und seine beiden Söhne beschrieben, die vor dem Bruder des Königs, der ihren Vater getötet hat, fliehen müssen. Dieses Motiv geht offenbar auf Loki und Tyr mit seinen beiden Alcis-Söhnen zurück, da sich Tyr und Loki in einem endlosen Zyklus einander abwechselnd getötet haben.

Einst lebte ein Mann mit dem Namen Halfdan und ein anderer, der Frodi genannt wurde – zwei Brüder, zwei Königssöhne – und jeder von ihnen herrschte über sein eigenes Königreich. König Halfdan war friedlich und umgänglich und gutmütig, aber König Frodi war ein wild und grausam.

Diese Schilderung erinnert an das Brüderpaar Heidrek und Angantyr, die eine Sagen-Variante der beiden Götter Tyr und Loki sind. Der friedliche Bruder ist Tyr,

Angantyr und Halfdan; der wilde Bruder ist Loki, Heidrek und Frodi.

König Halfdan hatte drei Kinder: zwei Söhne und eine Tochter. Sie wurde Signy genannt. Sie war die älteste und wurde Jarl Saevil zur Frau gegeben.

Das, was hier berichtet wird, geschah, als seine Söhne noch jung waren. Einir von ihnen wurde Hroar genannt, der andere Helgi. Regin war ihr Ziehvater und er liebte sie sehr.

König Halfdan hat wie Tyr hat zwei Söhne mit stabreimenden Namen (die beiden Alcis) und eine Tochter (die zu seiner Tochter umgedeutete Jenseitsgöttin).

Die Deutung von Halfdan und Frodi als die in die Sage übertragenen Götter Tyr und Loki wird dadurch bestätigt, daß „Helgi" einer der Beinamen des Tyr gewesen ist (siehe „Helgi" in Band 39) und Regin als Ziehvater des Helden auch in der Völsungen-Saga (Regin lehrt Sigurd), die ebenfalls auf die Tyr-Mythen zurückgeht, gut bekannt ist.

Nicht weit von Halfdans Festung entfernt lag eine Insel. Dort lebte ein Mann, der Vivil genannt wurde. Er war ein lebenslanger Freund des Halfdan. Vivil hatte zwei Hunde, Hopp und Ho. Er war recht wohlhabend und kannte viel von den alten Weisheiten, wenn es hart auf hart kam.

Nun wird berichtet, daß König Frodi daheim in seinem Königreich saß und seinem Bruder König Halfdan dessen Königreich heftig neidete. Und er war mit seinem Los, so wie es sich gefügt hatte, nicht besonders glücklich und ihm schien, daß er allein Dänemark beherrschen sollte. Daher versammelte er ein großes Heer und zog in dem Dunkel der Nacht nach Dänemark und brannte alles bis auf den Boden nieder. König Halfdan konnte nur wenig tun um sich verteidigen. Er wurde gefangengenommen und getötet, während alle, die dazu in der Lage waren, flohen. Alle Bewohner mußten Frodi den Treueschwur leisten, wenn sie nicht auf die verschiedensten Weisen gefoltert werden wollten.

Auch Loki tötet Tyr und ebenso Heidrek seinen Bruder Angantyr.

Regin, der Ziehvater des Helgi und des Hroar, brachte sie zu dem Bauern Vivil auf seiner Insel. Sie trauerten sehr über ihren Verlust. Regin sagte, daß „in den meisten Schutzorten Schnee fällt" – es wäre eine traurige Angelegenheit – wenn Vivil sie nicht vor König Frodi schützen könne.

Die Verbannung auf eine Insel ist ein Symbol für die Jenseitsreise, daß am besten von der durch König Nidud (Loki) festgelegte Gefangenschaft des Wieland (Tyr) auf einer Insel bekannt ist.

Eine Variante dieses Motives ist die Reise über einen Fluß, wie es sich in der Völsungen-Saga und in der Thidrek-Sage bei der Schilderung der Geburt und Kindheit des Sigurd (Siegfried) findet.

Vivil sprach: „Da spielen wir Tauziehen mit einem Hartgesottenen." Aber er sagte auch, daß er sehr dazu verpflichtet sei, den Jungen zu helfen.

Da nahm er sie und brachte sie in ein unterirdisches Erd-Haus, in dem sie die meisten Nächte verbrachten. Am Tage kamen sie jedoch heraus, um etwas frische Luft in den Wäldern zu bekommen, die die Hälfte der Insel bedeckten. Dort ließ Regin sie.

Das „unterirdische Erd-Haus" ist ein Hügelgrab – ein Wiederholung des Motivs in das Jenseits. Diese Szene findet sich auch als die Gefangenschaft von Sigurds Vater Sigmund und dessen Sohn Sinfiötli in einem Hügelgrab in der Völsungen-Saga und als Odins Reise zu Gunnlöd in dem Hügelgrab „Hnitbjörg".

Regin besaß große Ländereien in Dänemark und auch Frau und Kinder und er sah keine andere Möglichkeit, als zu Frodi zu gehen und ihm den Treueeid zu leisten. König Frodi unterwarf sich nun ganz Dänemark und verhängte Steuern und Tribut-Zahlungen. Die meisten unterwarfen sich ihm nur, weil sie dazu gezwungen waren, denn er wurde von allen gehaßt. Und er belegte auch Jarl Saevil auf dieselbe Weise mit Steuern.

Nachdem er all dies erreicht hatte, bereitete es König Frodi nicht ganz so viele Sorgen, daß er die Jungen Helgi und Hroar nicht gefunden hatte. Er ließ nun in allen Richtungen nach ihnen suchen, nah und fern, im Norden und im Süden, im Osten und im Westen, und er setzte eine große Belohnung für den aus, der ihm Neuigkeiten über sie bringen konnte, und bedrohte die, von denen jemals ans Licht kommen sollte, daß sie sie verbargen, mit allen Arten von Foltern – aber niemand wußte irgendetwas, was er dem König hätte erzählen können.

Da ließ er aus dem ganzen Land Seher herbeiholen – Zauberinnen und Zauberer – und befahl ihnen, das gesamte Land von vorne nach hinten, von links nach rechts, alle Inseln und alle fern draußen liegende Schären zu durchsuchen, aber sie konnten die beiden Söhne nicht finden.

Da ließ er Zauberer herbeiholen, die alles sehen konnten, was sie wollten, und sie sagten ihm, daß die Jungen nirgendwo in dem Land aufgezogen würden, aber daß sie auch nicht weit fort seien.

König Frodi sagte: „Wir haben sie weit und breit gesucht, daher ist es sehr unwahrscheinlich, daß sie in der Nähe sind, aber es gibt noch eine Insel, die nicht weit entfernt ist, wo wir uns keine besondere Mühe gegeben haben, weil dort niemand lebt – nun, niemand außer einem Bauern, einem armen Hungerleider."

„Siehe zuerst dort nach," sprach der Galdr-Mann, „denn über dieser Insel liegt ein

dichter Nebel und wir können nicht gut sehen, was rings um den Hof dieses Mannes liegt. Uns scheint, daß diese Mann geschickt ist und daß er mehr ist, als er zu sein scheint."

Diese Szene zeigt, daß der Schreiber dieser Saga sich entweder durch eigene Erfahrungen oder durch Erlebnisse mit Sehern mit dem Thema ausgekannt hat, denn es ist noch heute bei der Suche nach „magisch verborgenen Dingen" die sinnvollste Vorgehensweise, nicht nach dem Ding selber zu suchen, sondern nach Orten, an denen etwas magisch verborgen worden ist, was man beim inneren Schauen entweder daran erkennen kann, daß über manchen Orten ein Nebel zu liegen scheint, der die innere Sicht behindert (ein recht einfacher Schutzzauber) oder daß man an manche Orte erst gar nicht nicht schauen will (ein etwas geschickterer Schutzzauber). Vivil kannte offenbar beide Arten des Schutzzaubers.

Diese Inanspruchnahme der Hilfe von Zauberern könnte damals in solchen Fällen allgemein üblich gewesen sein, aber es ist denkbar, daß es sich dabei um eine Über-tragung der Suche des Odin mithilfe der Beschwörungen von verstorbenen Seherin-nen bzw. der Hel selber (Wegtam-Lied) in die Saga handelt – auch wenn die beiden Motive nicht genau analog sind.

Der König sagte: „Dann werden wir dort noch einmal suchen, aber es scheint mir nicht sehr glaubhaft, daß ein einfacher Fischer die beiden Jungen verbirgt und es wagen sollte, Leute vor uns zu verstecken."

Eines frühen Morgens erwachte Vivil und sprach: „Viele und seltsame Dinge sind gerade unterwegs, auf Flügeln und auf Pfaden, und große Geister sind zu der Insel gekommen und es gehen große Jagden vor sich. Auf, Söhne des Halfdan, Hroar und Helgi, verbergt euch heute in den Wäldern!"

Vivil ist offensichtlich ein fähiger Seher, der nicht nur die Gabe hat, etwas sehen zu können, wenn er danach schaut, sondern der auch herannahende Gefahren spüren und sie als Vision („große Geister") sehen kann.

Da liefen sie in den Wald. Da geschah es genau so, wie es der Hofherr geahnt hatte. König Frodis Gesandte kamen auf die Insel und suchten an allen Orten, die ihnen einfielen, nach ihnen, aber sie konnten sie nirgendwo finden. Der Hofherr schien ihnen sehr verdächtig, aber sie beließen es dabei und gingen wieder fort und berichteten dem König, daß sie sie nicht hatten finden können.

„Ihr könnt nicht allzugut gesucht haben," sagte der König, „und dieser Landmann ist ein listiger Kerl voller Magie. Geht daher wieder zurück zu ihm – geht genau den Weg den ihr gekommen seid, wieder zurück, während er euch nicht erwartet, sodaß er keine Zeit hat, sie zu verbergen, falls sie bei ihm sein sollten ..."

Sie konnten nichts anderes tun als dem König zu gehorchen und gingen ein zweites mal zu der Insel.

Vivil sagte zu den Jungen: „Dies ist nicht die richtige Zeit, um herumzusitzen, ihr zwei! Lauf so schnell ihr könnt in den Wald!"

Genau das taten die Jungen. Da stürmten die Männer des Königs herein und verlangten, das er sie suchen ließe, und Vivil öffnete ihnen alles, aber sie konnten sie nirgendwo auf der Insel finden, egal wo sie auch suchten, daher beließen sie es dabei und gingen zu dem König zurück und berichten ihm dies.

König Frodi sagte: „Jetzt ist Schluß mit diesem sanften Umgang mit diesem Bauern! Ich werde selber auf diese Insel gehen – gleich als erstes morgen früh."

Und genau das geschah auch – der König ging selber.

Solche drei Versuche, etwas magisch Verborgenes zu entdecken, finden sich auch in der Saga über die Siedler von Eyre, in der die Zauberin Katla dreimal nacheinander ihren Mann vor dessen Feinden verbirgt, die nach ihrer ersten Suche noch zweimal umkehren und noch einmal suchen.

Eine Dreizahl an einer ähnlichen Stelle findet sich in den drei Wettkämpfen des Thor und seiner Begleiter Loki und Thialfi mit den Männern des Utgart-Loki, die alle drei Wettkämpfe gegen Thor und seine Begleiter durch magische Verschleierungen der tatsächlichen Vorgänge gewinnen.

Vivil erwachte sehr unruhig und sah, daß sie wieder sehr schnell eine Hilfe finden mußten.

Er sprach zu den Brüdern: „Merkt euch dies: Wenn ich laut nach meinen Hunden Hopp und Ho rufe, dann seid ihr gemeint! Lauft dann zu eurem Erd-Haus, denn das ist das Zeichen für Gefahr; versteckt euch dort, denn euer Onkel Frodi führt nun die Suche an und er will euch mit Listen und Hinterhalten ans Leben und ich bin mir nicht sicher, ob ich euch nun noch retten kann."

Auch diese Gleichsetzung der beiden Königssöhne mit Hunden ist ein Motiv aus den Mythen des Tyr, da seine beiden Söhne auch die Gestalt von zwei Wölfen bzw. Hunden annehmen konnten.

Dann ging Vivil an den Strand, wo die Schiffe des Königs angelangt waren. Vivil tat so, als ob er es nicht gesehen hätte und tat, als ob er überall nach seiner Herde sehen würde und so beschäftigt wäre, daß er den König und seine Männer nicht bemerken würde.

Der König befahl, ihn zu ergreifen, was auch getan wurde. Sie brachten ihn vor den König.

Der König sagte: „Du bist ein Zauberkundiger – oh ja, so listig ... Sag mir, wo des

Königs Söhne sind, denn Du weißt es!"

Vivil sagte: „Ich wünsche euch auch einen sehr schönen Tag, mein Herr, doch haltet mich bitte nicht auf, sonst wird der Wolf meine Herde reißen!" dann rief er laut aus: „Hopp! Ho! Paßt auf die Herde auf, ich kann sie nicht beschützen!"

Der König sprach: „Wen rufst Du da?"

Er sagte: „Meine Hunde, so heißen sie. Sucht wo ihr wollt, Herr, aber ich glaube kaum, daß die beiden Königssöhne hier irgendwo erscheinen werden, und es wundert mich, daß Ihr glaubt, daß ich Leute vor Euch verberge."

Der König sagte: „Du bist wirklich ein gerissener alter Bursche, aber sie können hier nach dieser Suche wirklich nicht versteckt sein, selbst wenn Du sie bisher hier gehabt haben solltest, und es wäre nur recht, wenn Du getötet werden würdest."

Der Bauer sagte: „Das liegt in Euren Händen, Herr. Dann habt Ihr zumindestens eine Sache auf der Insel vollbracht, anstatt es einfach auf sich beruhen zu lassen."

Der König sagte: „Nein, ich werde Dich nicht töten lassen, obwohl ich befürchte, daß das ein Fehler ist."

Der König kehrte heim und beließ es dabei. Vivil fand die Jungen und sagte, daß sie nicht länger hier bleiben konnten: „Ich werde euch zu eurem Schwager Saevil senden und ihr beide werdet berühmte Männer werden, wenn ihr dafür lange genug lebt."

Hroar war zwölf und Helgi zehn, auch wenn er der größere und mutigere der beiden war. Sie gingen nun beide fort und Hraor nannte sich Hrani und Helgi nannte sich Ham, wohin sie auch gingen oder wo sie Leute fanden, mit denen sie sprachen.

Hroar und Helgi suchen sich neue stabreimende Namen aus – zwei verschiedene Namen, die zudem nicht wieder beide mit „H" beginnen, wären eigentlich klüger gewesen – aber die Kontinuität der Alcis-Namen war in dieser Saga wichtiger …

Diese Jungen kamen zu Jarl Saevil und blieben eine Woche bei ihm bevor sie mit ihm darüber zu sprechen begannen, bei ihm bleiben zu wollen.

Er sagte: „Mit euch beiden würde ich ja kaum große Männer erhalten, aber ich werde euch zumindest fürs erste nicht Nahrung für euch vorenthalten."

Sie blieben eine Weile dort und waren recht zurückhaltend: Niemand konnte herausfinden, wer sie waren oder zu welcher Sippe sie gehörten. Der Jarl hatte keinerlei Verdacht – nun, sie hatten ihm auch keinerlei Hinweise darauf gegeben, wer sie waren. Einige Leute sagten, daß sie mit Schorf geboren worden sein müßten, und zogen sie damit auf, daß sie allezeit Kapuzen trugen und niemals ihre Kopfbedeckungen abnahmen, und viele glaubten, daß sie Läuse hätten. Dort blieben sie bis zum dritten Winter.

Da begab es sich, daß König Frodi Jarl Saevil zu einem Fest einlud. Der König hatte den Verdacht, daß er die Jungen beherbergte, da er mit ihnen verwandt war. Der Jarl bereitete sich für die Reise mit einem großen Gefolge vor. Auch die Jungen bereiten sich darauf vor, mit ihm zu ziehen, doch der Jarl sagte, daß sie nicht mitkommen durften.

Signy, die Frau des Jarls, kam ebenfalls mit. Ham, der in Wirklichkeit Helgi war, nahm sich ein noch nicht zugerittenes Hengstfohlen und galoppierte der Gemeinschaft hinterher – den Rücken nach vorne und das Gesicht zum Schweif gewandt und benahm sich wie ein völlig Verrückter. Sein Bruder Hrani nahm ein ebensolches Pferd, aber setzte sich richtig herum darauf. Der Jarl sah sie kommen und sah, daß sie keine Kontrolle über ihre Pferde hatten. Die struppigen Hengstfohlen sprangen unter ihnen vor und zurück, sodaß Hranis Kapuze herunterfiel.

Ihre Schwester Signy erblickte dies und erkannte sie sofort und weinte bitterlich.

Der Jarl frug, warum sie weine.

Da sprach eine Strophe:

„Dies ist alles, was geblieben ist
von den Herren von Lund,
von der Sköldungen
verstreuten Zweigen.
Ich sah meine Brüder
sattellos reiten,
während Saevils Helden
in Sätteln saßen."

„Sköldungen" ist der Name des dänischen Königshauses, das nach dessen Begründer Skjöld Odin-Sohn benannt worden ist.

Der Jarl sprach: „Das sind große Neuigkeiten. Sage sie niemandem!"

Er ritt nach hinten und befahl ihnen nach Hause zurückzukehren und sagte ihnen, daß sie eine Schande seien und unpassend für eine vornehme Gesellschaft. Da stiegen die Jungen ab und gingen zu Fuß.

Er sprach zu ihnen auf diese Weise, weil er vorsichtig war mit dem, was er sagte, sodaß niemand erkannte, wer diese Jungen waren.

Sie tollten am Rande der Gemeinschaft herum und hatten keine Lust, zurückzukehren und trieben sich daher am Ende der Gemeinschaft herum.

Schließlich kamen sie zu dem Festmahl und rannten die Halle hinauf und hinunter.

Einmal kamen sie dorthin, wo ihre Schwester Signy saß. Sie flüsterte ihnen zu: „Bleibt nicht in der Halle; ihr seid noch nicht groß genug!"

Doch sie beachteten das nicht.

König Frodi begann darüber zu reden, wie er Halfdans Söhne fangen wolle, und sagte, daß er dem große Gunst erweisen werde, der ihm Neuigkeiten über sie bringen würde.

Damals lebte eine gewisse Seherin mit dem Namen Heid.

Der Name „Heid" bedeutet „Licht" und ist des öfteren (selbst in „Der Ausspruch der Seherin") anscheinend auch eine Bezeichnung für eine Seherin und Zauberin. Die vielen mit „Licht", „Sonne" u.ä. gebildeten Frauennamen, die auf „-ve" („Tempel, Priesterin") lassen vermuten, daß es sich bei „Heid" ursprünglich um eine Priesterin des Sonnengott-Göttervaters Tyr gehandelt haben könnte („Heidve").

Frodi forderte sie auf, ihre Fähigkeiten zu benutzen und zu schauen, ob sie irgend-
etwas über die Jungen herausfinden könne. Er ließ ein großes Fest für sie veranstal-
ten und ließ sie sich auf den Hochstuhl setzen.
Dann frug der König sie, ob sie irgendetwas Wichtiges sehen könne, „denn," sagte
er, „ich weiß, daß nun viele Dinge vor Dir erscheinen und ich sehe ein großes Glück
auf Dir. Ich habe ein gutes Gefühl dabei, also antworte mir schnell, Seidr-Frau!"

Dieses „Glück" ist eine Mischung aus „Lebenskraft", „gutem Geschick" und „guter Gelegenheit", die alle zusammen zum Erfolg führen (siehe auch „persönliches Glück" in Band 64)

Sie öffnete ihren Mund weit und gähnte sehr herzhaft.

Dieses Detail spricht dafür, daß der Schreiber dieses Textes selber Seherinnen bei ihrer Arbeit gesehen hat, da Trancen, Traumreisen, Visionen u.ä. oft mit einem sehr tiefen Atemzug beginnen, der mit dem Wechsel in die nach innen gerichtete Aufmerksamkeit verbunden ist.

Daraufhin sprach sie diese Verse:

„Dort drinnen sind zwei
– ich traue keinem von ihnen –
sie sitzen am Feuer;
beide sind stattliche Gestalten."

Da sprach der König: „Sind das die beiden Jungen oder die, die sie verbergen?"

Sie sprach:

„Es sind jene Jungen,
die sich selber auf der Insel verstecken:
Vivils Hunde,
Hopp und Ho."

In dem Augenblick warf Signy ihr einen goldenen Ring zu. Dieser Ring gefiel der Seherin und sie wollte daraufhin aufhören.

Signy wollte offenbar vermeiden, daß die Seherin weitersprach und die beiden Jungen verriet.

„Wie ist das geschehen?" sagte sie, „Die sind alles Lügen, was ich sage, und nun sind meine Kräfte sehr verwirrt worden ..."
Der König sprach: „Du wirst gefoltert werden bis Du sprichst, wenn Du das jetzt nicht alles richtig erkennst! Ich weiß nicht mehr als zuvor in diesem Gewimmel von Menschen, was Du eigentlich sagen willst – und warum ist Signy nicht auf ihrem Platz? Kann es sein, daß sich hier Wölfe mit Wargs verschworen haben?"

„Warg" bedeutet „Würger" und ist eine beliebte Umschreibung für „Wolf" gewesen.

Man sagte dem König, daß sich Signy wegen dem Rauch, der über der Feuerstelle hing, nicht wohl fühle.
Jarl Saevil bat sie, sich aufzusetzen und tapfer zu sein, „denn es könnte sein, daß das die Leben der Jungen rettet – wenn es darum gehen sollte. Laß daher niemanden sehen, was Du denkst, denn im Augenblick können wir keinen Finger rühren, um ihnen zu helfen."
König Frodi drängte nun die Seherin und verlangte, daß sie die Wahrheit sagen solle, wenn sie nicht gefoltert werden wolle.
Sie gähnte wieder tief, aber es fiel ihr schwer, eine Vision zu erlangen, aber schließlich sang sie eine Strophe:

„Ich sah sie dort sitzen,
die Halfdans-Söhne,
Hroar und Helgi,
gesund und wohlbehalten.
Nun gehört Frodis Leben ihnen,
sie können es nehmen ...

... außer wenn sie schnell daran gehindert werden, was jedoch nicht geschehen kann," sagte sie.

Es hat den Anschein, als ob die Seherin selber durch das, was sie sieht, überwältigt wird, sodaß sie nicht in der Lage ist, die beiden letzten Verse ihres traditionellen Achtzeilers zu verfassen und den Rest ungereimt in Prosa ausspricht.

Danach sprang sie von der Seid-Plattform und rief:

„Tödlich ist der Blick
von Ham und Hrani;
Kriegsherren sind sie beide,
wundersam kühn!"

Da rannten die Jungen beide in Todesangst hinaus in den Wald. Ihr Ziehvater Regin erkannte sie und hatte Mitleid mit ihnen.
Und die Völva gab ihnen diesen Rat, als sie aus der Halle rannte: „Rettet euch!"
Da befahl der König seinen Männern, aufzuspringen und sie zu verfolgen. Regin löschte alle Lichter in der Halle und einige Männer griffen nach anderen, weil sie wollten, daß die Jungen entkamen, und so gelang es ihnen, in den Wald zu entkommen.
Der König sprach: „Sie sind mir sehr nah gekommen und ich glaube, daß viele hier drinnen zu ihnen halten und sich mit ihnen verschworen haben, und das wird hart gerächt werden, sobald es Zeit dafür gibt. Aber nun werden wir den ganzen Abend trinken, denn sie werden froh sein, daß sie davongekommen sind, und ihr erster Gedanke wird sein, sich selber zu retten."

9. l) Saga über Hervor und König Heidrek den Weisen

In dieser Saga treten zwei Heerführer mit stabreimenden Namen auf.

Diesen Winter über blieben Humli und Hlod ruhig. Im Frühjahr versammelten sie ein Heer, das so gewaltig war, daß das ganze Hunnen-Land von Männern leer war. Alle Männer von zwölf Jahren an aufwärts, die Waffen tragen konnten, und alle Pferde von wenigstens zwei Jahren Alter.

9. m) Exeter-Buch: Widsith

Um ca. 970 n.Chr. ist in England das Exeter-Buch niedergeschrieben worden, das viele deutlich ältere Texte enthält, zu denen auch das Lied „Widsith" („Weit-Fahrender") gehört, das nach dem Skalden, der es verfaßt hat, benannt worden ist.
In diesem Lied erscheint Tyr unter seinem Beinamen „Heidrek" („Lichtkönig"), der in angelsächsischer Form „Heathoric" lautet. Er wird hier bereits als ein König

aufgefaßt. Der Name erscheint in einer sehr langen Liste von Königen, an deren Hof Widsith (angeblich?) schon gewesen ist.

Ich besuchte Secca und Becca, Seafola und Theodric,
Heathoric und Sifeca, Hlith und Incgentheow.

Die vier Namen in der zweiten Zeile gehören zusammen und sind auch aus anderen Quellen bekannt:

- Heathoric   = Heidrek   = König Heidrek
- Sifeca   = Sifka   = Heidreks Frau
- Incgentheow = Angantyr   = Sohn des Heidrek und der Sif
- Hlöd   = Hlith   = Sohn des Heidrek und der Sif

Da König Heidrek eine der vielen Sagen-Varianten des ehemaligen Göttervaters Tyr ist, liegt es nahe, seine beiden Söhne als Umdeutungen seinen beiden Pferde-Söhne (Alcis) und seine Frau Sifca als eine Übertragung des Göttinnennamens „Sif" in den Sagen-Bereich aufzufassen.

„Heathoric und Sifca" ist die angelsächsische Variante von „Tyr und Sif". Da sich Odin und Thor nach der Absetzung des Tyr als Göttervater die Beute dieses Sieges geteilt haben, ist Sif offenbar als Beute-Anteil an Thor gefallen. Tyr ist dabei nur als der Sohn Ullr der Sif (wiedergeborener Tyr) erhalten geblieben, während Loki, der sich mit Tyr endlos um die Göttin gestritten hat, nur noch als Seitensprung der Sif weiterbestanden hat. Beide Umdeutungen sind dann zu Loki als dem Vater des Ullr kombiniert worden.

9. n) Thors Söhne

Thor hat bei der Absetzung des Tyr um 500 n.Chr. auch das Motiv der beiden Söhne des Tyr in seine eigenen Mythen übernommen, wo sie dann „Magni" und „Modi" heißen.

Diese beiden Thor-Söhne werden in Band 19 beschrieben.

9. o) Zusammenfassung

In den Sagas treten auffällig oft zwei Heerführer auf, deren Namen fast immer stabreimen oder in selteneren Fällen auch endreimen.

Diese Heerführer haben sich offenbar mit den beiden Alcis-Söhnen des ehemaligen Sonnengott-Göttervaters Tyr identifiziert und sind dadurch zu „Söhnen der Sonne" bzw. zu „Gottes-Söhnen" („Tyr-Söhne") geworden, was ja eine weltweit bekannte Königs-Symbolik ist.

Sie erscheinen auch als Söhne eines Königs, der von seinem Bruder getötet worden ist. Die Söhne sind wieder die beiden Alcis, ihr Vater Tyr und dessen Bruder Loki.

Wenn die beiden Anführer zauberkundig sind, erscheinen sie in Träumen als Füchse oder Schneefüchse.

10. sonstige Männer-Paare

Es gibt noch einige weitere Männer-Paare, die möglicherweise auf die beiden Alcis zurückgehen.

10. a) Die Saga über Thorstein Viking-Sohn

In dieser Saga treten zwei „Waldbewohner" auf, d.h. die entweder Räuber oder Riesen (oder beides gleichzeitig) sind.

„Auf dem Weg gibt es viele Hindernisse, insbesondere zwei Hütten-Bewohner, von denen der eine noch schlimmer ist als der andere; der Name des einen ist Sam, der des anderen Fullafle. Der andere hat einen Hund, der Gram genannt wird und der fast so schlimm wie die beiden Räuber selber ist."

... ...

Dann kehrte der alte Mann heim, aber seine Söhne stiegen in die Berge hinauf bis sie am Abend die Hütte erreichten. Die Tür war halbverschlossen. Thorer ging zu ihr brauchte all seine Kraft, um sie ganz zu öffnen; und als sie die Hütte betraten, erblickten sie viele Waren und viele Arten von Nahrung. Dort gab es auch ein großes Bett.

Als die Nacht anbrach, kam der Hütten-Bewohner, ein grimmig aussehender Mann, heim.

Er sprach: „Seid ihr hier, ihr Unglück-bringende Männer, ihr Viking-Söhne, Thorstein und Thorer, die ihr die sieben Söhne der Njorfe getötet habt? Aber nun wird all eurer Unglück ein Ende haben, denn es wird für mich ein Leichtes sein, euch niederzuschlagen."

„Wer ist das," sprach Thorer, „ der uns da so prahlerisch beleidigt?"

Da antwortete der Räuber: „Mein Name ist Sam; ich bin der Sohn des Svart; mein Bruder ist Fullafle; er ist der Herr der Hütte."

Thorstein sprach: „Ich sehe, daß das Todes-Schicksal uns zwei Brüder gerufen haben muß, wenn Du allein uns beide töten könntest. Daher zögere ich nicht, unsere Kraft zu erproben, aber Thorer soll danebenstehen und nicht an dem Zweikampf teilnehmen.

Da rannte Sam plötzlich mir solch großer Wucht gegen Thorstein, daß dieser seinen Halt verlor, aber er stürzte nicht. Da rannte Thorer auf Sam zu und stach ihn mit seinem Kesia in die Seite, sodaß sie an der anderen Seite wieder herauskam, sodaß Sam tot niederfiel.

Sie bleiben dort die Nacht über und hatten ein gutes Lager, denn es gab reichlich Nahrung. Sie wärmten die Hütte, aber nahmen nichts als Beute mit.

Am Morgen verließen sie die Hütte, aber am Abend desselben Tages erreichten sie eine andere Hütte, die viel größer als die vorige war.

Auch deren Tür war halbgeschlossen. Throer schritt über die Schwelle, um die Tür zu öffnen, aber er vermochte es nicht. Er benutzte all seine Kraft, aber die Tür wollte nicht aufgehen. Dann trat Thorstein über die Schwelle und stemmte sich gegen sie, bis sie sich öffnete. Dann betraten sie die Hütte.

Auf der einen Seite der Hütte war ein Vorrat an Waren und auf der anderen an Brennholz; in der Mitte stand schräg ein Bett, über dessen Größe sie sich wunderten.

Am Ende des Bettes war so etwas wie ein großes, rundes Lager und sie vermuteten, daß dies der Platz des Hundes Gram sein mußte.

Sie ließen sich nieder und entzündeten ein Feuer vor sich. Lange nach Nachteinbruch hörten sie draußen Schritte – die Tür wurde aufgestoßen und ein Riese von unglaublicher Größe trat ein, der auf seinem Rücken einen großen Bären gebunden hatte und um seinen Hals einige Vögel an einem Strick trug. Er legte seine Lasten auf den Fußboden und sprach: „Pfui! Da sind ja die Übeltäter, die Viking-Söhne, die wegen ihren Missetaten im ganzen Land den übelsten Ruf haben! Aber wie seid ihr den Händen meines Bruders Sam entkommen?"

„Wir sind auf solche eine Art entkommen," sprach Thorstein, „daß er danach tot am Boden lag."

„Ihr habt ihn im Schlaf getötet!" sagte Fullafle.

„Keineswegs," sprach Thorstein, „denn wir haben mit ihm gekämpft und mein Bruder Thorer hat ihn erschlagen."

„Ich werde euch heute Nacht nicht wie üble Gesellen behandeln," sprach Fullafle, „ihr sollt bis morgen früh blieben und haben, was ihr wollt."

Da zerlegte der Hütten-Bewohner sein Wild, legte die Eingeweide auf den Tisch, worauf hin alle aßen und sich nach ihrem Mahl zu Bett legten.

Die beiden Brüder schliefen in zwei guten Umhängen. Der Hund knurrte, als sie an ihm vorübergingen. Keine der beiden Seiten versuchte die andere zu betrügen. Am Morgen standen alle zeitig auf.

Da sprach Fullafle: „Nun, Thorstein, laß uns unsere Kraft messen – Thorer soll an einem anderen Ort mit meinem Hund kämpfen."

Thorstein antwortete: „Es sei, wie Du es wünschst."

Da traten sie aus der Hütte hinaus und auf die Wiese vor ihr. Da sprang plötzlich der Hund mit weit aufgerissenem Maul auf Thorer zu. Sowohl der Hund als auch Thorer kämpften heftig – der Hund wehrte jeden Schlag mit seinem Schwanz ab, als Thorer ihn mit seiner Kesia zu erstechen versuchte, entging er der Waffe, indem er sie bei jedem Stich mit seinen Zähnen schnappte.

So kämpften sie drei Stunden lang und Thorer war es noch immer nicht gelungen, ihn zu verwunden. Da sprang Gram plötzlich Thorer an und biß ein Stück aus seiner Wade. Gleichzeitig stach Thorer den Hund mit seiner Kesia und spießte ihn auf die Erde nieder und schon bald atmete Gram das letzte mal.

Von Fullafle wird erzählt, daß er ein Meker in seiner Hand hatte und Thorstein sein Schwert. Sie kämpften lang und verbissen; denn Fullafle teilte harte Schläge aus. Da Angervadil jedoch Brünnen genauso wie Fleisch biß, fiel er schließlich tot nieder und Thorstein blieb ohne Wunde.

Angervadil ist Thorsteins Schwert.

Eine Kesia ist ein Kurzschwert.

Ein Meker ist ein sächsisches Langschwert.

Der Name des Riesen „Fullafle" setzt sich aus „full" für „voll" und „afle" für „Kraft" zusammen und bedeutet somit „voller Kraft", d.h „Kraftvoller". „Fullafle" tritt nur in der Saga über Thorstein Viking-Sohn auf.

Der Name „Sam" ist entweder die Kurzform eines der christlichen Namen „Samuel" oder „Samson" oder ist altnordisch und bedeutet „zusammen" im Sinne von „zweit-geborener Bruder". Die zweite dieser beiden Deutungen ist jedoch nicht sehr wahrscheinlich, da man ein solches Verwandtschaftsverhältnis eher mit „Annar" („anderer, zweiter") umschreiben würde. Eine Herleitung aus den christlichen Namen ist jedoch auch nicht besonders plausibel.

„Sam" tritt nur in der Saga über Thorstein Viking-Sohn auf.

„Svart" ist einer der vielen Tyr-Riesen (siehe „Svartr" in Band 6). Seine beiden Söhne Sam und Fullafle werden daher die beiden Alcis-Söhne des Tyr sein.

10. b) Jomswikinger-Saga

Der in dieser Saga geschilderte Inzest könnte für einen „normalen Vorfall" gehalten werden, wenn es nicht das Aussetzen des Kindes im Wald, das Finden durch zwei Brüder, die Adoption durch einen König und schließlich die Inthronisierung des zum Erwachsenen gewordenen Kindes gäbe. Auch in den Tyr-Mythen gibt es das Inzest-Motiv (siehe „Inzest" in Band 51).

Die Kombination dieser Motive klingt sehr nach einer Sagen-Variante der Wiedergeburts-Mythe des ehemaligen Sonnengott-Göttervaters Tyr:

- sohnloser König = alter Göttervater
- Findelkind = junger, wiedergeborener Göttervater
- die beiden ähnlich-namigen Brüder = Pferde-Söhne des Tyr (Alcis)

Ein König, der über Dänemark herrschte, hieß Gormr und wurde „der Kinderlose"

107

genannt. Er war ein mächtiger König und bei seinen Leuten beliebt. Als das Folgende geschah, hatte er noch nicht lange über das Reich geherrscht. Zu jener Zeit lebte in Saxland Jarl Arnfinnr, der das Reich von König Karl dem Großen als Lehen bekommen hatte.

Arnfinnr und König Gormr waren gute Freunde und waren beide zusammen auf Wikingerfahrt gewesen. Der Jarl hatte eine schöne Schwester. Er war ihr mehr zugeneigt, als er hätte sein sollen und bekam mit ihr ein Kind, was verheimlicht wurde. Der Jarl schickte Leute mit dem Kind fort und befahl ihnen, sich nicht von ihm zu trennen, bevor sie wüßten, was aus dem Kind würde.

Sie kamen nach Dänemark und in die Nähe eines Waldes. Sie erfuhren, daß König Gormr mit seinem Gefolge in dem Wald war. Sie legten das Kind unter einen großen Baum und brachten sich in Sicherheit.

Gegen Abend begaben sich der König und alle seine Gefolgsleute heim, bis auf zwei Brüder. Der eine hieß Hallvarðr, der andere Hávarðr. Sie blieben hinter den anderen zurück. Sie gingen weiter, um sich umzusehen, und da hörten sie das Weinen eines Kindes. Sie gingen dem Geräusch nach, aber wußten nicht, was es bedeutete. Da fanden sie einen Knaben unter einem großen Baum und ein großes Bündel in den Ästen darüber. Das Kind war in kostbaren Seidenstoff eingewickelt und hatte ein silbernes Band um den Kopf, in dem ein goldener Ring von einer Unze Gewicht war. Sie hoben das Kind auf und nahmen es mit nach Hause.

Sie kamen heim, als der König gerade beim Trinken saß, und sagten ihm, was sie gefunden hatten und zeigten ihm den Knaben.

Ihm gefiel er gut und er sprach: „Dieser Knabe wird ein großartiger Mann werden und es ist besser, ihn gefunden zu haben als nicht."

Er ließ den Knaben mit Wasser begießen und Knútr nennen, weil ein Ring an seine Stirn geknotet gewesen war. Der König stellte einen Erzieher für ihn an, nannte ihn seinen Sohn und liebte ihn sehr.

Als König Gormr alt war, übergab er seinem Adoptivsohn Knútr das Reich. Danach starb König Gormr. Nun übernahm Knútr das gesamte Reich, das König Gormr gehört hatte, und er war beliebt.

10. c)   Die Saga über Bosi und Herraud

In vielen Sagas wie in der über Bosi und Herraud treten zwei Freunde auf, die gemeinsam viele Abenteuer bestehen. Möglicherweise wurden sie zumindestens durch das Motiv der beiden Alcis und der von ihnen abgeleiteten beiden Anführer mitinspiriert.

10. d) Halfdan Eysteinn-Sohn

In dieser Saga treten zwei Brüder auf, die „Katze" (nicht die weibliche Katze, sondern die Tier-Art) und „Kater" heißen.

Zu jener Zeit lebte ein König, der Agnar genannt wurde und der über Gestrekaland und all die Länder östlich von Kjol herrschte. Er war mit Hildigun, der Schwester des toten Königs Harek von Bjarmaland, verheiratet. Sie hatten zwei Söhne. Der eine wurde Raknar und der andere Val genannt. Die waren Wikinger und waren nach Dumbshaf gesegelt und hatten die Riesen geplündert.

Raknar hatte ein Schiff, das Raknarsslod genannt wurde. Es hatte hundert Rudersitze. Dies war abgesehen von der Langen Schlange das größte Schiff, daß jemals in Norwegen gebaut worden war. Dieses Schiff war mit allen Arten von finsteren Gestalten bemannt. Auf jeder Ruderbank saßen fünfzehn Huren-Söhne.

Raknar nahm die Ödländer in Helluland in Besitz und säuberte sie von allen Riesen.

Sein Bruder Val blieb in Dumbshaf und es gibt eine große Geschichte über ihn zu berichten. Die beiden Brüder fanden, daß sie von ihrem Onkel Harek das Recht auf Bjarmaland geerbt hatten. Val hatte zwei Söhne. Der eine wurde Kott und der andere Kisi genannt. Sie waren große und starke Männer. Val hatte Svidi getötet und die Herrschaft über Kirjalabotn übernommen. Er hatte so viel Gold erbeutet, daß man es nicht zählen konnte – er hatte es dem Riesen Svadi abgenommen, der in den Bergen lebte, die Blesanerg genannt wurden. Das ist nördlich von Dumbshaf. Svadi war der Sohn des Gottes Thor.

Hier wird Svadi (Tyr) dem Thor untergeordnet, indem er zu seinem Sohn umgedeutet wird.

Val besaß ein Schwert, das Hornhjalti genannt wurde. Es war mit Gold eingelegt und die Schläge mit ihm verfehlten niemals ihr Ziel.

Halfdan und Sigmund kamen nach Osten nach Bjarmaland und frugen, wo Val sei. Sie trafen ihn nördlich von Gandvik und begannen eine Schlacht.

Dumbshafn = „Stumm-Hafen" (das Meer ist die meiste Zeit zugefroren)
Hornhjalti = „Horn-Griff"
Gandvik = „Magie-Bucht" = Weißes Meer (ein häufige Saga-Variante des Jenseits)

Zwei von Sigmunds Männern werden erwähnt. Der eine wurde Hauk genannt und der andere Gauk. Sie waren die Vorschiff-Männer seines Schiffes. Agnar, der Sohn des Raknar, lenkte sein Schiff längsseits des Schiffes des Halfdan und ihr Kampf war sehr heftig.

Hauk und Gauk segelten umher und griffen die äußeren Schiffe an und töteten die Männer auf den meisten von ihnen.

Ihren Namen nach könnten auch Hauk und Gauk Saga-Varianten der beiden Alcis sein.

Val sprang auf Sigmunds Schiff und Kott und Kisi mit ihm und sie richteten eine große Verwüstung an. Val hieb nach Sigmund und schlug seinen Schild entzwei. Das Schwert traf die Außenseite seines Fußes und schnitt zwei Zehen ab. Sigmund schlug zurück. Val trug einen goldenen Helm. Als Sigmunds Schwert auf ihn traf, zerbarst sein Griff. Val war bereit zuzuschlagen und stand aufrecht. Sigmund stürzte auf ihn und warf ihn über die Seite des Schiffes und er fiel hinab bis auf den Grund des Meeres. Doch als er wieder heraufgetaucht kam, zogen ihn seine Männer wieder auf das Schiff hinauf.

Kottr und Kisi waren wieder von dem Schiff vertrieben worden. Doch als sie auf ihr eigenes Schiff zurückkehrten, liefen Odd der Blonde sowie Hauk und Gauk auf sie zu und sie wurden von ihnen sehr heftig angegriffen. Da Val aufgegeben hatte, flohen sie in einem Schiff, aber Odd ruderte ihnen hinterher und trieb sie dort an Land, wo ein großer Fluß von den Klippen herab ins Meer stürzte. Val war bei ihnen. Er hatte zwei Kisten mit Gold mitgenommen. Sie waren so schwer, daß zwei Männer sie kaum tragen konnten. Odd rannte ihnen hinterher, aber als sie zu dem Wasserfall kamen, sprang Val in ihn hinein und entkam ihnen auf diese Weise.

Da kamen Kott, Kisi, Gauk und Hauk gerannt und als sie zu dem Wasserfall kamen, packte Kott den Hauk und Kisi den Gauk und dann sprangen sie mit ihnen in den Wasserfall und töteten beide.

Unter dem Wasserfall war eine große Höhle, in die Val und seine beiden Söhne tauchten und in der sie sich auf das Gold legten und geflügelte Drachen wurden. Sie trugen Helme auf ihren Häuptern und Schwerter unter ihren Flossen. Dort lagen sie, bis Gold-Thorir den Wasserfall in seine Macht brachte.

Val und seine beiden Söhne sind offenbar Tyr und seine beiden Alcis-Söhne in der Unterwelt.

Die beiden Alcis des Tyr, die als Schimmel seinen Wagen ziehen, sind eine Analogie zu den beiden Katzen vor Freyas Wagen.

110

10. e) Hnoss und Görsemi

Diese beiden Töchter der Freya, die ihren Halsreif Brisingamen verkörpern, könnten evtl. den beiden Alcis nachgebildet worden sein. Dies ist zwar unsicher, aber durchaus denkbar.

10. f) Zusammenfassung

Das Motiv der beiden Brüder findet sich auch in den Sagas, die nur noch in geringem Maße durch die alten Mythen geprägt worden sind.

Das zeigt, daß sich das Motiv der beiden Brüder in den früheren Zeiten sehr fest in die Vorstellungen der Germanen eingeprägt haben muß.

11.   Zwillingsmorde

Der ehemalige Sonnengott-Göttervater Tyr starb jeden Abend beim Sonnenuntergang und wurde am Morgen beim Sonnenaufgang wiedergeboren. Dies bedeutete, daß auch seine beiden Söhne, die Pferdezwillinge, mit ihm in das Jenseits eingingen und folglich jeden Abend starben.

Dieser abendliche Tod ist ursprünglich die Niederlage im Kampf gegen den Jenseitsgott (Loki) gewesen.

Als die beiden südgermanischen Götter Thor und Odin den nordgermanischen Göttervater Tyr während der Völkerwanderungszeit absetzten, entstand eine neue Mythe, in der nicht mehr der Jenseitsgott, sondern Thor den Göttervater Tyr in dessen Gestalt als Riese („Gott in der Unterwelt") tötete – und mit ihm gleich auch seine beiden Söhne.

Dadurch wurde der Mord an Zwillingen ein noch beliebteres Motiv in den Mythen und Sagen der Germanen.

11. a)   Wieland-Lied

In diesem Lied tötet der Göttervater Tyr-Wieland die beiden Söhne des Königs Loki-Nidud, der ihn gefangenhält. Hier ist das Söhne-Motiv auf Tyrs Gegner Loki übertragen worden. Diese beiden Loki-Söhne heißen in anderen Zusammenhängen stabreimend „Nari" und „Narfi".

Liefen zwei Knaben, lauschten an der Türe,
Die Söhne Niduds, nach Säwarstad;
Kamen zur Kiste den Schlüssel erkundend;
Offen war die üble, als sie hineinsahn.

Viel Kleinode sahn sie, den Knaben daucht es
Rotes Gold und glänzend Geschmeid.
„Kommt allein, ihr zwei, kommt andern Tags,
So soll euch das Gold gegeben werden.

Sagt es den Mägden nicht noch dem Gesinde,
Laßt es niemand hören, daß ihr hier gewesen."
Zeitig riefen die Zwei sich an,
Bruder den Bruder: „Komm die Brustringe schaun!"

Sie kamen zur Kiste die Schlüssel erkundend;
Offen war die üble, da sie hineinsahn.
Um die Köpfe kürzt er die Knaben beide;
Unterm Fesseltrog barg er die Füße.

11. b) Völsungen-Saga

In dieser Saga tötet Sigmund zwei der Söhne seiner Schwester Signy, weil sie feige sind. Erst ihr dritter Sohn, den er unwissentlich zusammen mit ihr gezeugt hat, war mutig.

Nachdem nun Sigmund befreit und sein Fußblock zerbrochen wurde, lebte er in den Wäldern und ernährte sich dort selbst, aber Signy sandte wieder Boten aus, da sie erfahren wollte, ob Sigmund noch lebte oder nicht; und als diejenigen, die ausgesandt wurden, zu ihm kamen, erzählte er ihnen alles, was sich zugetragen hatte und was sich zwischen ihm und der Wölfin ereignet hatte. So gingen sie wieder heim und berichteten alles der Signy. Sie jedoch brach auf und fand ihren Bruder und sie berieten miteinander, daß sie ein unterirdisches Haus im Wald bauen wollten. So gingen die Dinge für eine Weile und Signy verbarg ihn dort und sandte ihm die Dinge, die er benötigte. König Siggeir jedoch glaubte, daß alle Völsungen tot seien.

Nun hatte Siggeir mit seiner Frau zwei Söhne, von denen erzählt wird, daß Signy den Älteren, als er zehn Winter alt war, zu Sigmund sandte, damit er ihm helfe, wenn er in irgendeiner Weise danach streben sollte, seinen Vater zu rächen. So ging der Jüngling in den Wald und kam spät am Abend zu Sigmunds Erd-Haus und Sigmund hieß ihn in gebührender Weise willkommen. Er sagte zu ihm, daß er das Brot zubereiten solle, „Ich jedoch," sprach er, „werde Feuerholz suchen gehen."

Mit diesen Worten legte er den Mehlsack in die Hände des Jünglings, während er selber losging, um Feuerholz zu holen. Als er jedoch zurückkehrte, hatte der Jüngling nichts für das Brotbacken getan. Als Sigmund frug, ob das Brot bereitet sei, sprach der Jüngling: „Ich habe nicht gewagt, den Mehlsack in die Hände zu nehmen, da sich in ihm etwas rasch bewegte."

Da schien dem Sigmund, daß er wüßte, daß der Jüngling nicht von solchem Herzen sei, daß er ihn als Gefolge haben wolle, und als er seine Schwester traf, sagte Sigmund seiner Schwester, daß er der Hilfe durch einen Mann nicht näher gekommen sei, auch wenn der Jüngling bei ihm ist.

Da sprach Signy: „Dann ergreife und töte ihn, denn warum sollte solch einer noch länger leben?" Und so tat er.

So verging dieser Winter und im nächsten Winter sandte Signy ihren nächsten Sohn zu Sigmund. Es ist nicht nötig, viele Worte über diese Geschichte zu verlieren, denn alles geschah wieder in derselben Weise und er erschlug das Kind nach dem Rat der Signy.

Diese Szene findet sich auch im Wieland-Lied, in dem Wieland die beiden Söhne des Königs Nidud erschlägt. Wieland ist in diesem Lied der in den Bereich der Sage übertragene Göttervater in der nächtlichen bzw. winterlichen Unterwelt, wie u.a. seine Bezeichnung als „König der Alben (Totengeister)" zeigt.

Aufgrund dieser Herkunft des Motives des Mordes an zwei Königssöhnen ist es recht sicher, daß Sigmunds Zeit im Wald auf die Jenseitsreise des angehenden Königs bzw. Helden zurückgeht.

Auch die Ostsee-Insel Gotland, auf König Siggeir herrscht, hat in der Wieland-Sage eine Entsprechung: Der Schmied Wieland wird von König Nidud auf einer Insel gefangengehalten und muß dort für ihn arbeiten. Die Insel ist ein weitverbreitetes Bild für das Jenseits, das aus der Rationalisierung der früheren Wasserunterwelt entstanden ist. Die bekannteste dieser Jenseitsinseln ist sicherlich Atlantis.

11. c) Völsungen-Saga

Odin tötet Hamdir und Sörli, die beiden Söhne von Gudrun und König Jonakr.

Nun mußten sie von dem, was ihre Mutter ihnen geraten hatte, abweichen, denn sie mußten nun Steine benutzen, denn die Männer fielen über sie her und sie verteidigten sich in einer guten und mannhaften Weise und sie wurden das Verhängnis von vielen Männern und kein Eisen biß sie.

Aber da kam ein alter Mann – er sah alt aus und war einäugig – und er sprach: „Ihr seid keine weisen Männer, da ihr diese Männer nicht töten könnt!"

Da sprach der König: „Dann gib uns Rat, wenn Du kannst!"

Er sprach: „Werft sie mit Steinen zu Tode."

So wurde es getan und die Steine flogen dicht von allen Seiten und das war das Ende ihrer Lebenstage.

11. d) Chronik der Angelsachsen

Thunor bzw. lateinisiert Thymmuis (Thor) tötet die Söhne Aethelred und Aethel-berht des Eormenred und der Oslava.

Ein gewisser Thymmuis, ein sehr verschlagener Mann, hörte nicht damit auf, dem Ecgberht vorzuschlagen, die beiden Königskinder zu vernichten, die, wenn sie selber einst erwachsen wären, ihn selber und seine ganze Sippe töten würden. Ecgberht, der schließlich von diesen unverschämten Vorschlägen überzeugt wurde, soll schließlich die beiden Jugendlichen durch die Hand dieses Schurken getötet haben.

11. e) Skaldskaparmal

In diesem Skalden-Lehrbuch findet sich eine Prosa-Zusammenfassung des Anfangs der Ereignisse, die in der Lokasenna ausführlicher geschildert werden:

Dann wechselte Loki scharfe Worte mit all den Göttern und tötete den von Ägirs Leibeigenen, der „Fünf-Finger" genannt wurde; ein weiterer seiner Leibeigenen wurde „Feuer" genannt.

Der Name „Fünf-Finger" könnte sich auf die heile Hand des Tyr beziehen und auf den Tyr-Beinamen „Godmund" („Gute Hand") beziehen. Der Name des zweiten Leibeigenen, der „Feuer" bedeutet, könnte sich auf das Sonnenfeuer beziehen. Diese Deutung wird dadurch bestätigt, daß Ägir, dem diese beiden Leibeigenen gehören, der ehemalige Sonnengott-Göttervater Tyr in der Unterwelt ist. Die beiden Leibeigenen des Ägir sind folglich die Alcis-Söhne des Tyr – die hier von Loki getötet werden.

11. f) Lokasenna

Ägir, der mit anderem Namen Gymir hieß, bereitete den Asen ein Gastmahl, nachdem er den großen Kessel erlangt hatte, wie eben gesagt ist.

Die Erlangung des Kessels wurde im Hymir-Lied beschrieben.

Zu diesem Gastmahl kamen Odin und Frigg, sein Weib. Thor kam nicht, denn er war auf der Ostfahrt. Sif war zugegen, Thors Weib, desgleichen Bragi und seine Gemahlin Idun. Auch Tyr war da, der nur eine Hand hatte, denn der Fenriswolf hatte ihm die andre abgebissen, als er gebunden wurde. Da waren auch Niörd und Skadi, sein Weib, Freyr und Freyja, und Widar, Odins Sohn. Auch Loki war da und Freyrs Diener Byggwir und Beyla. Da waren noch viele Asen und Alfen.
Ägir hatte zwei Diener, Fimafeng und Eldir.

Leuchtendes Gold diente statt brennenden Lichtes. Das Ale trug sich selber auf. Der Ort hatte sehr heiligen Frieden.

Alle Gäste rühmten, wie gut Ägirs Leute sie bedienten. Loki, der das nicht hören mochte, erschlug den Fimafeng. Da schüttelten die Asen ihre Schilde und rannten wider Loki und verfolgten ihn in den Wald und fuhren dann zu dem Mahl.

11. g) Atli-Saga

Gudrun tötet die beiden Söhne Erp und Eitil, die sie zusammen mit Atli hat. Gudrun geht auf die Jenseitsgöttin zurück. Die Namen ihrer beiden Söhne stabreimen. Siehe dazu auch den Band 38 über „Sigurd/Siegfried".

Heiter schauend schritt sie ihnen Schalen zu reichen,
Die hehre Frau, den Fürsten, und Bissen vorzulegen;
Doch Atli erbleichte, da sie ihn anfuhr:

„Du hast Deiner Söhne, Schwerterverteiler,
Blutige Herzen mit Honig gegessen.
Ich meinte, Mutiger, Menschenbraten
Liebtest Du zu essen und zum Ehrensitz zu senden.

Nicht ziehst Du künftig an die Knie Dir
Erp noch Eitil, die Aelfrohen beiden;
Nie siehst Du wieder vom hohen Sitze
Die Goldspender Gere schatten,
Mähnen schlichten und Mähren tummeln."

11. h) Zusammenfassung

Diese sieben Zwillingsmorde stammen offensichtlich aus den alten Tyr-Mythen, da der Mörder einmal Tyr-Wieland selber und einmal Sigmund als Saga-Variante des Tyr ist sowie einmal Tyrs Loki Gegenspieler Loki (von diesem Vorfall gibt es zwei Überlieferungen).

Dann tritt auch Odin, der Nachfolger des Tyr als Göttervater als Mörder auf, und einmal Thor, der einen Teil der Mythen des Tyr übernommen hat.

Schließlich ist der Zwillingsmord auch einmal auf Gudrun, die eine Saga-Variante der Jenseitsgöttin ist, übertragen worden.

Somit sind alle sieben überlieferten Zwillingsmorde eng an der ursprünglichen Mythen geblieben:

Zwillingsmorde			
Text	*Mörder der Zwillinge*		
	Tyr	*Loki*	*Jenseitsgöttin*
Ursprungsmythe	Loki tötet Tyr und seine beiden Alcis-Söhne		
Wieland-Lied	Wieland		
Völsungen-Saga	Sigmund		
Völsungen-Saga	Odin		
Angelsachsen-Chronik	Thor		
Skaldskaparmal		Loki	
Lokasenna		Loki	
Atli-Saga			Gudrun

12.   Die toten Brüder: zwei Zwerge

Nachdem die beiden Göttervater-Söhne gestorben und mit Tyr im Jenseits sind, werden sie zu Totengeistern. Tyr wird im Jenseits zu einem Riesen, während die Geister der Menschen und anderer Wesen zu Zwergen („dwergaz" = „Totengeist") werden.

Daher erscheinen Tyr und seine beiden Alcis-Söhne auch als Riese und zwei Zwerge.

Im Jenseits schmiedete der Göttervater jede Nacht sein bei seinem abendlichen Tod zerbrochenes Schwert neu. Dieses Motiv verselbständigte sich zu Wieland dem Schmied. Da es nahelag, daß der Göttervater nicht selber sein Schwert neuschmiedete, sondern andere diese Arbeit erledigen ließ, übernahmen seine beiden Söhne diese Aufgaben. Auf diese Weise entstand das gut bekannte Motiv der schmiedekundigen Zwerge.

12. a)   Die Saga über Hervor und König Heidrek den Weisen

In der Hervor-Saga schmieden die beiden Zwerge Dwalin und Dulin gezwungenermaßen dem König Sigrlami das magische Schwert Tyrfing („Tyr-Finger"). Der Name „Sigrlami" bedeutet „Sieg-Lahmer". Dieser merkwürdige Name erhält einen Sinn, wenn man bedenkt, daß der Sieg mit dem Göttervater und Schwertgott Tyr assoziiert wurde und daß die Schmiedegötter der Indogermanen, d.h. die Göttervater in der Unterwelt, allesamt hinken.

Dieses Hinken ist eine der vielen Varianten der „Verletzung auf der Jenseitsreise" des Göttervater-Sonnengottes. Dieses Motiv reicht vom verlorenen oder besonderen Schuh (Eisenschuh des Widar), einem besonderen Fuß (Skadi muß ihren Mann anhand seines Fußes wählen), des Beines (Hrungnirs Bein liegt auf Thor), des Zehes (Aurvandils Zeh wird an den Himmel geworfen), der Augen (Thiazis Augen werden an den Himmel geworfen; Odin opfert ein Auge) bis hin zu dem Wetzstein-Splitter in Thors Stirn.

Folglich ist „Sigrlami" eine Umschreibung für den siegreichen Göttervater („Sigr-") als hinkender Schmiedegott („-lami") im Jenseits. Diese Deutung wird durch den Namen seines Schwertes, der „Tyr-Finger" bedeutet, bestätigt.

Die beiden stabreimenden Namen „Dwalin" („Schläfer") und „Dulin" („Höhle") bezeichnen folglich die beiden „Alcis im Jenseits". Die beiden toten Söhne des Göttervaters befinden sich „schlafend", d.h. tot in einer „Höhle", womit die Grabkammer eines Hügelgrabes bzw. die Halle der Hel gemeint ist.

Es war einmal ein Mann, der wurde Sigrlami genannt und herrschte über Garda-
riki. Das ist Russland. Seine Tochter war Eyfura, die die Schönste aller Mädchen war.

Eines Tages, als der König zur Jagd ausritt, verlor er seine Männer aus den Augen.
Während er einen Hirsch verfolgte, gelangte er immer tiefer in den Wald, aber als die
Sonne versank, hatte er ihn noch immer nicht erlegt. Er war so weit in den Wald hin-
eingeritten, daß er kaum noch wußte, wo er war. Er sah im Licht des Sonnenunter-
ganges einen hohen Stein und neben ihm zwei Zwerge. Er zog sein Messer über ihnen
und bannte sie außerhalb des Steines durch die Macht des Eisens, in das magische
Zeichen eingraviert waren. Sie flehten um ihr Leben.

Der König frug: „Wie sind eure Namen?"

Einer hieß Dvalin, der andere Dulin.

Der König sprach: „Da ihr zwei die geschicktesten aller Zwerge seid, sollt ihr mir
ein Schwert fertigen – das Beste, das ihr erschaffen könnt. Die Parierstange und der
Knauf sollen aus Gold sein und auch der Griff. Es wird Eisen schneiden wie Stoff und
nie rosten. Es soll jedem, der es trägt, den Sieg in der Schlacht und im Zweikampf
bringen."

Sie stimmten zu. Der König ritt heim. Und als der vereinbarte Tag kam, ritt er zu
dem Stein. Die Zwerge standen außen vor dem Stein. Sie rechten ihm das Schwert und
es war wirklich prunkvoll.

Aber als Dvalin auf der Schwelle ins Innere des Steines stand, sprach er: „Möge
Dein Schwert, Sigrlami, jedesmal, wenn es gezogen wird, das Unglück eines Mannes
sein und mögen abscheuliche Taten mit diesem Schwert begangen werden! Es wird
außerdem der Tod Deiner Sippe sein!"

Das „Verirren auf der Hirschjagd" ist eine häufige Saga-Variante einer Jenseitsreise
– sehr wahrscheinlich weil einst für die Jenseitsreise ein Hirsch gejagd und geopfert
wurde.

Der „Hohe Stein" ist ein Hügelgrab.

Der Fluch auf dem Schwert ist vermutlich eine Erinnerung daran, daß der
Sonnengott-Göttervater Tyr nach jedem Tag am Abend auf neue sterben muß.

12. b) Huldar-Saga

Auch in der Huldar-Saga wird über ein von Zwergen geschmiedetes Schwert
berichtet, das magische Kräfte besaß:

Als der Königssohn Hildibrand, der mit seiner Schwester Hleidr zusammenlebte,
zehn Jahre alt geworden war, hielt der Vater der beiden, der Riese Svadi (Tyr), ein

großes Gastmahl, an dessen Schluß er Hildibrand ein von Zwergen geschmiedetes so-
wie von Odin mit magischen Kräften begabtes Schwert und dem Kol einen mächtigen
Spieß schenkte.

12. c)   Hrolf Kraki und seine Berserker

In dieser Saga werden die beiden Schmiede zwar nicht als Zwerge bezeichnet, aber
sie sind offensichtlich mit den Zwergen-Schmieden identisch – zumal sie mit dem
Meisterschmied Wieland (Tyr) verglichen wurde, der der Vater der beiden Alcis war.

König Frodi hatte zwei Schmiede, die geradezu Wielande ihres Handwerks waren.

12. d)   Hymir-Lied

In diesem Lied erscheinen die beiden Brüder als die Söhne des Loki, die an einer
anderen Stelle „Nari" und „Narfi" genannt werden.

Sie fuhren nicht lange, so lag am Boden
Von Hlorridis Böcken halbtot der eine.
Des Zugtiers Bein war gebrochen:
Das hatte der listige Loki verschuldet.

Doch hörtet ihr wohl (jeder der Geschichten-Kundigen
kann die genauen Einzelheiten davon erzählen),
Welche Buße er von dem Lava-Bewohner (Loki) *erhielt:*
Er gab ihm seine beiden Kinder.

In anderen Erzählungen ist es Thialfi, der ungewollt das Bein des Ziegenbocks
verletzt. Thialfi und seine Schwester Röskwa sind offenbar an die Stelle der beiden
Loki-Söhne getreten, die wiederum eine Parallelbildung zu den beiden Alcis-Söhnen
des Tyr sind.

Da Loki der Winter- und Jenseitsgott ist, kann man seine beiden Söhne auch als
Zwerge auffassen – zumal sie die Namen „Nari" und „Narfi" tragen, was beides
„Toter" bedeutet.

12. e)   Die Saga über Asmund Berserker-Töter

In dieser Saga sind die Schwert-Schmiede zwei Männer, die aus der Hel, d.h. aus der Unterwelt stammen – was letztlich dasselbe ist, als wenn sie als Zwerge bezeichnet worden wären, da sowohl „Hel-Männer" als auch „Zwerge" Totengeister sind.

Es geschah, daß eines Abends zwei Männer zu dem König kamen und vor ihn traten und ihn grüßten.
Der König frug, wer sie seien: Einer wurde Olius genannt und der andere Alius, „und wir würden gerne um Winterquartier bitten. "

Die Bedeutung der beiden Namen ist nicht eindeutig. Beide Namen haben die lateinische Maskulin-Endung „-us".

„Olius", ohne die lateinische Endung also „Oli" könnte von „olea" für „salben, letzte Ölung", von „olifa" für „Olive" oder von „ól, ál" für „Lederriemen" abgeleitet sein. Mit der „Letzten Ölung" ist der christliche Brauch gemeint, einen Menschen kurz vor seinem Tod noch einmal zu segnen.

„Alius", d.h. „Ali" könnte eine Bildung zu „ala" für „zeugen", zu „ali" für „zahm" oder zu „ála" für „Aal" sein.

Angesichts des Umstandes, daß die beiden Männer, wie später noch gesagt wird, aus der Hel stammen bzw. in sie zurückkehren, erscheint es am sinnvollsten, „Olius" als „der Sterbende" („Letzte Ölung") und „Alius" als „der, der sich wiederzeugt" zu deuten. Olius und Alius wären durch ihre Namen als Wesen, die sterben und wiedergezeugt/wiedergeboren werden – was auf die beiden Alcis zutreffen würde, die jeden Abend zusammen mit Tyr sterben und jeden Morgen zusammen mit ihm aus dem Jenseits zurückkehren. Diese Namensdeutung ist jedoch sehr unsicher.

Nach der Auffassung der Skalden stabreimen die beiden Namen „Olius" und „Alius" miteinander, da sie beide mit einem Vokal beginnen.

Die Bitte um Winterquartier ist vermutlich eine Umdeutung des Aufenthaltes der winterlichen Sonne in der Unterwelt, da die Nacht und der Winter in Bezug auf die Sonne und somit auch auf den Sonnengott-Göttervater Tyr und seine beiden Söhne dieselbe Bedeutung hatten.

Er frug, ob sie Händler wären oder geschickt im Kampf seien. Sie antworteten, daß sie alles geschickt ausführen könnten, was man von einem Schmied erwarten könnte. Daraufhin zeigte der König ihnen zwei Plätze und bat sie, sich zu setzen.
Zu dieser Zeit war ein Bote bei dem König zu Gast und am Abend kamen die Schmiede des Königs in die Halle und zeigten ihm ihre Metallarbeiten, ihr Gold und ihre Waffen. Dies taten sie stets, wenn Leute zu ihnen kamen, um den Ruhm ihres Königs zu mehren. Jedermann pries ihre Metallarbeiten außer den beiden Gästen. Sie

sagten nicht viel.

Unter den Metallgeräten war ein sehr sorgfältig gearbeitetes Messer. Dies wurde auch dem König gesagt und er fand, daß es keine bessere Metallarbeit geben könne.

Er rief die beiden Gäste zu sich und sprach: „Warum seid ihr so zögerlich, diese Metallarbeiten zu preisen, die hier gezeigt werden? Könnt ihr etwa bessere fertigen?"

Sie sagten zu dem König, daß sie versuchen würden, etwas besseres zu schmieden, wenn er es wünsche.

Der König gebot ihnen, dies zu tun, bis es ihnen gelänge, „falls ihr nicht Betrüger genannt werden wollt."

Sie sagten, daß sie schnell beweisen würden, daß diese Metallarbeit nur von geringem Wert sei und keineswegs gut. Sie schlugen das Messer in die Tischkante vor dem König, woraufhin das Messer zerbrach. Sie sagten, daß der König seine Schätze behalten solle und das sie versuchen würden, ein anderes Messer zu schmieden.

Der König gebot ihnen, dies zu tun, und so fertigten sie ein Messer und brachten es dem König. Er versuchte es an seinem Bart und er schnitt durch den Bart hindurch so tief in seine Haut, daß es in seinem Fleisch steckte.

Das Messer ist deutlich schärfer, als es der König gewohnt ist.

Der König sagte: „Es ist wahr gesagt, daß ihr geschickte Männer seid, und nun sollt ihr mir einen Goldring fertigen," und dies taten sie und brachten ihn vor den König.

Er schaute ihn an und sprach: „Es ist wahr, daß ich noch nie einen solchen Schatz in einem einzigen Goldring gesehen habe," und jedermann sagte, daß dies wahr sei.

Dies könnte eine Erinnerung an Odins Ring Draupnir sein, über den in der Skaldskaparmal berichtet wird, daß er von zwei Zwergen erschaffen worden ist.

Der König nahm diese edlen Männer in seinen Dienst und sagte: „Nun sollt ihr mir zwei Schwerter machen, die nicht minder wertvoll als diese Metallarbeiten von euch sein sollen, und die alles zerschneiden, das man mit ihnen schlägt."

Dieselbe Beschreibung der Qualitäten eines Schwertes findet sich auch in der Wieland-Sage. Wielands Schwert Mimung ist mit Tyrs Schwert identisch, da Wieland der Gott Tyr als Schmied in der Unterwelt ist.

Olius sagte, daß er dies nicht gerne tun wolle und befürchte, daß nicht viel dabei herauskommen werde, wenn sie dazu gezwungen würden, und er sagte, daß es besser sei, wenn sie etwas Bescheideneres herstellen würden.

Die beiden Brüder erkennen in dem Wunsch des Königs das Schwert des Tyr wieder, das auch mit dem allabendlichen Tod des Sonnengott-Göttervaters verbunden ist, und wollen dieses Schicksal dem König ersparen.

Der König sagte, daß sie beginnen sollten, ob sie nun gezwungen seien oder nicht.

Da begannen sie zu schmieden und machten zwei Schwerter, jeder eines, und traten vor den König und zeigten ihm die beiden Schwerter. Der König fand, daß sie vielversprechend aussahen, „und in welcher Weise unterscheiden sie sich?"

Olius sprach, daß er glaube, daß seines nichts schlagen würde ohne es nicht auch zu zerschneiden, „und ich denke, daß es keinen Makel hat."

Der König sprach: „Das ist gut und wir werden nun erproben, wie gut es gehärtet ist," und stieß die Spitze in den Pfosten seines Hochsitzes. Das Schwert war flexibel und er bog es und klemmte es ohne Mühe in einen Fensterrahmen.

Der Schmied sagte, daß dies eine zu schwere Probe für das Schwert sei und daß es zum Schlagen und nicht zum Biegen gedacht sei. Der König antwortete, daß es keine Hiebe ertragen würde, wenn es durch eine solche Probe brechen würde.

Und dann erprobte er das Schert, das Alius gefertigt hatte und es schwang zurück wie ein Holzstab und es sah besser aus als das andere, obwohl beide die Probe des Königs bestanden.

Es paßt zu der Deutung der Namen der beiden Schmiede, daß das Schwert von „Alius dem Wiedergeborenen" besser ist als das von „Olius dem Sterbenden".

Der König sagte: „Dies ist das bessere, das Alius gefertigt hat, obwohl beide gut sind. Und welche Eigenschaften haben die beiden?"

Alius sagte: „Herr, wenn sie gegeneinander stehen, wird mein Schwert dem anderen voraus sein, aber man kann sie gleichwertig nennen."

Da nahm der König das Schwert, das Olius gefertigt hatte und versuchte es zu zerbrechen und es zerbrach am Griff.

Diese Szene ist vermutlich eine Erinnerung daran, daß das Schwert des Tyr an jedem Abend zerbrach und dann in der Nacht neugeschmiedet wurde.

Der König befahl ihm, ein besseres Schwert zu erschaffen. Da ging er wütend in die Schmiede und machten ein neues Schwert und brachten es dem König. Er erprobte es auf alle Weisen, wie er es zuvor getan hatte und es bestand sie alle.

Der König sprach: „Nun habt ihr gut gearbeitet, aber was ist nun sein Makel?"

Da sagte der Schmied: „Das Schwert ist aus gutem Eisen, aber die zerbrochen Teile in ihm werden einiges Unglück verursachen, denn das Schwert wird die Ursache für den Tod der edelsten Deiner Brüder und Neffen sein."

Das neue Schwert ist aus den Teilen des alten Schwertes neugeschmiedet worden – wie Sigurds Schwert Gram. Dies ist die Tätigkeit des Tyr-Wieland in der Unterwelt.

Der König sprach: „Wegen eurer Prophezeiung, ihr elendesten aller Menschen, werdet ihr Brüder nun sterben – auch wenn ihr nicht edel seid."

Nach diesen Worten schlug er mit dem Schwert nach ihnen und sie verschwanden im Nu und nahmen den Weg hinab zur tiefen Hölle (Hel).

Der König sprach: „Dies sind große Feinde, aber wir werden dafür Sorge tragen, daß die Schwerter niemandem Schaden zufügen."

Der König ließ für das Schwert eine Kiste aus Blei anfertigen und versenkte es in dem See Loginn bei Agnafit.

Diese Szene entspricht dem eingehen des Tyr am Abend in die Wasserunterwelt.

Im weiteren Verlauf wird das Schwert wieder aus dem See heraufgeholt, sodaß sich der Fluch erfüllen kann. Diese Szene geht auf die Rückkehr des Tyr und seines Schwertes aus der Wasserunterwelt zurück.

Später in der Saga werden die beiden Männer noch ausdrücklich als zwei „Zwerge" bezeichnet (Zwerge sind Totengeister):

Asmund sprach diese Verse:

„Es ist schwer vorherzusagen,
was geschehen wird,
wenn man
zu einem Zweikampf geht.
Du, Königin,
bist in Dänemark geboren,
und ich selber
in Schweden.

Es waren zwei,
die begierig zu töten waren:
die Geschenke des Budli –
nun brach die eine.
Geschickte Zwerge
schufen beide,
wie vorher und nachher
niemand es kann."

12. f) Skaldskaparmal

In der Edda sind aus den beiden Tyr-Söhnen die zwei Zwerge Brokk („Metallstück, Schmied") und Sindri („Funken") geworden, die als „Söhne des Iwaldi" bezeichnet werden. „Iwaldi" bedeutet „Allherrscher" und ist offensichtlich ein Titel des Göttervaters. Brokk und Sindri sind folglich die beiden Alcis im Jenseits. Sie sind auch mit Dwalin und Dulin identisch, die das Schwert „Tyrfing" geschmiedet haben.

Das Neuschmieden des Schwertes des Tyr ist in Uppsala nach 500 n.Chr. entsprechend der dort verehrten Götter Thor, Odin und Freyr sowie Thors Frau Sif in die Herstellung der magischen Gegenstände dieser Gottheiten umgedeutet worden: den Hammer des Thor, das goldene Korn-Haar der Sif, der Speer und der Ring des Odin sowie der Eber und das Schiff des Freyr.

Loki, Laufeyjas Sohn, hatte der Sif in hinterlistiger Weise alles Haar abgeschoren. Als Thor das gewahrte, ergriff er Loki und würde ihm alle Knochen zerschlagen haben, wenn er nicht geschworen hätte, von den Schwarzelfen zu erlangen, daß er der Sif Haare von Gold machte, die wie anderes Haar wachsen sollten.

Darauf fuhr Loki zu den Zwergen, die Iwaldis Söhne heißen. Diese machten das Haar und zugleich Skidbladnir und den Spieß Odins, der Gungnir heißt.

Da verwettete Loki sein Haupt mit dem Zwerg, der Brock heißt, daß dessen Bruder Sindri nicht drei ebenso gute Kleinode machen könnte, wie diese wären. Und als sie zu der Schmiede kamen, legte Sindri eine Schweinshaut in die Esse und gebot dem Brock zu blasen und nicht eher aufzuhören, bis er aus der Esse nähme, was er hineingelegt.

Aber sobald Sindri aus der Schmiede gegangen war und Brock blies, setzte sich eine Fliege auf seine Hand und stach ihn. Dennoch hörte er nicht auf mit Blasen bis der Schmied das Werk aus der Esse nahm. Da war es ein Eber mit goldenen Borsten.

Darauf legte er Gold ins Feuer und gebot ihm, zu blasen und nicht eher mit Blasen abzulassen, bis er zurückkäme. Er ging hinaus; aber die Fliege kam wieder, setzte sich jenem auf den Hals und stach nun noch einmal so stark; doch fuhr er fort zu blasen bis der Schmied aus der Esse einen Goldring zog, der Draupnir heißt.

Darauf legte er Eisen in die Esse und hieß ihn blasen und sagte, alles sei vergebens, wenn er mit Blasen innehielte. Da setzte sich ihm eine Fliege zwischen die Augen und stach ihm in die Augenlider, und als das Blut ihm in die Augen troff, daß er nichts mehr sah, griff er schnell mit der Hand zu, während der Blasebalg ruhte, und jagte die Fliege fort. Da kam der Schmied zurück und sagte, beinahe wäre das nun völlig verdorben, was in der Esse läge. Darauf zog er einen Hammer aus der Esse.

Alle diese Kleinode legte er darauf seinem Bruder Brock in die Hände und hieß ihn damit gen Asgard fahren, die Wette zu lösen. Als nun er und Loki ihre Kleinode brachten, setzten sich die Götter auf ihre Richterstühle, und es sollte das Urteil gelten, das Odin, Thor und Freyr sprächen.

Da gab Loki dem Odin den Spieß Gungnir, dem Thor das Haar für die Sif und dem Freyr den Skidbladnir und nannte die Eigenschaften dieser Kleinode, daß der Spieß nie sein Ziel verfehle, das Haar wachse, sobald es auf Sifs Haupt komme, und Skidbladnir immer Fahrwind habe, sobald die Segel aufgezogen würden, wohin man auch fahren wollte; und zugleich könne man das Schiff nach Belieben zusammenfalten wie ein Tuch und in der Tasche tragen.

Darauf brachte Brock seine Kleinode hervor und gab dem Odin den Ring und sagte, in jeder neunten Nacht würden acht ebenso kostbare Ringe von ihm niederträufeln.

Dem Freyr gab er den Eber und sagte, er renne durch Luft und Wasser Tag und Nacht, schneller als irgendein Pferd, und nie wäre es so finster in der Nacht oder im Dunkelwald, daß es nicht hell genug würde, wohin er auch führe, so leuchteten seine Borsten.

Dem Thor gab er den Hammer und sagte, er möge so stark damit schlagen, als er wolle, was ihm auch vorkäme, ohne daß der Hammer Schaden nähme; und wohin er ihn auch werfe, so solle er ihn doch nicht verlieren, und nie solle er so weit fliegen, daß er nicht in seine Hand zurückkehre, und wenn es ihm beliebe, solle er so klein werden, daß er ihn im Busen verbergen könne. Er habe nur den Fehler, daß sein Stiel zu kurz geraten sei.

Da urteilten die Götter, der Hammer sei das Beste von allen Kleinoden und die beste Wehr wider die Hrimthursen, und sie entschieden die Wette dahin, daß der Zwerg gewonnen habe.

12. g)   Skaldskaparmal

Sindri und Brokk wurden auch „Söhne des Iwaldi" genannt. „Iwaldi" bedeutet „Allherrscher" und ist ein Titel des ehemaligen Göttervaters Tyr. Sindri und Brokk sind hier deutlich als seine beiden Zwillings-Söhne erkennbar.

Gewisse Zwerge, die Söhne des Iwaldi, haben Skidbladnir erschaffen und es Freyr gegeben.

12. h) Skaldskaparmal

Die beiden Pferde-Söhne des Göttervaters wurden in ihrer Gestalt als Zwerge im Jenseits mit der Herstellung der magischen Gegenstände der Götter assoziiert. Zu diesen von ihnen hergestellten magischen Dingen gehörte auch der Skaldenmet.

Wie die vielen Parallelen in den Mythen der anderen indogermanischen Völker zeigen, ist dieser Ritualtrank ursprünglich nicht nur als die Inspiration der Dichter und die Quelle aller Weisheit angesehen worden, sondern als der Trank der Unsterblichkeit. Diese Qualität findet sich u.a. in dem griechischen Namen „Ambrosia" und in dem indischen Namen „Amrita" für diesen Trank, die beide „Nicht-Tod", also „Unsterblichkeit" bedeuten.

Ferner sprach Ägir: „Woher hat die Kunst ihren Ursprung, die ihr Skaldenkunst nennt?"

Bragi antwortete: „Der Anfang davon war, daß die Asen Unfrieden hatten mit dem Volk, das man Wanen nennt.

Nun aber traten sie zusammen, Frieden zu schließen, und der kam nun so zustande, daß sie von beiden Seiten zu einem Gefäß gingen und ihren Speichel hineinspuckten."

Das Spucken in ein Gefäß ist eine archaische Methode, um eine Fermentierung und Gärung in Gang zu setzten, also ein Teil der Braukunst.

„Als sie nun schieden, wollten die Asen dieses Friedenszeichen nicht untergehen lassen. Sie nahmen es und schufen einen Mann daraus, der Kwasir heißt. Der ist so weise, daß ihn niemand um ein Ding fragen mag, worauf er nicht Bescheid zu geben weiß. Er fuhr weit umher durch die Welt, die Menschen Weisheit zu lehren."

Der Name „Kwasir" bedeutet in etwa „Preßsaft". Er geht zusammen mit dem altnordischen „kveise" für „kochen" und dem altfranzösischen „quasser" für „zerdrücken, zerquetschen" auf das germanische Wort „kwis" für „verderben, vernichten, niederdrücken", das seinerseits eine Spezialisierung des urgermanischen Wortes „kvass" für „quetschen, ausdrücken, pressen, verbeulen" ist.

Mit diesem Wort ist das russische „Kvas" für „Brottrunk" verwandt, der aus Wasser, Roggen und Malz hergestellt wird und ein traditionelles, kohlensäurehaltiges Erfrischungsgetränk ist.

Ein weiteres verwandtes Wort ist das lateinische Verb „quatere, quassare" für „schlagen, schütteln".

Das heutige deutsche Wort, das sich von dieser Wurzel ableitet, ist das Verb „quetschen".

„Kvasir" ist folglich der Name des Trankes, den die Asen und Wanen hergestellt

127

und mit ihrem Speichel fermentiert haben. Die Bedeutung „quetschen, pressen" des Namens „Kwasir" weist darauf hin, daß dieser Name schon sehr alt ist, denn in den Anleitungen für das Brauen dieses Trankes finden sich bei den Indogermanen sehr viele Schilderungen über das Auspressen eines Pflanzensaftes, der eine wesentliche Zutat dieses Trankes gewesen ist.

Am deutlichsten sind die Anleitungen der Inder, deren Somatrank den Preßsaft einer Rankenpflanze enthält. Dieser Saft sollte es denen, die diesen Trank zu sich nahmen, erleichtern, Visionen zu erhalten und in einen veränderten Bewußtseinszustand zu gelangen. Dieser Saft wurde jedoch nicht als die eigentliche Methode angesehen, um seinen Körper verlassen zu können („Astralreise") wie z.B. die mittelalterliche Hexensalbe, sondern nur als eine unterstützende Maßnahme. (Siehe dazu auch den Band 69 über den „Göttermet".)

Die altnordische Bezeichnung des Hungerblümchens als „kveise" könnte eine Erinnerung an den Pflanzensaft sein, der eine Zutat des Skaldenmets gewesen. Diese Pflanze ist zwar eßbar, aber es sind von ihr keine Wirkungen auf die Psyche bekannt.

„Kwasir" ist somit eigentlich kein Gott, sondern der personifizierte Trank. Schon diese Personifizierung zeigt, wie wichtig er einst in der Religion der Germanen gewesen sein muß.

„Einst aber, da er zu den Zwergen Fialar und Galar kam, die ihn eingeladen hatten, riefen sie ihn zu einer Unterredung beiseite und töteten ihn."

Der Name „Galar" bedeutet „Schreiender". Dieser Name ist verwandt mit der Bezeichnung des Jenseitsflusses als „Gjallar" („Tosender").

Die Deutung des Namens „Fialar" ist ungewiß. Er könnte mit dem altnordischen Verb „fjal" für „fällen" und für „einen Holzstamm zu Brettern spalten" zusammenhängen. Auch eine Ableitung von „fall" für „fallen" und von dem verwandten „fjall" für „Berg, Fels" ist denkbar – zumal „fallen" und „fällen" dieselbe Wurzel haben.

In der „Vision der Seherin" wird Fialar als ein Nachkommen des Dwalin aufgeführt. Dies ist insofern interessant, als das Dwalin in Hervor-Saga einer der beiden Zwerge ist, die das magische Schwert „Tyrfing" („Finger des Tyr") herstellen. Galar sollte somit dem Durin in dieser Saga entsprechen.

„Fjalar" ist auch der Name eines roten Hahns, der auf Walhalla sitzt und die Götter vor Gefahren warnt. In der „Vision der Seherin" sitzt der Hahn Fialar im „Vogelwald" (=Jenseits) in der Nähe des Egdir (Tyr), der die „Riesin" (Jenseitsgöttin) hütet.

Fialar und Galar sind somit zwei weitere Namen der beiden in der Unterwelt zu Zwergen gewordenen Pferde-Söhne des Göttervaters Tyr. Anscheinend wurden sie als Totengeister auch als Seelenvögel aufgefaßt, da zumindestens Fialar auch als roter Hahn erscheint.

Da „Fialar" ursprünglich einer der beiden Pferde-Söhne des Tyr gewesen ist, könnte sein Name auch „Fallender" im Sinne von „der am Abend zusammen mit dem Sonnengott-Göttervater im Westen im Meer versinkt" bedeuten.

„Sein Blut ließen sie in zwei Gefäße und einen Kessel rinnen: der Kessel heißt Odhrörir; aber die Gefäße Son und Bodn."

Der Mord der beiden Zwerge an Kwasir ist anhand des Auffangens seines Blutes in drei Gefäßen als Opferritual erkennbar. Anscheinend ist mit der Herstellung des rituellen Mets bei den Germanen auch ein Tieropfer verbunden gewesen. Da sowohl der Met als auch das Opfer eines Herdentieres zu der Bestattungs-Symbolik gehörte, ist diese Deutung recht plausibel.

Die Namen der drei Gefäße bedeuten „Ekstase-Trank" („Odhrörir"), „Sohn" („Son") und „Faß („Bodn"). Das erste dieser drei Gefäße ist das Trinkhorn des Tyr, die beiden anderen die beiden Trinkhörner der Alcis. Der Name „Son", der „Sohn" bedeutet, könnte sich auf einen der beiden Alcis als Sohn des Tyr beziehen.

„Sie mischten Honig in das Blut, woraus ein so kräftiger Met entstand, daß ein jeder, der davon trinkt, ein Dichter oder ein Weiser wird."

Offenbar ist der ganze erste Teil dieser Erzählung eine Übertragung des Brauens des rituellen Mets in eine mythologische Handlung:
- das Fermentieren des Trankes durch den Speichel der Götter,
- die Personifizierung des Trankes als das „weise Wesen" Kwasir,
- die Umdeutung des Opferung eines Tieres zum Mord an Kwasir, und
- die Vermischung des Kwasir-Blutes mit Honig zu einem Met.

„Den Asen berichteten die Zwerge, Kwasir sei an der Fülle seiner Weisheit erstickt, denn keiner war klug genug, seine Weisheit all zu erfragen.
Danach luden diese Zwerge den Riesen, der Gilling heißt, mit seinem Weibe zu sich, und baten den Gilling, mit ihnen auf die See zu rudern. Als sie aber eine Strecke vom Lande waren, ruderten die Zwerge nach den Klippen und stürzten das Schiff um. Gilling, der nicht schwimmen konnte, ertrank, worauf die Zwerge das Schiff wieder umkehrten und zurück ruderten."

Dieser völlig unmotivierte Mord an einem Riesen läßt sich am besten dadurch erklären, daß Gilling der Göttervater Tyr ist, mit dem zusammen seine beiden Pferde-Söhne jeden Abend starben – indem sie wie die Sonne im Westen im Meer versanken. Dieser abendliche Tod des Sonnengott-Göttervaters und seiner beiden Pferde-Söhne ist hier zu dem Mord der beiden Söhne (Zwerge) an ihrem Vater (Riesen) umgedeutet worden. Da dies der einzige Mord von Zwergen an einem Riesen in der gesamten

Überlieferung der Germanen ist, kann es sich dabei nicht um ein altes Motiv handeln, sondern wird eine neuere Interpretation sein.

Hier findet sich wieder einmal die in der Politik und auch in der „Religions-Politk" beliebte Methode „teile und herrsche": Die Verbündeten aus den alten Ty-zentrierten Mythen (Tyr und die beiden Alcis) werden in den neuen Odin-zentrierten Mythen zu Feinden umgedeutet, wodurch sie beide ihre frühere Macht verlieren.

Die „Klippen" könnten die Halle „Walaskialf" („Toteninsel") des Göttervaters sein.

„Sie sagten seinem Weibe von diesem Vorgang: Da gehabte sie sich übel und weinte laut. Fialar frug sie, ob es ihr Gemüt erleichtern würde, wenn sie nach der See hinaussähe, wo er umgekommen sei. Das wollte sie tun. Da sprach er mit seinem Bruder Galar, er solle hinaufsteigen über die Schwelle und, wenn sie hinausginge, einen Mühlstein auf ihren Kopf fallen lassen, weil er ihr Gejammer nicht ertragen könne. Und also tat er."

Dies ist ein weiterer unmotivierter Mord durch die beiden Zwerge. Wenn der Riese Gilling der am Abend gestorbene Göttervater Tyr ist, sollte seine Frau die Jenseitsgöttin, also entweder Frigg oder Freya sein. Diese beiden Göttinnen erscheinen in dem „Grotten-Lied" als die beiden Riesinnen Fenja und Menja. Diese beiden Namen sind Bildungen zu Friggs Halle „Fensalir" und zu Freyas Halsreif „Brisingamen". In dem „Grotten-Lied" drehen diese beiden Göttinnen einen Mühlstein, sodaß der merkwürdige Mord an der Gillings Frau vermutlich durch die Assoziation der Jenseitsgöttin mit dem Mahlen der Fenja und der Menja entstanden ist.

Der Mord an der Riesin soll vermutlich erklären, warum Tyrs Frau, also Frigg oder Freya, sich im Jenseits befindet – wo sie aufgrund der früheren Mythen ist, weil Tyr sich dort mit ihr wiederzeugt, sodaß sie ihn am Morgen wiedergebären kann.

„Als der Riese Suttung, Gillings Brudersohn, dies erfuhr, zog er hin, ergriff die Zwerge, führte sie auf die See und setzte sie da auf eine Meeresklippe."

Nun kommen auch die Zwerge selber auf die Toteninsel. Ursprünglich starben sie in den Mythen des Tyr zusammen mit dem Göttervater beim Sonnenuntergang. In der Umdeutung in der Skaldskaparmal wird der gesamte Vorgang jedoch schon als eine Folge von Mord und Rache angesehen, wodurch die ursprüngliche Mythe in einzelne Szenen zerfällt – und Tyr und die beiden Alcis ihre alte Macht und ihre frühere Beliebtheit verlieren (was die eigentliche Absicht dieser Umdeutung ist).

Wie später in dieser Mythe noch berichtet wird, hat Suttung noch einen Bruder mit dem Namen Baugi. Als Bruder des Tyr-Thiazi kommen am ehesten die beiden Thiazi-Brüder Gangr und Idi infrage.

Die Bedeutung der Namen der drei Riesen ist: Gilling – „Schreier", Suttung –

„Trauernder" und Baugi – „Ring, Armreif". Gilling trägt somit denselben Namen wie der Zwerg Galar – lediglich die Schreibweise ist verschieden. Gillings Neffe Suttung ist nach seiner Position in dieser Mythe bezeichnet worden, da er um seinen ermordeten Onkel trauert und ihn rächt. Baugi trägt schließlich den Namen des goldenen Ringes („Draupnir"), der ein Symbol für die Jenseitsreise und für die Sonne und somit auch für den ehemaligen Sonnengott-Göttervater Tyr ist.

„Da baten sie Suttung, ihr Leben zu schonen, und boten ihm zur Sühne und Vaterbuße den köstlichen Met, und diese Sühne ward zwischen ihnen geschlossen. "

Diese Szene erklärt, wie der Met zu den Riesen kam. Die spätere Erzählung in dieser Mythe, wie Odin zu Suttungs Tochter gelangt und dort deren Met trinkt, hat die ursprünglichere Version dieses Motivs bewahrt.

Da diese Mythe erklären sollte, wie der Met entstand und wie er von dem ehemaligen Göttervater Tyr zu dem neuen Göttervater Odin gelangte, mußte die ursprüngliche Version in Bezug auf den Gott Tyr umgeformt werden, denn sonst hätte man dieselbe Jenseitsreise-Geschichte einmal mit Tyr und anschließend mit Odin erzählen müssen – was schließlich keinen Sinn ergäbe. Für den Skalden, der diese Mythe verfaßt hat, bestand somit die Notwendigkeit, die Jenseitsreise-Symbolik des Tyr so umzuformen, daß sie der ehemaligen Mythe noch möglichst ähnlich war und deren Elemente enthielt, aber zu einer Handlung wurde, aus der sich nach dem damaligen Rechtsverständnis für Odin die Notwendigkeit ergab, den Met nach Asgard zu holen.

Diese Umdeutung ist eine Parallele zu dem Raub des Ritual-Kessels des Riesen Hymir (Tyrs Vater) durch Thor und auch zu dem Raub der Idun durch Thiazi und dem anschließenden Mord der Asen an ihrem ehemaligen Göttervater Tyr-Thiazi. Das Verfahren ist dabei stets dasselbe: Die Vereinigung des Tyr mit der Jenseitsgöttin und das Trinken des Wiedergeburts-Mets wird zu einem Raub des Tyr erklärt, woraufhin ihn die Asen töten und das Geraubte zurückholen. Der Mord an Tyr ist eine Umdeutung seines allabendlichen Todes.

Das eigentlich Ziel all dieser Umformungen ist natürlich gewesen, Odin als den „wahren Göttervater" zu schildern.

„Suttung führte den Met mit sich nach Hause und verbarg ihn auf dem sogenannten Hnitberge; seine Tochter Gunnlöd setzte er zur Hüterin. "

Gunnlöd ist eine der vielen Varianten der Göttin als Wiederzeugungs-Geliebte und Wiedergeburts-Mutter im Jenseits. Der „Hnitberg" („verschlossener Berg/Hügel") ist ein Name für ein Hügelgrab – das Grab, in dem in der Nacht der am Abend gestorbene Tyr liegt.

12. i) Bruchstück einer Saga über einige frühe Könige in Dänemark und Schweden

In dieser Saga erscheinen zwei Königssöhne mit den Namen „Alfarin" und „Alfar" die beide „Alf-Adler", also „leuchtender Adler im Jenseits" bedeuten. Der Verdacht liegt nahe, daß diese zwei Königssöhne die beiden Tyr-Söhne in der Gestalt von Seelenvögeln sind.

Dort waren auch Alfar und Alfarin, die Söhne des Königs Galdalf, anwesend, die zuvor Höflinge und Gefolgsleute des Königs Harald gewesen waren.

Der Name des Vaters setzt sich aus „galdr" und „alf" zusammen. Das Substantiv „galdr" bezeichnet die rituellen Gesänge und somit auch die Zaubergesänge. Der wichtigste dieser meist gesungenen Texte ist bei den frühen Indogermanen die Hymne an die aufgehende Sonne gewesen, von der sich bei vielen indogermanischen Völkern zumindestens einzelne Teile erhalten haben.

Der Name „Galdalf" wäre somit eine passende Umschreibung für den ehemaligen Sonnengott-Göttervater Tyr, da sich der wichtigste dieser Gesänge an ihn gewandt hat.

Genaugenommen müßte eigentlich der Diar, also der Priester des Sonnengott-Göttervaters als „Galdalf" bezeichnet werden und nicht der Göttervater selber. Angesichts des Umstandes, daß diese Zusammenhänge zur Zeit der Niederschrift dieser Saga offenbar bereits zu nebligen Erinnerungen daran geworden war, daß es einmal einen König (Gott) gegeben hat, der mit Zaubergesängen zu tun hatte, zwei Söhne hatte und mit einen Adler verbunden war, ist diese Ungenauigkeit nicht verwunderlich. Diese spezielle Vermischung findet sich auch noch an anderen Stellen.

12. j) Odins Rabenzauber

Die beiden Zwerge „Rögnir" und „Regin" sind nur aus diesem Lied bekannt. Ihre Namen bedeuten beide „Regent, Herrscher, König", d.h. „Gott, Ase". Dieses Wort ist mit dem germanischen „rich", dem keltischen „rig", dem lateinischen „rex", dem indischen „radscha" usw. verwandt, die alle die Bedeutung „König" haben.

Die Formulierung „Rögnir und Regin" aus der folgenden Strophe ist somit eine allgemeine Bezeichnung der Götter.

Zauberlieder sangen, auf Wölfen ritten
Rögnir und Regin gegen das Haus der Welt.
Odin spähte von Hlidskialfs Sitz
Und blickte den in die Ferne Reisenden nach.

Das „*Haus der Welt*" ist der Himmel. Seine Hüter sind die Asen in Asgard.

Die auf Wölfen reitenden Rögni und Regin sind den Asen offensichtlich feindlich gesonnen. Sie werden Wesen des Jenseits sein, da der Wolf ein „Jenseitstier" war und auch Hyrrokkin-Hel in der Baldur-Mythe auf einem Wolf ritt. Mit dem „Haus der Welt" wird der Schädel des Urriesen Ymir gemeint sein, aus dem die Asen die Himmelskuppel schufen.

„*Hlidskialf*" *bedeutet* „(Toten-)Tor-Insel" und ist Odins Thron, von dem aus er in die ganze Welt blicken und alles sehen kann, was geschieht. Dieser Thron ist der Hochsitz vor dem „Jenseitsweg-Säulen" („öndvissula") genannten Tor, das aus zwei Pfosten und einem Querbalken bestand und eines der wichtigsten Elemente in den Tempeln und in den Herrscher-Hallen gewesen ist (siehe „Hochsitz" in Band 57).

Die „*in die Ferne Reisenden*" sind die drei Asen Heimdall, Loki und Bragi.

Rögnir und Regin sind in diesem Lied zwei Götter-Zwerge, die mit dem nahenden Tod des Baldur in Verbindung stehen – der seinen Ursprung in dem abendlichen Tod des Tyr und seiner beiden Alcis-Söhne hat, die dann im Jenseits zu dem Tyr-Riesen und zu den beiden Alcis-Zwergen wurden. Sie wurden auch hier zu den Verursachern des Unheils, also Todes des Baldur (an der Stelle des Tyr) umgedeutet.

12. k)   Heimskringla

Es wird gesagt, daß der Erdkreis, der von den Menschen bewohnt wird, durch viele Buchten unterteilt wird, sodaß große Meere von dem äußeren Weltmeer in das Land hineinragen. So ist z.B. bekannt, daß ein großes Meer am Narvesund hereinströmt und bis hin nach Jerusalem reicht.

Der „Erdkreis" ist die gesamte Erdoberfläche. Dieser Text wurde nach diesem Wort als „heimskringla", d.h. als „Erdkreis" benannt.

Der „Narve-Sund" ist die Straße von Gibraltar. Narve/Narvi/Barfi ist ein Sohn des Loki. Ursprünglich ist er zusammen mit seinem Bruder Nari eine der vielen späteren Varianten der beide Pferde-Söhne des Tyr („Alcis") gewesen. Sein Name bedeutet „Leiche". (Die beiden Alcis folgen Tyr in die Unterwelt und werden dort zu zwei Zwergen, d.h. zu Totengeistern.)

Möglicherweise wurden die Felsen von Gibraltar und der Berg Dschebel Musa auf der gegenüberliegenden afrikanische Küste als die beiden Alcis aufgefaßt, die evtl. den Eingang zum Jenseits bewachen. Diese beiden Berge links und rechts der nur 14km breiten Meerenge wurden von den Phöniziern als „Säulen des (Sonnengottes) Melkart" und von den Griechen als „Säulen des Herakles" bezeichnet. Da Tyr und Melkart beides Sonnengott-Göttervater waren und Herakles zu dem Typ des jungen, wiedergeborenen Götterkönigs gehört, ist es gut denkbar, daß sich die germanische Bezeichnung „Narve-Sund" auf die beiden Söhne dieses Göttervaters (Melkart, Herakles, Tyr) beziehen.

12. l) Zusammenfassung

Tyr ist im Jenseits ein Riese, während seine beiden Söhne zu schmiedekundigen und teilweise auch zauberkundigen Zwergen werden, deren Namen sich fast immer stabreimen.

Sie stellten ursprünglich das Schwert des Tyr her, was nach 500 n.Chr. zu Herstellung der magischen Gegenstände des Thor, der Sif, des Odin und des Freyr ausgeweitet worden ist.

Weiterhin haben sie auch den Skaldenmet hergestellt.

Nach 500 n.Chr. wurden sie zu den Mördern des Tyr umgedeutet und ihnen wurde auch die magische Verursachng des Todes des Baldur, der die Sonnensymbolik des Tyr übernommen hatte, zur Last gelegt. In einigen Texten wurden sie zu einer Art „geschickter, aber böser Geister".

13. Die beiden Grime

Mit „Grim", also mit „Maskenhelm", wurden sowohl zwei Männer als auch zwei Trinkhörner bezeichnet.

13. a) Die Geschichte über Helgi Thorisson

Diese Saga, die u.a. über Godmund berichtet, wurde um ca. 1300 n.Chr. nieder-geschrieben.

Einst lebte ein Mann mit dem Namen Thorir in Raudberg in Norwegen. Dieser Bauernhof lag nicht weit vom Oslofjord entfernt.
Thorir hatte zwei Söhne. Einer wurde Helgi genannt und der andere Thorstein. Sie waren beide gute Männer, aber Helgi hatte mehr Talent.
Ihr Vater war von seinem Rang her ein Herr. Er war mit König Olaf befreundet.

„König Olaf" ist „Olaf Tryggvason", da dieser auch in den anderen Sagen in Zusammenhang mit Thorstein auftritt. Olaf bemühte sich, in seiner kurzen Lebenszeit von 968-1000 n.Chr. Norwegen zum Christentum zu bekehren. Er war nur 5 Jahre lang (995-1000 n.Chr.) König von Norwegen.

Da geschah es eines Sommers, daß die Brüder zu einer Handelsfahrt in die Finnmark aufbrachen, um den Lappen Butter und Schinken zu verkaufen. Sie hatten eine gute Fahrt und als sich der Sommer seinem Ende entgegen neigte, kehrten sie zurück und kamen eines Tages zu der Landzunge, die als Vimund bekannt ist.

Ihrem Namen nach könnte auf diese Landzunge ein Tempel des Tyr gestanden haben, da er „Heilige Hand" oder „Gottes-Hand" bedeutet.

Dort gab es einen schönen Wald. Sie gingen an Land und fällten einige Ahorn-bäume.
Helgi ging tiefer in den Wald hinein als die anderen. Da fiel ein so dichter Nebel, daß er an diesem Abend das Schiff nicht wiederfinden konnte. Bald brach die Nacht herein.

Die Ankunft auf einer Insel (hier einer Landzunge) ist oft die in Sage übertragene mythologische Motiv der Ankunft auf der Jenseitsinsel. Auch der Nebel könnte auf eine solche Umdeutung hinweisen, da der Nebel eine feste Assoziation mit dem

Jenseits gewesen ist und auch einen der Namen für das Totenreich prägte: „Nebelheim".

Da sah Helgi zwölf Frauen aus dem Wald hervorreiten. Sie waren alle rot gekleidet und saßen auf roten Rossen.

Sie stiegen ab. Das ganze Zaumzeug der Rosse glitzerte von Gold.

Eine von ihnen übertraf alle anderen an Schönheit und sie dienten alle dieser sehr beeindruckenden, prächtigen Frau.

Ihre Pferde begannen zu grasen.

Dann errichteten sie ein Zelt. Es war mit verschiedenfarbigen Streifen gemustert, die mit Gold durchwirkt waren, und die Spitzen der Stangen blitzten golden, als die Stangen aufgerichtet wurden, und auch die Mittelstange selber erhielt, als sie aufrecht stand, obenauf eine Kugel aus Gold.

Als sie fertig waren, stellten sie eine Tafel auf und trugen allerlei köstliche Speisen auf. Dann holten sie Wasser, um ihre Hände zu waschen, und benutzten dabei einen Krug in der Gestalt eines Menschen und eine Schüssel aus Silber, die mit Gold eingelegt waren.

Helgi ging näher an das Zelt heran und blickte hinein.

Die Anführerin sprach: „Helgi, komm herein und iß und trink mit uns."

Das tat er. Helgi sah, daß es dort guten Trank und gutes Essen und schöne Kelche gab.

Dann wurden die Tische weggenommen und die Nachtlager vorbereitet, und diese waren weitaus prächtiger als die Betten anderer Menschen. Die Anführerin frug Helgi, ob er lieber allein oder bei ihr schlafen wolle. Helgi frug sie nach ihrem Namen.

Sie antwortete: „Ich heiße Ingibjörg und bin die Tochter Gudmunds von Glæsisvellir."

Helgi sagte: „Ich will bei Dir schlafen."

Und so hielten sie es insgesamt drei Nächte. Dann kam schönes Wetter, sie standen auf und zogen sich an.

„Gudmund" hat wie „Vimund" die Bedeutung „Gotteshand". Dies wird die Hand des Tyr sein, die er bei seinem Tod am Abend bzw. im Herbst verlor und die ihm in der Unterwelt jedoch wieder nachwuchs. Diese Mythe findet sich auch bei dem keltischen Nuada, der ebenfalls der Göttervater in der Unterwelt ist.

Die Tochter des Tyr-Godmund ist daher die Jenseitsgöttin, d.h. die Wiederzeugungs-Geliebte und die Wiedergeburts-Mutter des Tyr, die hier zu seiner Tochter umgedeutet worden ist.

Helgi („der Heile") ist ein ehemaliger Beiname des Tyr. Hier wird die Wiederzeugung geschildert, die allerdings schon zu einem Saga-Motiv umgedeutet worden ist.

Da sagte Ingibjörg: „Jetzt werden wir uns hier trennen. Hier sind zwei Kisten, die eine voll Silber, die andere voll Gold. Die will ich Dir geben, aber sag keinem Menschen, woher Du sie hast."

Die drei gemeinsamen Nächte sind ein häufiges Motiv in den Sagas. Insbesondere bei den Szenen, die auf die Wiederzeugung im Jenseits zurückgehen wie z.B. Odins Vereinigung mit Gunnlöd in deren Hügelgrab „Hnitbjörg", sind diese „drei Nächte" sehr oft zu finden. Die „3" ist ein „mythologisches Adjektiv" mit der Bedeutung „zum Sonnenzyklus gehörend". Die „3" findet sich z.B. auch bei dem dreieckigen Hrungnir-Herz.

Die beiden Schatztruhen erinnern an den Schatz, den Sigurd von Fafnir erlangt hat. Vermutlich geht dieses Motiv auf die Grabschätze zurück, die sich in den Hügelgräbern befanden – und die gerne von den Wikingern ausgeraubt wurden.

Danach reiten sie den gleichen Weg zurück, den sie gekommen waren und Helgi ging zu seinem Schiff.

Dort wurde er voll Freude empfangen. Seine Leute frugen ihn, wo er gewesen sei, aber er wollte ihnen nichts darüber erzählen.

Dann segeln sie südlich am Land entlang und kamen mit einem großen Vermögen heim zu ihrem Vater.

Helgis Vater und sein Bruder frugen, woher er das ganze Geld bekommen habe, das er in den Kisten hatte, aber darüber wollte er nicht sagen.

Die Zeit verging und es wurde Weihnachten. Eines Nachts zog ein großes Unwetter herauf.

Thorstein sagte zu seinem Bruder: „Wir sollten aufstehen und nachschauen, wie es mit unserem Schiff steht."

Das machen sie und es zeigt sich, daß das Schiff gut festgemacht war. Helgi hatte einen Drachenkopf für den Steven ihres Schiffes machen und oberhalb der Wasserlinie gut ausstatten lassen. Dazu verwendete er das Geld, das Ingibjörg, die Tochter Gudmunds, ihm gegeben hatte, aber einiges davon schloß er im Drachenhals ein.

Plötzlich hörten sie ein großes Krachen. Da ritten zwei Männer zu ihnen und nahmen Helgi mit sich fort. Thorstein wußte nicht, was mit Helgi geschah. Danach ließ das Unwetter schnell wieder nach.

Thorstein kam nach Hause und erzählte seinem Vater von dem Geschehen und der fand, daß das eine wichtige Neuigkeit sei.

Er begab sich sofort zu einem Treffen mit König Olaf, sagte ihm, was geschehen ist und bat ihn herauszufinden, was aus seinem Sohn geworden ist.

Der König sagte, er werde das tun, worum er ihn bitte, aber er sei nicht sicher, ob er Thorirs Verwandtem irgendwie helfen könne.

Dann ging Thorir nach Hause. Die Zeit verging bis Weihnachten im Jahr darauf.

Während dieses Winters hielt sich König Olaf auf Alreksstatt auf.

Am achten Tag der Weihnachtszeit kamen am Abend drei Männer in die Halle und traten vor König Olaf, als dieser gerade an der Tafel saß. Sie grüßten ihn höflich.

Der König erwidert ihren Gruß. Einer von den dreien war Helgi, aber die anderen beiden kannte niemand.

Der König frug sie nach ihrem Namen und beide sagten, sie hießen Grim. „Wir wurden von Gudmund auf Glaesisvellir zu Euch geschickt. Er läßt Euch seine Grüße überbringen und außerdem diese beiden Hörner."

Der König nahm sie an und sie waren mit Gold verziert – das waren prächtige Kostbarkeiten.

König Olaf selber besaß zwei Hörner, die „die Grime" genannt wurden, aber obwohl diese sehr gut waren, waren doch diejenigen besser, die Gudmund ihm geschickt hatte.

Maskenhelm von Sutton Hoo

Zwei Männer, die beide „Grim" heißen und zudem von Tyr-Gudmund gesandt werden und aus „Glaesisvellir", also aus den „Lichtgefilden" kommen, sind sie mit Sicherheit die beiden Alcis-Söhne des Tyr.

Hier werden sie nicht als die Hersteller des Göttermets, aber als die Besitzer der beiden Hörner, in die dieser Met gehört, dargestellt.

Ein „Grim" ist ein Maskenhelm. Dieser Maskenhelm ist eines der Zeichen des ehemaligen Göttervaters Tyr – er erscheint an anderer Stelle als „Goldhelm". Offenbar haben auch Tyrs Alcis-Söhne solche Maskenhelme getragen.

„König Gudmund bittet Euch um Eure Freundschaft. Ihm liegt sehr viel an Eurem Wohlwollen, mehr als an dem aller anderen Könige."

Der König antwortet nicht darauf, aber ließ ihnen Plätze bei seinen Leuten zuweisen.

Der König ließ die Hörner, die ebenfalls Grim genannt wurden, mit gutem Trank füllen und sie vom Bischof segnen und daraufhin den Grimen bringen, damit sie als erste daraus tränken.

Dann sprach der König diese Strophe:

„Die Gäste, jeder Grim, soll ein Horn erhalten,
während sich König Gudmunds Mann ausruh'n kann,
sie sollen von ihren beiden Namensvettern trinken;
so sollen die beiden Grime gutes Bier erhalten.“

Gudmunds Mann = Helgi
Namensvettern der Grime = die beiden Grim-Hörner

Da nahmen die Grime die Hörner und meinten nun zu erkennen, was der Bischof über das Getränk gesprochen hatte.

Da sagten sie: „Jetzt geschieht es nicht viel anders, als wie es Gudmund, unser König, vorausgesehen hat. Dieser König ist betrügerisch und kann Gutes schlecht belohnen, obwohl sich unser König ihm gegenüber ehrenhaft verhalten hat. Laßt uns aufstehen und von hier fortgehen!“

Ein Thema dieser Saga ist offenbar der Gegensatz zwischen dem alten, germanischen Glauben des Königs Gudmund und dem neuen, christlichen Glauben des Königs Olaf.

Das taten sie. Da gibt es einen großen Tumult in dem Raum. Sie schütteten das Getränk aus den Hörnern und löschten damit das Feuer. Dann hörten die Leute ein großes Krachen.

Der König bat Gott um Schutz und gebot seinen Männer, aufzustehen und diesen Tumult zu beenden.

Schließlich gelangten die Grime und Helgi mit ihnen nach draußen. Als dann in der Halle des Königs Licht angezündet wurde, sahen die Leute drinnen, daß drei von ihnen erschlagen worden waren und daß die Grim-Hörner auf dem Fußboden bei den Toten lagen.

„Das ist etwas sehr Seltsames,“ sagte der König, „und es wäre besser, wenn so etwas nur selten geschähe. Ich habe über Gudmund von Gläsisvellir sagen hören, daß er sehr zauberkundig sei und daß es schlecht sei, wenn man mit ihm zu tun hat - und auch, daß es den Leuten schlecht geht, die unter seiner Herrschaft stehen. Wenn wir nur etwas in dieser Sache tun könnten!“

Der König ließ die Hörner der Grime aufbewahren und ließ die Männer daraus trinken – und sie eigneten sich gut dazu.

Die Stelle oberhalb von Alreksstad, wo die Grime nach Osten gegangen waren, heißt jetzt Grimpaß, und seither hat kein Mensch diesen Weg mehr benutzt.

Diese Schilderung des Weges klingt ganz nach einem Helweg. Auch „Grimweg", also „Maskenhelm-Weg" paßt zu diesem zu diesem Jenseitsreiseweg, da der Schädel an dem Fell des Tieres, das für die Toten geopfert wurde, auch als „Maskenhelm" angesehen wurde.

Ein anderer Name für diese Art von Helm war „Schreckenshelm" („ögishjalmr") – wenn man ihn aufsetzte, wurde man zu einem Drachen, d.h. zu einem Totengeist. Dies Motiv ist eine Umdeutung des „Maskenhelmes", d.h. des Schädels des Opfertieres, den man den Toten aufsetzte.

Wenn die Grime über den Grimpass in das Reich des Gudmund gelangen und dieser Pass ein Helweg war, bedeutet dies, daß Gudmund im Jenseits wohnte – er war Tyr als nächtlicher bzw. winterlicher Jenseitskönig. Sein Reich „Glaesisvellir", also „Glanzfeld" wird daher mit Alfheim, Muspelheim und Gimle identisch sein, die das strahlende Sonnen-Jenseits am südlichen Himmel sind. Auch das „Tod-lose Feld" oder „Feld der Unsterblichkeit" wird derselbe Ort wie „Glaesisvellir" sein.

Der Winter verging und als das nächste Mal der achte Tag der Weihnachtszeit gekommen war, waren der König und sein Gefolge gerade in der Kirche und nahmen an der Messe teil.

Da kamen drei Männer zur Kirchentür und ließen einen von ihnen zurück. Die anderen zwei gingen wieder fort und riefen zurück: „Hier bringen wir Dir Grettir, und es ist nicht sicher, wann Du ihn wieder los wirst."

Da erkennen die Leute den Helgi.

Diese Geschichte orientiert sich sehr stark an den Julnächten (Weihnachten), in denen die Tore zum Jenseits offenstanden, weil in dieser längsten Nacht des Jahres die Sonne wiedergeboren wurde, d.h aus dem Jenseits zurückkehrte. In dieser Nacht wurde die Sonne, d.h. Tyr wiedergeboren und kehrte in das Diesseits zurück – wie hier Tyr-Helgi.

Der Name „Grettir" bedeutet wörtlich „Grinsender", womit auch eine Schlange gemeint sein kann. Anscheinend bringen die beiden Männer den Helgi als Toten bzw. aus dem Totenreich zurück – was gut zu der Julnacht paßt.

Da setzte sich der König an die Speisetafel. Als die Leute mit Helgi redeten, bemerkten sie, daß er blind war.

Da frug der König, wie er in diesen Zustand gekommen sei und wo er die ganze Zeit lang gewesen ist.

Er erzählte dem König zuerst davon, wie er die Frauen im Wald traf, dann davon, wie die Grime das Unwetter verursachten, als er mit seinem Bruder das Schiff sichern wollte, und schließlich wie die Grime ihn mit sich zu Gudmund nach Gläsisvellir nahmen und ihn zu Ingibjörg, der Tochter Gudmunds, brachten.

Die Blindheit ist ein Motiv, das häufig mit dem Jenseits assoziiert wird. So sieht z.B. Odin mit seinem heilen Auge das Diesseits und mit seinem blinden Auge das Jenseits (siehe auch das Kapitel „Blindheit" in Band 63).

Da sagte der König: „Wie fandest Du es, dort zu sein?"
„Sehr gut," sagte er, „und nirgends hat es mir je besser gefallen."
Dann frug der König nach den Gebräuchen Gudmunds, ob er viele Männer bei sich habe und mit was er sich beschäftige.
Aber Helgi äußerte sich darüber in jeder Hinsicht gut und sagte, daß Gudmund viel mehr Männer habe, als er habe zählen können.
Der König sagte: „Warum seid ihr letzten Winter so plötzlich fortgegangen?"
„König Gudmund schickte sie, um Euch zu betrügen", sagt er, „aber wegen Euren Gebeten ließ er mich frei, so daß Ihr erfahren konntet, was aus mir geworden war. Aber letztes Mal verschwanden wir deswegen so schnell, weil die Grime nicht in der Lage waren, das Getränk zu trinken, das Ihr segnen ließet. Sie wurden zornig, weil sie sich überwunden sahen. Und sie erschlugen Eure Männer, weil König Gudmund ihnen das aufgetragen hatte, falls sie es nicht schafften, Euch Schaden zuzufügen. Aber er erwies Euch seine Ehrerbietung dadurch, daß er Euch die Hörner schickte, damit Ihr weniger nach mir suchen würdet."
Der König frug: „Wie kamst Du dann zum zweiten Mal von dort fort?"
Er antwortete: „Das hat Ingibjörg bewirkt. Sie meinte, nicht mit mir schlafen zu können, ohne Qualen zu erleiden, wenn sie mit mir nackt in Berührung käme – ich bin hauptsächlich aus diesem Grunde von dort fortgegangen. Als König Gudmund wußte, daß Ihr mich von dort zurückholen wolltet, wollte er auch nicht wegen mir mit Euch in einen Streit geraten. Aber über die Ehre und Großzügigkeit König Gudmunds und über die zahlreichen Männer, die bei ihm sind, kann ich nicht mit wenigen Worten erzählen."

Die Qual bei der Berührung der nackten Haut ist ein seltsames Motiv. Es hat die Wirkung, daß Helgi sich nicht mehr mit Ingibjörg vereinen kann und ins Diesseits zurückkehren muß. Als Tochter des Jenseitskönigs Gudmund sollte sie eine Walküre und letztlich die zur Tochter des Göttervaters umgedeutete Göttin sein, zu deren wichtigsten Funktionen die Wiedergeburt der Toten gehörte – der die Wiederzeugung mit dem Toten voranging: die drei Nächte, die die beiden zusammen verbracht haben.

Der Name „Ingibjörg" bedeutet „Schutz des Gottes Yngvi" oder „Burg des Gottes Yngvi" – im ersten Fall wäre damit die Wiedergeburtsgöttin und im zweiten Fall das

Hügelgrab gemeint. Der Name der Ingibjörg würde also gut zu der Deutung dieser Königstochter passen. „Ingibjörg" kommt in mehreren Sagas vor, wobei sie jedesmal als eine Saga-Variante der Jenseitsgöttin erkennbar ist.

Der König frug: „Warum bist Du blind?"

Er antwortete: „Die Königstochter Ingibjörg riß mir beide Augen aus, als wir uns trennten, und sagte, daß die Frauen in Norwegen wenig Freude an mir haben würden."

Der König sagte: „Gudmund würde zu Recht für die Totschläge, die er verübt hat, von mir Schaden zugefügt werden, wenn Gott das zuließe."

Man kann sich fragen, warum Gott nicht zuließ, daß König Olaf dem König Gudmund „Schaden zufügte" ...

Dann wurde nach Thorir, Helgis Vater, geschickt, und er dankte dem König sehr dafür, daß sein Sohn aus den Händen der Trolle entkommen war. Er ging dann wieder nach Hause und Helgi bleibt bei dem König und lebte noch, bis sich das Geschehen zum zweiten Mal gejährt hatte.

Die Bezeichnung des Königs Gudmund und seiner Männer als „Trolle" bestätigt noch einmal, daß sich diese Männer im Jenseits befanden.

Der König hatte die Hörner der Grime bei sich, als er zum letzten Mal das Land verließ. Und die Leute erzählen, daß, als König Olaf von der Langen Schlange verschwand, auch die Hörner verschwunden seien und kein Mensch sie seither gesehen habe.

Und hier endet das, was von den Grimen zu erzählen ist.

„Lange Schlange" ist der Name des Drachenschiffes des Königs Olaf.

Das gleichzeitige Verschwinden des Königs Olaf und der beiden Grim-Hörner zeigt noch einmal, wie eng diese beiden Hörner mit der Jenseitsreise assoziiert worden sind.

13. b) Die Saga über Thorstein Haus-Macht

In dieser Saga treten drei Hörner auf: ein großes „Grim" und zwei kleinere „Hvitings", also ein großer „Maskenhelm" und zwei kleine „Weiße" – was ganz dem ehemaligen Göttervater Tyr mit seinem Maskenhelm und seinen beiden Söhne, die auch die Gestalt von Schimmeln (weiß!) annehmen konnten, entspricht.

Diese drei Trinkhörner erscheinen in den späteren Erzählungen dann als die drei Metgefäße Odhrörir, Son und Bodn, in denen Gunnlöd in ihrem Hügelgrab den Met aufbewahrte, den sie Odin zu trinken gab.

Diese Hörner gehören König Geirröd, der Tyr als Riese im Jenseits ist.

Dann begannen sie zu trinken. Zwei Hörner wurden in die Halle gebracht, die Jarl Agdi gehörten und sehr wertvoll waren und „Hvitungr" hießen. Sie waren zwei Yard lang und mit Gold eingelegt.

Ein Yard ist 91cm lang. Das Horn war demnach ca. 1,82m lang. Bei dieser Länge sollte man mit einem Umfang an der Öffnung von mindestens 20cm rechnen dürfen. Das Horn hätte demnach mindestens 19 Liter Bier gefaßt (10cm·10cm·3,14·1,82m:3) – eher noch mehr, weil bei dieser Berechnung der niedrigste Horndurchmesser zugrundegelegt wurde. Zusammen faßten die beiden Hörner also mindestens 38 Liter Bier.

Diese beiden Hörner entsprechen den beiden Goldhörnern von Gallehus.

Der König stellte seine Hörner auf die beiden Seiten der Bank, „und jeder muß das Horn in einem Zug leeren und jeder, der dies nicht vermag, muß dem Kelch-Träger eine Unze Silber geben."

Niemand konnte das Horn leeren, aber Thorsteinn achtete darauf, daß die Männer des Godmund keine Strafe bekamen.

Diese Stelle ist nicht besonders deutlich ausformuliert worden. Anscheinend trank Thorsteinn jeweils zusammen mit Gudmunds Männern, sodaß sie gemeinsam jeweils den Rest aus dem Horn tranken, bis es leer war.

Dieses Wetttrinken findet sich auch in der Mythe über Thors Besuch bei Utgardloki, der wieder Tyr in der Unterwelt ist.

Die Männer tranken fröhlich während des restlichen Tages und gingen am Abend schlafen.

Godmund dankte Thorsteinn für seine hilfreiche Unterstützung.

Thorsteinn frug, wann das Fest zu Ende sein würde.

„Meine Männer müssen am Morgen losreiten," sagte Godmund, „und ich weiß, daß der König immer alles für sich haben will. Morgen werden alle Schätze gezeigt. Der König wird sein großes Trinkhorn hereinbringen lassen. Es wird 'Grim das Gute' genannt und ist ein großer Schatz. Es ist voller Magie und mit Gold eingelegt. An seiner Spitze ist der Kopf eines Mannes mit einem Mund aus Fleisch, der zu den Menschen spricht und ihnen die Dinge verkündet, die kommen werden und der ihnen

Schwierigkeiten vorhersagt."

Der Kopf an der Spitze des Hornes könnte die „Maske" („grim") sein, nach der das Horn benannt worden ist. Die Magie in diesem Horn und seine Fähigkeit, die Zukunft vorherzusagen, bestätigen seine Deutung als „magisches" Ritualhorn.

„Es wird unser Tod sein, wenn der König erfährt, daß ein Christ bei uns ist. Wir dürfen ihm gegenüber nicht geizig sein."

Der „Geiz" bezieht sich evtl. auf die Größe der Abschiedsgeschenke.

Thorsteinn sagte, daß Grim nicht mehr sagen werde als König Olaf wissen wolle, „aber ich habe beschlossen, daß Geirröd dem Tode bestimmt ist. Es ist ratsam, daß ihr von nun an meinen Anweisungen folgt. Ich werde mich am Morgen allen zeigen."
Sie sagten, daß dies gefährlich sei.
Thorsteinn sagte, daß Geirröd wolle, daß sie sterben, „und was gibt es, was ihr mir sonst noch mehr über Grim erzählen könnt?"
Es wird darüber erzählt, daß ein normalgroßer Mann in seinem Bogen stehen kann und daß es an seiner Öffnung einen Yard breit ist und daß der größte Trinker von ihnen zu Beginn trinkt, aber daß nur der König es leeren kann. Jeder Mann muß dem Grim irgendeinen Schatz geben und die größte Ehre ist es für jederman, dieses Horn in einem Zug zu leeren. Ich weiß, daß von mir erwartet wird, als erster daraus zu trinken, aber es gibt keinen Menschen, der es in einem Zug leeren könnte."

Dieses ca. 2 Yard lange und an der Öffnung einen Yard weite Horn ist noch riesiger als die beiden vorigen Hörner und faßt ca. 385Liter Bier (45cm·45cm·3,14·1,82m:3). Das gefüllte Horn wiegt somit ca. 8 Zentner – ein wirklich sagenhaftes Trinkhorn!
Die vollständige Geschichte findet sich in „Die Saga über Thorstein Haus-Macht" in Band 79.

13. c)   Die Saga über Thorstein Haus-Macht

Die Ritual-Hörner treten manchmal paarweise auf – dann gehören sie symbolisch den beiden Söhnen des Tyr („Alcis"), die auch in der Gestalt von zwei Schimmeln auftreten können, die den Streitwagen ihres Vaters ziehen. Nach diesen beiden Schimmel sind diese beiden Trinkhörner als „Hviting", d.h. als „Weiße" benannt worden.

Die Hvitings wurden benutzt, wenn zu Trinksprüchen getrunken wurde – dabei teilten sich zwei Männer ein Horn.

Der Erinnerungs-Kelch, den Godmund dem König gesandt hatte, war so groß, daß niemand außer Thorstein Haus-Macht aus ihm trinken konnte.

13. d) Die beiden Goldhörner von Gallehus

Die Ritual-Trinkhörner scheinen meistens paarweise aufzutreten. Auch die Goldhörner von Gallehus sind ein Paar. Da auch die Bilder auf beiden Hörnern eine Jenseitsreise erzählen (siehe „Goldhörner von Gallehus" in Band 57), scheinen sie nicht für zwei verschiedene Funktionen spezialisiert gewesen zu sein, sondern wurden paarweise benutzt.

Sie werden die beiden Alcis-Trinkhörner darstellen.

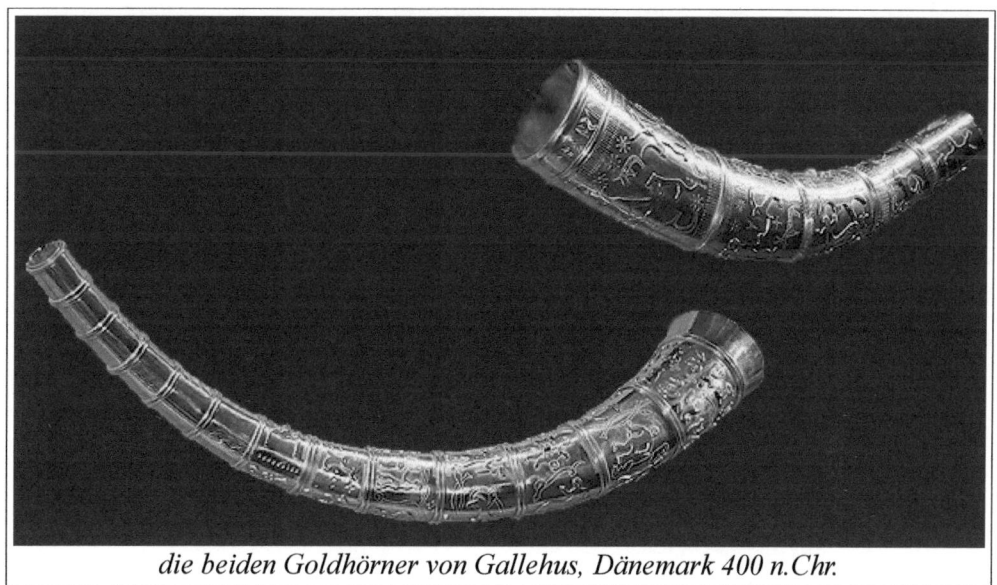

die beiden Goldhörner von Gallehus, Dänemark 400 n.Chr.

145

13. e) Zusammenfassung

Die beiden Söhne und Boten des Königs Tyr-Godmund hießen „Grim", d.h. „Maskenhelm". Sowohl Tyr als auch die beiden Alcis besaßen je ein Trinkhorn, aus dem der Göttermet getrunken wurde.

Das Horn des Tyr hieß „Grimr", die beiden Hörner der Alcis hießen entweder „Grim" oder „Hviting", d.h. „Weiße" (da die beiden Alcis als Rosse zwei Schimmel waren).

In den späteren Texten trägt auch Odin den Namen „Grimnir", den er von Tyr übernommen hat.

14. Die Namen der beiden Alcis

Es gibt 20 Zwergenpaare, die allesamt sich reimende Namen haben sowie einige weitere namenlose Zwergenpaare in den Sagas, die hier nicht aufgelistet sind:

	Zwergenpaare		
als Paar bezeichnet	*in einer Liste*		
	durch ein „und" verbunden	*nebeneinander-stehend*	*beide stehen einzeln*
Dain und Thrain	Finnar und Ginnar	Bifur, Bafur	Anarr Hannar
Fialar und Galar	Witr und Litr	Fili, Kili	Nar Frar
Dwalin und Dulin	Nyi und Nidi	Skirwir, Wirwir	Hornbori Haugspori
Dwalin und Durin	Nar und Nain	Gandalf, Windalf	Aurwang Hläwang
	Nar und Nyrad		Nori Ori
			Dori Ori
			Oin Gloin

Bei vielen dieser Zwerge finden sich weitere Hinweise darauf, daß sie die beiden Pferde-Söhne des Göttervaters im Jenseits sind:

- „Regin" („Herrscher") – er ist der Schmied-Zwerg, der für Sigurd das zerbrochene Schwert von dessen Vater neuschmiedet, er ist einer von drei Brüdern und der Repräsentant der Bauern und Handwerker; sein Name läßt vermuten, daß einst der Göttervater selber „Regin" genannt wurde;
- „Thrain" („Kampf") – er ist magiekundig und kann die Zukunft vorhersehen; er wurde auch als der Göttervater im Jenseits selber angesehen;
- „Skirwir" („reiner Mann" = „Priester") – er gehörte zum engeren Gefolge des Tyr;
- „Wirwir" („männlicher Mann") – er gehörte zum engeren Gefolge des Tyr;
- „Dwalin" („Schläfer" = „Toter") – er schmiedete mit Dulin das Schwert „Tyr-Finger" für den König „Sigrlami" (Tyr), Runen-Lehrer der Zwerge, er braut den Ritual-Met, er ist einer der beiden Zwergen-Urahnen, er ist ein Hengst und ein Hirsch, er erschuf mit drei anderen Zwergen Freyas Brisingamen, die Nornen wurden teilweise als zu „Dwalins Sippe gehörig" angesehen;
- „Fialar" („der im Hügelgrab") – braute den Skaldenmet; „Fialar" war auch

ein Name des Göttervaters und ein Name des roten Hahnes auf dem Weltenbaum (ein Alternativ-Motiv zu dem Adler-Seelenvogel des Tyr);

- „Galar" („der am Jenseitsfluß") – braute den Skaldenmet;
- „Dain" („Toter") – erscheint als Hirsch, kann die Zukunft vorhersagen;
„Dain" ist auch ein Name des Göttervaters Tyr;
- „Nabbi" („gesunde Gesichtsfarbe") – „Nabbi" ist vermutlich eine Um-
schreibung für „Lebenskraft", er schuf zusammen mit Dain den Eber der
Freya;
„Sindri" („Asche") – schmiedet zusammen mit Brokk die sechs magischen
Gegenstände der Gottheiten Thor, Sif, Odin und Freyr;
- „Brokk" („Metallbrocken") – schmiedet zusammen mit Sindri die sechs
magischen Gegenstände der Gottheiten Thor, Sif, Odin und Freyr;
- zwei namenlose Zwerge – sie schmieden das zerbrochene Tyr-Schwert
neu;
- „Dulin" („Verborgener") – er schmiedet zusammen mit Dwalin das
Schwert „Tyr-Finger";

Die Zwergennamen „Regin", „Thrain", „Dwalin", „Fialar", „Dain" und „Diurnir"
sind wahrscheinlich ursprünglich Namen des Göttervaters selber gewesen.

Insgesamt gehören 37 Zwerge zu den Pferdezwillinge – dies sind 20 Paare. Einige
Zwerge treten in mehreren Paaren auf. (Siehe dazu auch den Band 7 über den
Zwergenkönig und den Band 32 über die Zwerge.)

Vermutlich sind die vier Zwerge Austri, Sudri, Westri und Nordi, die die Himmels-
kuppel, d.h. den Schädel des Urriesen Ymir tragen, durch eine Verdoppelung dieses
Zwergenpaares entstanden, denn ihr Vater ist ein Riese (vermutlich Tyr) und ihre
Mutter sehr wahrscheinlich Freya-Gefjun (siehe Himmelsträger-Zwerge" in Band 32).

Zu diesen Zwergen-Paaren gehören weiterhin noch einige Pferde-Paare, Schmiede-
Paare u.ä., von denen die namentlich bekannten in der folgen Liste aufgeführt sind:

Die Namen der Alcis				
Textquelle	**Name des 1. Bruders**	**Bedeutung des Namens**	**Name des 2. Bruders**	**Bedeutung des Namens**
Tacitus	Alcis	Elch, Hirsch	Alcis	Elch, Hirsch
Gylfis Vision	Arwak	Frühauf	Alswid	Algeschwind
Skaldskaparmal	Gulltop	Goldmähne		
Gylfis Vision			Gullfaxi	Goldmähne
Gylfis Vision	Svadilfair	Schwieriger Weg		

Gylfis Vision	Sleipnir („Doppelpferd")	Dahingleitender	Sleipnir („Doppelpferd")	Dahingleitender
Fibel von Nordendorf	Elk	Elch, Hirsch		
Brakteat von Skrydstrup		Hirsch		
Sonnenlied		Sonnenhirsch		
Langobarden	Ibur	Gleicher (= Zwilling?)	Aio	?
Langobarden	Aggi	Schlange	Ebbi	Gleicher (= Zwilling?)
Wandalen	Raos	Fließender (?)	Raptos	Räuber
Angelsachsen	Hengist	Hengst	Horsa	Pferd (horse)
Chronik der Angelsachsen	Aethelred	Edel-Heer (?)	Aethelberht	Edel-Licht
Atli-Saga	Erp	dunkelbraun	Eitil	Knolle
Hervarar-Saga	Dwalin	Schläfer	Durin	Höhle
Asmund-Saga	Olius	der die letzte Ölung erhält	Alius	der sich wiederzeugt
Skaldskaparmal	Brokk	Metallbrocken, Schmied	Sindri	Funken
Skaldskaparmal	Iwaldis Söhne	Allherrschers Söhne	Iwaldis Söhne	Allherrschers Söhne
Skaldskaparmal	Fialar	Fallender	Galar	Schreier
Bruchstück einer Königssaga	Alfarin	Alf-Adler	Alfar	Alf-Adler
Hymir-Lied	Hymirs Söhne	Söhne des Tyr-Riesen	Hymirs Söhne	Söhne des Tyr-Riesen

In diesen Texten kommen auch verschiedene Namen für die beiden Pferde-Söhne des Göttervaters Tyr vor. Die meisten von ihnen beschreiben ihren Charakter.

Aus diesen Namen ergeben sich folgende Merkmale der beiden Alcis, die recht grundlegend sein müssen, da sie die Namen der beiden Brüder geprägt haben:

149

- Sie sind Hirsche oder Hengste.
- Sie wurden mit dem Sonnenaufgang assoziiert („Arwakr" = „Frühauf").
- Sie waren schnell („Alswid" = „Allgeschwind").
- Sie haben eine goldene Mähne.
- Sie können durch die Luft laufen („Sleipnir" = Dahingleitender").
- Sie sind mit der Sonne assoziiert („Sonnenhirsch").
- Sie sind mit dem Licht assoziiert („Aethelberth" = „Edel-Licht").
- Sie sind Gleiche, d.h. Zwillinge („Ibur", „Ebbi").
- Sie sind Schlangen („Aggi"), d.h. Totengeister auf dem Weg in die Unterwelt.
- Sie sind wie der Tyr-Adler Seelenvögel (Adler oder Hähne).
- Sie sind „Schläfer" („Dwalin") in einer „Höhle" („Durin"), d.h. Tote in einem Hügelgrab.
- Sie sterben („Olius") und zeugen sich wieder („Alius").
- Sie sind Schmiede („Brokk" = „Schmied"; „Sindri" = „Funken").
- Sie sind die Söhne des Iwaldi (Tyr).

Aus diesen Namen ergibt sich, daß die Alcis Brüder oder Zwillinge in der Gestalt von Menschen, Hengsten, Hirschen oder Seelenvögeln sind. Sie gehören zur Sonne, zum Sonnenuntergang und zum Sonnenaufgang. Schließlich sind sie auch noch Schmiede.

Das dominante Motiv in diesen Namen ist der Lauf der Sonne – die Alcis ziehen als zwei goldmähnige Hengste den Streitwagen ihres Vaters, der der Sonnengott-Götterkönig Tyr ist.

In dieser großen Vielfalt an Namen finden sich einige, die einen archaischen Eindruck machen, da sie sich zum einen besonders gut reimen und zum anderen ihre Träger besonders eng mit einer alten Tyr-Mythen verbunden sind.

Zu diesen Namen gehören:

Dwalin und Dulin
Fialar und Galar
Olius und Alius
Arwakr und Alswidr

Zu diesen Namen könnte man noch „Grim und Grim" sowie „Alcis" hinzufügen.

Es ist allerdings unklar, ob sich unter diesen Namen das Namenspaar befindet, mit dem die Germanen die beiden Alcis in der Zeit vor 500 n.Chr. bezeichnet haben.

15.   Die Söhne des Göttervaters

Einige der Alcis werden direkt als Söhne des Göttervaters bezeichnet wie Sindri und Brokk, die die Söhne des Tyr-Iwaldi sind.

Bei anderen ist dieser Zusammenhang zu einem gegenseitigen Mord umgedeutet worden: Im Wieland-Lied tötet Tyr-Wieland die beiden Söhne des Loki-Nidud; und in der Völsungen-Saga töten Hamdir und Sörli den König Tyr-Jörmunrek.

16. Die Sippe der Alcis

In dem Edda-Lied „Odins Rabenzauber" wird Idun als *das jüngste der älteren Kinder des Iwaldi"* bezeichnet. Iwaldi hat demnach mindestens zwei Gruppen von Kindern, wobei sich diese Gruppen eigentlich nur dadurch unterscheiden können, daß sie von verschiedenen Müttern stammen. Idun hat folglich Geschwister und Halbgeschwister.

Der Name oder genauer gesagt, der Titel „Iwaldi" erscheint auch in der Prosa-Edda, in der berichtet wird, daß die beiden Zwerge Brock und Sindri, die für die Asen Sifs Goldenes Haar und Thors Hammer Mjöllnir, Odins Speer Gungnir und seinen Ring Draupnir sowie Freyrs Schiff Skidbladnir und seinen goldenen Eber Gullinborsti gefertigt haben, die „Söhne Iwaldis" sind.

Iwaldi hat demnach zumindestens drei Kinder: Idun, Sindri und Brock. Idun ist das jüngste Kind der älteren Kinder des Iwaldi, also das jüngste Kind der ersten Frau des Iwaldi.

Wie in der Idun-Mythe erscheint auch in der Mythe über Brock und Sindri der Ase Loki als der Unheilstifter.

Der Titel „Iwaldi", der auch als „Alwaldi" oder „Ölwaldi" erscheint, bedeutet „Allherrscher" und ist wie „Alberich" („Alfenkönig") oder „Heidrek" („Lichtkönig") ein Titel des ehemaligen Sonnengott-Göttervaters Tyr.

„Ölwaldi" erscheint auch als Name des Vaters des Riesen Thiazi. Ölwaldi ist daher der alte, am Abend sterbende Sonnengott-Göttervater und Tyr der in der Nacht wiedergezeugte und am Morgen wiedergeborene Sonnengott-Göttervater.

Man kann sich nun einmal die Familie des Tyr in den verschiedenen Mythen anschauen, in denen er in der Unterwelt als Riesenkönig, Alfenkönig, Zwergenkönig und noch später dann als Sagenkönig erscheint.

Um bei dem Rekonstruktionsversuch der Sippe dieses „Königs" keine zu unübersichtliche Darstellung zu produzieren, ist es sinnvoll, zunächst einmal nur die wichtigsten der aus den verschiedenen Mythen dieses „Königs" (Tyr) bekannten Familienmitglieder miteinander in Bezug zu setzen.

Diese Familien bestehen aus folgenden Personen:

> 1. Farbauti (Tyr-Riese):
> > erste Frau: Greipr (Riesin)
> > > a) Sohn mit der Riesin Greip: Tyr-Thiazi (Riese)
> > > b) Sohn mit der Riesin Greip: Idi (Riese)
> > > c) Sohn mit der Riesin Greip: Gangr (Riese)
> > zweite Frau: Laufey (Riesin)
> > > a) Sohn mit der Riesin Laufey: Loki (Ase)

b) Sohn mit der Riesin Laufey: Helblindi (Ase)
c) Sohn mit der Riesin Laufey: Byleistr (Ase)

2. Thiazi (Tyr-Riese):
      a) Tochter: Skadi

3. Fornjotr (Tyr-Riese):
      a) Sohn: Ägir (Riese, Meer)
      b) Sohn: Kari (Riese, Wind)
      c) Sohn: Logi (Riese, Feuer)

4. Ägir (Tyr-Riese):
      a) Frau: Ran (Riesin, Meer)
      b) Bruder: Kari (Riese, Wind)
      c) Bruder: Logi (Riese, Feuer)

5. Geirröd (Tyr-Riese):
      a) Tochter: Greip (Riesin)
      b) Tochter: Gjalp (Riesin)

6. Hymir (Tyr als Riese in der Unterwelt):
      a) Sohn: Tyr (Asenkönig)

7. Iwaldi (Ase, Albe oder Riese):
      a) Tochter: Idun (Alfe)

8. Iwaldi (Ase, Albe oder Riese):
      a) Sohn: Sindri (Zwerg)
      b) Sohn: Brock (Zwerg)

9. Hreidmar (Zwerg):
      a) Sohn: Fafnir (Zwerg, Drache)
      b) Sohn: Otr (Zwerg, Otter)
      c) Sohn: Regin (Zwerg, Schmied)

10. Finnenkönig (ist gleichbedeutend mit „Zwergenkönig")
      a) Sohn: Wieland (Albenkönig)
      b) Sohn: Egil (Albe)
      c) Sohn: Slagfid (Albe)

11. Alberich (Albenkönig/Zwergenkönig)

Diese Verwandtschafts-Strukturen kann man der Übersichtlichkeit halber in einer Tabelle zusammenfassen:

„Iwaldi"	Frau	1. Sohn	2. Sohn	3. Sohn	1. Tochter	2. Tochter
Die Familienstruktur des Iwaldi						
Farbauti	Greip	Thiazi	Idi	Gangr		
	Laufey	Helblindi	Byleistr	Loki		
Thiazi						Skadi
Fornjotr		Kari	Ägir	Logi		
Geirröd					Greip	Gjalp
Hymir		Tyr				
Iwaldi		Sindri	Brock			
						Idun
Hreidmar		Fafnir	Otr	Regin		
Finnen-König		Wieland	Egil	Slagfid		
Alberich						

Die Konstruktion ist recht deutlich: Es gibt den Vater und seine drei Söhne und eine Tochter. Bei Iwaldi sind es abweichend zwei Söhne und eine Tochter.

Die drei Brüder finden sich in den germanischen Mythen an sehr vielen Stellen und sind offenbar ein altes Motiv, das sich auch bei anderen indogermanischen Völkern findet wie z.B. bei dem griechischen Kronos und seinen drei Söhnen Zeus, Poseidon und Hades.

Von diesen drei Brüdern ist einer stets der Göttervater. Sie stellen in den meisten Fällen auch die drei Stände dar. Der Göttervater ist der Vertreter des Standes der Fürsten und Krieger.

In der folgenden Tabelle sind auch noch einige weitere Dreiergruppen von Asen von Asen eingefügt worden, die nicht unbedingt Brüder sind. Die unsicheren Zuordnungen sind mit einem Fragezeichen versehen.

Die drei Asen			
Status	*Fürsten/Krieger*	*Priester/Heiler*	*Bauern/Handwerker*
Personifizierungen	<u>Jarl</u>	Karl	Thräl
Brüder	<u>Thiazi</u> (= „Teiwaz" / „Tyr")	Gangr („der Gehende")	Idi („der schwer arbeitende")
Brüder?	Odin (Göttervater)	We (= „Priester")	Wili (= „Wille")
Asen	Odin (Göttervater)	Hönir hat (Priesterfunktionen)	Loki
Brüder	Helblindi (= der „Hel-Blinde")	Byleistr	Loki
Odin	Odin als Krieger	Odin als Heiler	Odin als Schmied
Brüder	Egil der Bogenschütze	Slagfid	Wieland der Schmied
Brüder	Regin (= „König")	Fafnir?	Otr?
Brüder	Ägir	Kari	Logi

Es ist eine spezielle Dynamik zu berücksichtigen, die sich aus dem Wiederzeugungs-Motiv ergibt: Dadurch, daß sich der Tote zusammen mit der Jenseitsgöttin selber wiederzeugt, ist der wiedergeborene Tote sein eigener Sohn. Seine Geliebte bei der Wiederzeugung, also die Jenseitsgöttin, wird somit nach seiner Wiedergeburt zu seiner Mutter. Da sie jedoch auch seine Geliebte bleibt, wird sie aus der Sicht des Toten vor der Wiedergeburt auch zu der Geliebten seines Sohnes. Von dort aus ist es dann kein großer Schritt mehr, die Jenseitsgöttin auch als die Tochter des Toten aufzufassen – insbesondere wenn der betrachtete Tote auch noch der Göttervater ist, der natürlich die Tendenz hat, sich alle anderen Gottheiten unterzuordnen.

Diese Entwicklung findet sich auch bei den Griechen, bei denen die Unterweltgöttin Persephone zu der Tochter des Zeus geworden ist. So wie Odin in Schlangengestalt in den Berg zu Gunnlöd kriecht und sich dort mit ihr vereint, so verwandelt sich auch Zeus in eine Schlange auf seinem Weg in die Unterwelt, in der er sich dann mit Persephone vereint.

Man wird daher davon ausgehen können, daß dies ein altes indogermanisches Motiv ist.

Das Zurückholen des Göttermets sowie der Idun und ihrer Äpfel, und ebenso das Holen des Braukessels aus dem Jenseits könnte auch durch ein anderes zentrales

155

Thema in den indogermanischen Mythen angeregt worden sein: Der Regen wurde während der sommerlichen Dürre in der Wasserunterwelt von der Riesenschlange (Jörmungandr) in der Unterwelt gefangengehalten und ihr erst im Herbst wieder von dem Regen- und Donnergott (Thor) wieder abgenommen.

Diese Anregung ist auch deshalb recht wahrscheinlich, weil der Göttervater teilweise mit dem Donnergott gleichgesetzt wurde und auf diese Weise z.B. seine Blitze erhielt.

Diesen Betrachtungen zufolge sollte Idun ursprünglich die Muttergöttin im Jenseits gewesen sein, die durch die Wiederzeugungs- und Wiedergeburtssymbolik sowie durch das Vormachtstreben des Göttervaters zu dessen Tochter wurde.

Die verschiedenen Aspekte der Muttergöttin im Jenseits zerfielen zunehmend und wurden zu eigenständigen Göttinnen:

Die Aspekte der Muttergöttin			
Ursprung	*Aspekt*	*Bild*	*germanische Göttin*
Muttergöttin	Wiederzeugung	Geliebte	Freya
	Wiedergeburt	Mutter	Frigg
	Wiederstillen	Mutter	Idun
		Milch	Met, Äpfel, Nüsse
	Tod	Greisin	Hel

Der Göttervater war im Jenseits ein Schmied, da er sein am Abend bei seinem Tod zerbrochenes Schwert im Jenseits neuschmiedete. Daraus ist bei dem westlichen Teil der Indogermanen, bei denen der Göttervater zu einem Schwertgott geworden war, der Göttervater als Schmied in der Unterwelt entstanden: bei den Germanen Wieland, bei den Griechen Hephaistos, bei den Römern Vulcanus, bei den Narten/Skythen Kurdalagon usw.

Der indogermanische Sonnengott-Göttervater fuhr in einem von zwei Pferden gezogenen Streitwagen über den Himmel. Diese beiden Pferde wurden auch als seine Söhne angesehen. Sie finden sich bei den Germanen als die beiden Rosse Arwakr und Alswidr vor dem Sonnenwagen, die bei der der „Szepter-Übergabe" von Tyr zu Odin miteinander zu dessen achtbeinigem „Doppelpferd" Sleipnir verschmolzen.

Diese beiden Söhne starben des Abends genauso wie der Göttervater und wurden dadurch auch zu Alben bzw. Zwergen, also zu Totengeistern. Sie übernahmen nach einer Weile die Schmiedearbeiten, die vorher Tyr selber ausgeführt hatte. Dadurch wurden sie zu den beiden Zwergen-Schmieden, die das Schwert des Göttervaters herstellten. Dieses Motiv kommt in mehreren Isländer-Sagas vor, was zeigt, wie wichtig dieses Bild einmal gewesen muß. Eins der von ihnen hergestellten Schwerter trug sogar noch den Namen „Tyrfing", d.h. „Tyr-Finger".

Dies wird der Ursprung der beiden Söhne des Iwaldi, der Zwerge Sindri und Brock, sein.

Sowohl Wieland (Tyr) als auch die beiden Zwerge (Alcis) fertigten verschiedene magische Gegenstände an: Wieland das Beste aller Schwerter und ein Vogelkleid, mit dem er fliegen konnte, und die beiden Zwerge die wichtigsten magischen Gegenstände der Asen: Odins Speer Gungnir und seinen Ring Draupnir, Freyrs Schiff Skidbladnir und sein goldener Eber Gullinborsti, sowie Thors Hammer Mjöllnir und die goldenen Haare seiner Frau Sif.

Der Auslöser für diese Arbeiten der beiden Zwerge war das goldene Haar der Sif, das das Getreide verkörperte, das Loki aus der Unterwelt zurückholen mußte. Auch in dieser Mythe ist wieder Loki der Urheber des Dramas, da er der Sif ihre Haare abschnitt. Diese Mythe hat einen sehr deutlichen zyklischen Charakter: Sie spielt sich zwischen Diesseits/Sommer und Jenseits/Winter ab.

Die beiden Pferdezwillinge, die den Streitwagen des Tyr zogen, sind in der Wieland-Mythe bereits zu einem Rache-Motiv umgedeutet worden: Sie sind die beiden Söhne des Königs Nidud, die Wieland tötet.

In der Thidrek-Sage wird berichtet, daß Wielands Vater der Riese Vati gewesen ist und seine Mutter eine Meerfrau. Möglicherweise ist „Vati" ein Verkürzung aus „Valdi". Die Meerfrau wäre dann die Muttergöttin in der Wasserunterwelt.

Es findet sich noch eine kleinere Parallele zwischen der Wieland-Mythe und der Idun-Mythe: Wieland lebt mit seinen Brüdern im Wolfstal und Idun sinkt vom Weltenbaum herab in ein Tal und wird dort in eine Wolfsfell gehüllt. Das „Wolfstal" ist recht sicher ein Bild für das Jenseits.

Tyr verwandelte sich am Abend in eine Schlange, da die Schlange schon seit der frühen Jungsteinzeit als die Gestalt derer, die in das Jenseits unter der Erde reisten, angesehen wurde. Auch die beiden Pferde-Zwillinge, die von den Germanen „Alcis" und von den Griechen „Dioskuren" genannt wurden, starben am Abend und nahmen daher auch die Gestalt von Schlangen an: die beiden Schlangen Moin und Goin.

Odin hat auch den Titel „Iwaldi" („All-Herrscher") des Tyr in nur wenig veränderter Form übernommen: „Allvater".

In der Völsungen-Saga ist Odin der ständige Unterstützer der Helden aus dieser Sippe, deren berühmtester Sohn Siegfried war. Man kann daher vermuten, daß auch der Zwergenkönig Hreidmar und ebenso Alberich („Albenkönig"), der Siegfried die Tarnkappe gab, weiterentwickelte und zu Zwergen „abgesunkene" Gestalten des Tyr

157

sind. Die Tarnkappe ist eigentlich ein „Unsichtbarkeits-Mantel", der ein Symbol für die Unsichtbarkeit der Seele ist (germanisch „kappa": „Mantel, Cape"). Auch bei den Kelten ist sie im Besitz des Göttervaters in der Wasserunterwelt (Mannan Mac Lir).

Auch der Tyr-Riese Fornjotr könnte diesen Mantel besessen haben – zumindestens trug einer seiner Enkel den sehr auffälligen Namen „Sigurd Kappa".

Hreidmar, Alberich, Odin und somit auch Tyr stehen in diesen Motiv nah beieinander.

In der germanischen Mythologie gibt es viele Paare von Göttinnen, die auf diese beiden Frauen des Tyr-Iwaldi zurückgehen könnten. Zu dieser Liste gehören auch noch die Riesinnen-Schwestern Gjalp und Greip, die daran als Jenseitsgöttinen erkennbar sind, daß sie als die Töchter des Tyr-Geirröd aufgefaßt worden sind.

Die göttlichen Schwestern	
Jenseits *Nacht*	*Diesseits* *Tag*
Freya	Fulla
Freya	Frigg
Menja	Fenja
Sinthgunt	Sunna
Irpa	Thorgerdr
Greip	Gjalp

Man kann nun die Familie des Iwaldi recht sicher rekonstruieren. Die Identität der Jenseitsgöttin ist dabei jedoch unklar – es könnten ursprünglich Frigg und Freya gewesen sein. Da jedoch fast alle Göttinnen auch eine Jenseitsgöttin gewesen sind und alle diese Göttinnen oft einander gleichgesetzt worden sind, ist es nicht so wesentlich, wer diese Göttin genau gewesen ist. Zudem ist „Frigg" nur die südgermanische Namens-Variante der nordgermanischen Freya.

Die Kinder des Iwaldi setzen sich aus den drei Gruppen „Thiazi, Idi und Gangr" (drei Stände), „Sindri und Brock" (die beiden Pferdesöhne) sowie „Idun" zusammen. Da die drei Repräsentanten der drei Stände eine in sich abgeschlossene Gruppe sind, werden sie die eine Gruppe bilden und „Idun, Sindri und Brock" die andere Gruppe. Diese zweite Gruppe sind daher die „älteren Kinder".

Diese Zuordnung ergibt auch mythologisch gesehen Sinn. Da die beiden Pferde-söhne des Göttervaters schon von den Indogermanen bekannt sind, sollten sie zu den

„älteren Kindern" zählen – und dieses „Kinder" steht im Plural, sodaß Idun kein Einzelkind sein kann. Idun ist zudem die zur Göttervater-Tochter umgedeutete Jenseitsgöttin und sollte daher auch zu den „älteren Kinder" zählen. Die Repräsentanten der drei Stände sind hingegen mit der Wiedergeburts-Symbolik des Göttervaters verbunden und sollten daher eher „jüngere Kinder" sein.

Diese Argumentation ist natürlich nur eine Plausibilitätsüberlegung und kein zwingendes Argument.

Die Kinder sind in der folgenden Übersicht dem Alter nach von links nach rechts hin geordnet – das älteste Kind links und das jüngste rechts. Dabei ist allerdings die Alters-Reihenfolge innerhalb der Vertreter der Stände unbekannt und ebenso, wer von Sindri und Brock, d.h. von den beiden Pferdezwillingen der ältere ist. Von Idun ist jedoch sicher bekannt, daß sie *„das jüngste der älteren Kinder des Iwaldi"* ist. Sie muß daher in der linken Gruppe (ältere Kinder) ganz rechts (das jüngste Kind in dieser Gruppe) stehen.

Welche der beiden Göttinnen Frigg und Freya die erste und welche die zweite Frau des Tyr ist, ist unbekannt.

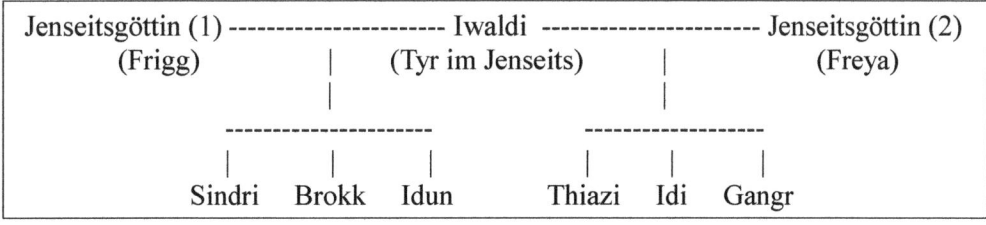

17. Die Alcis im Christentum

Die Christus-Hirsche in den Heiligen-Legenden gehen recht sicher auf die Sonnen-Hirsche der Germanen zurück. Die in diesem Zusammenhang bisweilen auftretenden beiden Söhne könnten die beiden Alcis sein.

17. a) Die Legende des Placitus

Die Geschichte dieses Heiligen wird u.a. in der um ca. 1200 n.Chr. verfaßten germanischen Placitusdrapa geschildert, die zwar einen christlichen Inhalt, aber die germanische Form einer Drapa („Lobgesang") hat.

Die Biographie dieses Heiligen enthält einige Elemente aus den Mythen des Tyr – entweder weil das Leben des Placitus tatsächlich so verlaufen ist oder weil seine Hagiographie den Mythen des Tyr angeglichen worden ist.

In der Heiligengeschichte über Palcitus („Angenehmer") wird berichtet, daß dieser General und Schützling des Kaisers Hadrian, der von 97-117 n.Chr. herrschte, zum Christentum übergetreten ist, nachdem er Christus in der Gestalt eines Hirsches begegnet ist. Daraufhin änderte er seinen Namen und nannte sich Eustachius („Standfester") – er wurde auch später als St. Eustachius bekannt. Dann wurde sein Leben sehr schwierig: Unter anderem wurde ihm seine Frau von einem verräterischen Kapitän geraubt und seine beiden Söhne wurden von wilden Tieren geraubt. Schließlich fand er alle drei wieder, aber als sie sich alle vier weigerten, für das Wohl und den Erfolg des Kaisers Hadrian den römischen Göttern zu opfern, wurden sie gemeinsam in einem bronzenen, Stier-förmigen Ofen zu Tode gefoltert.

Der Hirsch und der Stier sind die beiden wichtigsten Opfertiere an Tyr gewesen und insbesondere der Hirsch wurde eng mit der Sonne assoziiert – siehe den „Sonnenhirsch" im Sonnenlied. Die Sonne war wiederum bei den Christen ein Bild für Christus – Christus war bei den Germanen in vielerlei Hinsicht der Nachfolger des Sonnengott-Göttervaters Tyr.

Die beiden Söhne könnten den beiden Alcis entsprechen.

Die ersten elf Strophen dieses Lobliedes auf den Heiligen Eustachius fehlen leider. Die fehlende Zahl der Strophen am Anfang und am Ende ließ sich aus der Struktur der Drapa erschließen. Insgesamt werden es 78 Strophen gewesen sein.

Die Drapa bestand aus Gruppen zu je sieben Strophen, von denen die sechs mittleren mit einem Refrain endeten (die letzte Gruppe hat irrtümlicherweise schon in der sechsten Strophe den Refrain). Am Ende fehlen (wie sich aus der Länge der noch zu

160

erzählenden Geschichte ergibt) mindestens acht Strophen. Damit befänden sich am Ende drei Gruppen zu je sieben Strophen ohne Refrain-Ende. Daher müßten auch am Anfang 21 solcher Strophen stehen, was bedeutet, daß die ersten elf Strophen fehlen.

Diese drei Teile der Drapa sind auch inhaltlich voneinander getrennt:

1. Teil (ohne Refrain):   Gottes Verkündigung an Placitus/Eustachius
2. Teil (mit Refrain):   Leiden des Placitus/Eustachius und seiner Familie
3. Teil (ohne Refrain):   Erlösung und Tod des Placitus/Eustachius

Die Grobstruktur dieser Drapa sieht wie folgt aus:

78 Strophen	1. Teil: 21 Strophen: - *Verkündigung* -	7 Strophen ohne Refrain	
		7 Strophen ohne Refrain	
		7 Strophen ohne Refrain	
	2. Teil: 36 Strophen - *Leid* -		1 Strophe mit Refrain
		6 Strophen ohne Refrain	
			1 Strophe mit Refrain
		6 Strophen ohne Refrain	
			1 Strophe mit Refrain
		6 Strophen ohne Refrain	
			1 Strophe mit Refrain
		6 Strophen ohne Refrain	
			1 Strophe mit Refrain
		6 Strophen ohne Refrain	
			1 Strophe mit Refrain
	3. Teil: 21 Strophen - *Erlösung und Tod* -	7 Strophen ohne Refrain	
		7 Strophen ohne Refrain	
		7 Strophen ohne Refrain	

Die Drapa ist nicht nur von ihrem Aufbau, sondern auch von ihrem Stil her (Kenningar u.ä.) eine germanische Dichtung.

... ... gegangen,
der ruhmreiche Herr des Helmes der Erde sprach:
„Nun wirst Du gedemütigt werden!
Bote der glatten Kampf-Schlange,

Du wirst solche Prüfungen erleiden
wie Job der Alte.
Sei aufrecht in der Prüfung,
die berühmt werden wird!"

> Helm der Erde = Himmel; Herr des Himmels = Gott
> Kampf-Schlange = Schwert; Schwert-Bote = Krieger

Der Baum des Feuers des Meeres
erhob sich von der Erde ... ... von Gottes Worten gestützt;
Der Bote des Schlangen-Lagers
war zuvor auf die Erde niedergefallen.

Der Zerbrecher des Feuers des Von
bat den Herrn
des strahlenden Pfades der Engel,
seiner Frau von diesen Omen erzählen zu dürfen.

> Feuer des Meeres = Gold (die goldene Sonne, die im Meer versinkt); Baum = Mann; Gold-Mann = Krieger
> Schlange = Totengeist; Totengeist-Lager = Grabschatz in der Grabkammer im Hügelgrab = Gold; Gold-Bote = großzügiger Fürst, Krieger
> Von = Fluß = Meer; Feuer = Sonne; Sonne des Meeres = Gold; zerbrechen = verteilen; Verteiler des Goldes = Fürst, Krieger
> Pfad der Engel = Himmel; Herr des Himmels = Gott

„Sucher des Schlangen-Lagers,
erzähle es Deinen Söhnen und Deiner Frau,"
sagte der Herrscher des Wind-Tempels,
„Ich werde euch alle zu dem Glauben rufen.

Fortwerfer des Feuers des Hauses der Wales,
komme morgen hierher;
ich werde Dir über das, was ... erzählen;
Doch nun schweigen wir darüber."

Schlangen-Lager = Gold; Gold-Sucher = Krieger
Haus des Wals = Meer; Feuer des Meeres = Gold; fortwerfen = verteilen;
Gold-Verteiler = Fürst, Krieger

Der Hüter der Horte kam heim;
der Baum des Rosses des Vinill
... tat gut daran,
seiner Frau dies vorzügliche ... zu berichten;

die sanfte Halsketten-Trägerin sagte,
daß der König des Pfades des Mondes
ihm im Traum erschienen sei;
diese Antwort gab sie dem Gold-Baum.

Hüter der Horte = Krieger
Vinill = Seekönig; Rosse des Seekönigs = Drachenschiffe; Baum = Mann;
Schiff-Mann = Seefahrer, Wikinger
Halsketten-Trägerin = Frau
Pfad des Mondes = Himmel, König des Himmels = Gott
Gold-Baum = Krieger

Und in dieser Nacht wurden Mann und Frau
von dem Bischof gnädig und in Ehren angenommen
– ich denke, daß sie so ein gutes Schicksal erlangten –
und ihre beiden Söhne

wurden zusammen mit ihnen getauft;
die freundliche Zierde der Gelehrsamkeit
gab den Menschen
Namen aus dem Hof des Herrn der Erde.

Zierde der Gelehrsamkeit = Bischof
Herr der Erde = Gott; Gottes Hof = Himmel = Jenseits; Namen aus dem
Jenseits = Namen von Menschen im Himmel, d.h. vor allem biblische Namen

Dem mutige Eustachius gelang es sofort,
aus allem Übel zu erwachen;
Throphista, die Frau des Mannes,
gelang es gut, Christus zu dienen.

Der junge Agapitus
begann das Benehmen guter Männer zu üben,
und auch dem sanften Theopistus
fehlte es nicht an Glauben an den Herrn der Menschen.

Placitus wurde auf den Namen Eustachius getauft. Die übrigen drei Namen sind die Taufnamen seiner Frau und seiner beiden Söhne.

Am nächsten Tag suchte der Throttr des Elches der Wogen den Ort auf,
an dem sich Gott zuvor
dem mutigen Verminderer der Falschheit gezeigt hatte.
Der treue Wohltäter des Falken,

dessen Mut hervorragend war,
erblickte den Herrn der Menschen,
den sorgfältigen Auswähler seines Gefolges,
in der Gestalt eines Hirsches auf einer Klippe.

Throttr = Odin = Mann; Elch der Wogen = Schiff; Schiff-Mann = Krieger, Wikinger
Verminderer der Falschheit = Heiliger (St. Eustachius)
Herr der Menschen = Gott
sorgfältiger Auswähler seines Gefolges = Gott

Der all-gute Kenner der Engel
erlaubte dem Übel-scheuen
Sucher des Feuers des Feldes der Fische nicht,
die heidnischen Rituale weiterhin durchzuführen,

als der Verrats-achtsame Lehrer der Menschheit
den weisen Röter des Speeres
die Wege des Glaubens
durch dieses außergewöhnliche Ereignis lehrte.

all-guter Kenner der Engel = Gott
Übel-scheu = tugendhaft
Feld der Fische = Meer; Meeres-Feuer = Gold; Gold-Sucher = Krieger
Lehrer der Menschheit = Gott
röten = mit Blut färben; Röter des Speeres = Krieger

„Fürchte Dich nicht, Ruhm-erstrebender
Bewahrer des leuchtendes Schneeschuhs des Von,
auch wenn Du durch mich in Proben gerätst;
vertraue und handle mutig.

Mit reinem Trost
werde ich Dein Leid vermindern,
Bote des Glanzes des Krieges,
und Du wirst durch Liebe gereinigt zum Ruhm gelangen.“

> Von = Fluß; Schneeschuh des Flusses = Drachenschiff; ab hier wird die
> Kenning unpräzise, da mit „leuchten" und „Fluß" offensichtlich Gold gemeint
> ist, das von dem Krieger „bewahrt" wird – das Wort „Schneeschuh" ist hier
> zuviel
> Glanz des Krieges = Schwert; Schwert-Bote = Krieger

Der Hirsch ging von dem Fortwerfer des Goldes fort;
er ging danach heim;
der berühmte Opferer der Ringe
bat Christus um Hilfe im Angesicht seiner Versuchungen.

Der Mann erzählte seiner Frau
die Versprechungen des Sohnes Gottes, die mächtig waren;
der mutige Benutzer des Schlacht-Schlange
erhielt Mut gegen die Gefahren.

> fortwerfen = verteilen; Verteiler des Goldes = Krieger
> opfern = zerbrechen und verteilen; Verteiler der Gold-Ringe = Krieger
> Sohn Gottes = Christus
> Schlacht-Schlange = Schwert; Benutzer des Schwertes = Krieger

Es verlangt mich danach, einen passenden Refrain
für den sanftmütigen Erheller der Ehre zu dichten
– wenn mir nur einer einfallen würde!
Christus hilft den Schüttlern der Horte.

Placitus, der der Beste der Menschen ist,
wurde eine ruhmreiche Tat zugewiesen;
Eustachius wählte für sich
das allerbeste Leben.

Erheller der Ehre = Heiliger = Placitus/Eustachius
schütteln = verteilen; Verteiler des Hortes = Krieger
In den ersten vier Zeilen dieser Strophe spricht der Dichter zu seinen Zuhörern und stellt in den letzten vier Zeilen den Refrain seiner Drapa vor.

Das, was Gott dem Förderer der freundlichen Taten
verkündet hatte, erfüllte sich schon bald.
Der Baum des Rosses der Wogen
geriet sofort in die größte Prüfung.

Der Herd des Seelen-mutigen Verminderers der Horte
begann zu zerbrechen und sein Haushalt zu sterben;
der Verderber des Feuers des Zaunes der Schiffe
ertrug diese Prüfung.

Förderer der freundlischen Taten = Heiliger = Placitus/Eustachius
Wogen-Roß = Schiff; Baum = Mann; Schiff-Mann = Seemann/Wikinger
Verminderer der Horte = Krieger
Zaun der Schiffe = Meer (normalerweise jedoch die Schilde an der Bordwand); Feuer des Meeres = Gold; verderben = verteilen; Verteiler des Goldes = Krieger

Diebe, die nach Schädigung strebten,
brachen in das Haus ein
– so begannen die Prüfungen;
sie trugen die Schätze aus des Edelmannes Haus fort.

Der Zerstörer der Falschheit der Menschen
dankte Gott für all die Verluste,
die er erlitten hatte;
der Bote des Wogen-Rosses verlor all seinen Reichtum.

Zerstörer der Falschheit der Menschen = Heiliger = Placitus/Eustachius
Wogen-Roß = Schiff; Schiffs-Bote = See-Mann, Wikinger

„Was können wir dadurch erreichen,
Sjofn des Goldes, daß wir daheim bleiben?“
sagte der Benutzer der Flamme des Wolf-Weines
zu seiner großartigen Frau,

Wir müssen uns selber demütigen,
denn der eine wahre Gott fördert unser Geschick;
der ist wohl-geprüft,
der große Unbill ertragen kann!"

> Sjofn = eine Göttin = Frau; Gold-Frau = vornehme Frau
> Wolf-Wein = Blut; Flamme des Blutes = Schwert; Schwert-Benutzer = Krieger

Der Besitzer des Ruhmes verließ die große Stadt Rom,
nachdem die Ring-besitzende
und Sieg-gesegnete Fichte
diese Verletzung erlitten hatte.

Die beiden Söhne des Verfolgers des Ruhmes
und ihre Mutter
zogen mit dem weisen Steuermann des Wind-Pferdes
in die Fremde.

> Ring-besitzend = reich; Sieg-gesegnet = erfolgreich; Fichte = Mann; gemeint ist Placitus/Eustachius
> Verfolger des Ruhmes =Krieger
> Wind-Pferd = Segelschiff; Steuermann des Segelschiffes = Krieger, Wikinger

Als der Beruhiger der Sorgen an die Bucht gelangte,
bat er den Baum des Feuers des harten Heer-Spiels,
der für sein Heidentum bekannt war,
ihn über das Meer zu setzen.

Der Übel-erstrebende Klauen-Röter
der Nachkommen des Fenrir
bereitete dem Flucht-scheuen Erzeuger der Ehre
jedoch keine verläßliche Überfahrt, ...

> Beruhiger der Sorgen = Heiliger = Placitus/Eustachius
> Heer-Spiel = Kampf; Feuer des Kampfes = Schwert; Baum des Schwertes = Krieger (hier der Fährmann)
> Fenrir = Wolf; Nachkommen des Fenrir = Wölfe; gerötet = blutig; Röter der Wolfsklaue = Krieger (die Wölfe fressen die Leichen)
> Erzeuger der Ehre = Heiliger = Placitus/Eustachius

167

... als der Schwert-Baum
die Frau des aller-freigiebigsten Schatz-Verteilers
auf seinem Sund-Pferd behielt;
die Schatz-Gefn schien ihm schön.

Der tapfere Baum des leuchtenden Schatzes
mußte sich gegen seinen Willen
von seiner Frau trennen,
als er das Schiff verließ.

> Schwert-Baum = Krieger
> Schatz-Verteiler = Krieger
> Sund = Meerenge; Sund-Pferd = Schiff (Fähre)
> Gefn = Freya; Schatz-Freya = Frau
> Schatz-Baum = Krieger

Der Anhäufer des Ruhmes
bat den Herrn des Tageslicht-Heimes, ihm zu helfen;
der Zerstörer des Grundes der Schlange erhielt das höchste Geist-Brett
im Angesicht der Prüfung.

Placitus, der der Beste der Menschen ist,
wurde eine ruhmreiche Tat zugewiesen;
Eustachius wählte für sich
das allerbeste Leben.

> Anhäufer des Ruhmes = Heiliger = Placitus/Eustachius
> Tageslicht-Heim = Himmel; Himmels-Herr = Gott
> Grund der Schlange = goldener Grabschatz; zerstören = zerbrechen und verteilen (von Goldringen); Zerstörer des Goldes = Krieger
>   Die letzten vier Zeilen sind der Refrain, den der Dichter einige Strophen vorher eingeführt hat. Vermutlich wurde er von allen Zuhörern mitgesprochen.

Die Frau mußte mit dem heidnischen Baum
des Tieres der Stapellauf-Rollen heim gehen;
die Frau bat Gott, sie gegen die Sünde
eines unreinen Lebens zu schützen.

168

Der gütige Herrscher des Himmels
half der Frau sofort,
damit sie nicht durch die Vereinigung
mit dem Fütterer der Falken der Hildr besudelt wurde.

> Tier der Stapellauf-Rollen = Schiff; Baum des Schiffes = Krieger
> Herrscher des Himmels = Gott
> Hildr = Walküre; Falken der Walküren = Raben; Fütterer der Raben (mit Leichen) = Krieger

Das Vorbild der Unterstützung der Menschen
ging mit seinen beiden jungen Söhnen von Bord;
das Leben des machtvollen Mannes
war ab da sehr schwer.

Der Gold-Zerstörer
brachte seine beiden Jungen zu einem breiten Fluß;
der mutige Baum des Juwels der Ruderdollen
wagte es nicht, beide zugleich hinüberzubringen.

> Unterstützung der Menschen = Nächstenliebe; Vorbild an Nächstenliebe = Heiliger = Placitus/Eustachius
> zerstören = zerbrechen und verteilen; Gold-Zerstörer = Krieger
> Ruderdollen = Zapfen oder Löcher, die das Ruder beim Rudern an der Bordwand an seinem Platz halten = Bordwand des Drachenschiffes; Juwel der Bordwand des Drachenschiffes = Schild (hängen außen an der Bordwand); Schild-Baum = Krieger

Der Sucher der Liebe
trug seinen Erben über den Fluß,
während der starke Schüttler des Glanzes der Hlökk
den anderen am Ufer sitzen ließ.

doch als der Schatz-Geber
seinen anderen Sohn holen wollte,
blieb der weise Mann in der Mitte des Flusses stehen
und blickte zu ihm hinüber.

> Sucher der Liebe = Heiliger = Placitus/Eustachius
> Hlökk = Walküre; Glanz der Walküre = Schwert; Schwert-Schüttler = Krieger

Schatz-Geber = Krieger

Der Speer-Röter sah das grimme Tier des Landes
sich dem Jungen nähern
und ein Wolf raubte den anderen;
darüber wurde er sehr verzweifelt;

und der Ring-Zerstörer konnte keinen von ihnen
schnell genug retten,
als die Tiere die vorbildlichen Brüder
in den Wald fortschleppten.

Speer-Röter = Krieger
Ring-Zerstörer = Krieger

Einer der Jungen erhielt die allerbeste Hilfe
von einem Hüter der Herde
– der verhaßte Löwe floh;
Bauernknechte entrissen den anderen den Wölfen.

Bäume des Leben-nehmenden Speeres
zogen beide Brüder in demselben Dorf auf;
die Verstärker des Sturmes des Blut-Eises
wußten nicht voneinander.

Baum des Speeres = Krieger
Eis = silberfarbenes Metall; Blut-Eis =Schwert; Sturm des Schwertes =
Kampf; Kampf-Verstärker = Krieger

Der in heidnische Riten verstrickte Mann,
der die Frau
dem sanften Brecher des Wogen-Feuers entrissen hatte,
lebte nur ein paar Jahre.

Die tugendhafte Jörd der Leinen-Bänder
besaß danach für eine lange Zeit ein Haus in einem Obstgarten
und bewahrte ihren christlichen Glauben,
auch wenn sie wegen der sie bedrohenden Gefahren darüber schweigen mußte.

Wogen-Feuer = Gold; Gold-Brecher = Krieger
Jörd = Erdgöttin; Göttin der Leinen-Bänder = Frau

Der starke Bote des Ruders,
der die Prüfungen des Welt-Herrschers gut bestand,
erhielt eine liebevolle Belohnung für seine Prüfung
von dem Fürsten der Engel.

Placitus, der der Beste der Menschen ist,
wurde eine ruhmreiche Tat zugewiesen;
Eustachius wählte für sich
das allerbeste Leben.

Bote des Ruders = Seemann, Wikinger, Krieger
Welt-Herrscher = Gott
Fürst der Engel = Gott
Die vier letzten Zeilen sind wieder der für die Drapa-Gedichtform typische Refrain.

Ich habe gehört,
daß der Bewahrer des Feuers der Falken-Tafel daheim saß;
in vergangenen Tagen besuchten ihn Freunde;
die Frau des Mannes war bei ihm.

Aber ich bin in die Fremde verbannt worden,
verzweifelt, fern von meinen Freunden;
meine Frau ist mir genommen worden;
grimme Tiere haben mir meine Jungen geraubt.

Falken-Tafel = Unterarm (Sitz des Falken auf dem Arm des Falkners); Arm-Feuer = Gold (goldener Armreif); Gold-Bewahrer = Krieger
„Ich habe gehört …" Hier wendet sich der Vortragende dieser Drapa wieder direkt an seine Zuhörer.

Und als der die Sorgen verstummen lassende
Überwinder der Wut seine Söhne verloren hatte,
sprach der Zeuge des Ruhmes
und wandte sich vertrauensvoll an den Herrn:

„Halte Dein Versprechen,
das Du mir gegeben hast,
ruhmreicher Herr des Grundes des Sturmes;
nun bin ich härter als Job der Alte geprüft worden.

Überwinder der Wut = Heiliger = Placitus/Eustachius
Ruhm = Gottes Ruhm; Zeuge des Ruhmes = Heiliger = Placitus/Eustachius
Grund des Sturmes = das, was unter dem Sturm ist = Erde; Herr der Erde = Gott

„Entlohne mich nicht mit Wut, Gott,
auch wenn ich mehr als nötig gesprochen habe;
Ich brauche all die Gnade
des ruhmreichen Herrschers des Pfades der Gänse.

Setze einen Wächter vor meinen Mund, Herr,
denn ich erinnere mich an Dein Freundschafts-Geschenk;
verzeihe mir,
Herr der Menschheit."

Pfad der Gänse = Himmel; Herrscher des Himmels = Gott

Der Zerstörer der Kriegs-Sonne brach seine Rede ab;
der Hasser des heftigen Kampfes der Menschen
ging seines Weges
aus dem Wald in ein Dorf.

Der Schlachten-kühne Halsreif-Zerstörer
lebte viele Winter in dieser Stadt
und der Wolf-Fütterer
erwarb sich einen guten Unterhalt.

Kriegs-Sonne =Schild (die Schilde der Germanen waren rund); Schild-Zerstörer = Krieger
heftiger Kampf der Menschen = Sünde; Hasser der Sünde = Heiliger = Placitus/Eustachius
Halsreif-Zerstörer = Krieger
Wolf-Fütterer (mit Leichen) = Krieger

Und der Baldur des Rosses
des weiten Landes des Thvinill
gab den Lohn, den er zur Seite gelegt hatte,
um die Armen zu unterstützen.

Der tugendhafte Baum des Schlangen-Grundes
hielt an seinem Abkommen mit Gott fest
und verbarg seinen Glauben
vor den heidnischen Bäumen des Tieres der Stapellauf-Rollen, ...

Thvinill = Seekönig; Land des Seekönigs = Meer; Roß des Meeres = Schiff; Baldur = Gott = Mann; Mann des Schiffes = Seemann, Wikinger, Krieger

Schlangen-Grund = goldener Grabschatz, auf dem der Schlangen-gestaltige Totengeist liegt; Baum des Goldes = Krieger

Tier der Stapellauf-Rollen = Schiff; Baum des Schiffes = Seemann, Wikinger, Krieger

Hier wiederholt der Dichter gleich zwei Kenningar, die er schon früher in diesem Lied benutzt hat, was eigentlich den Regeln für eine gute Drapa widerspricht.

... bis der Gnade-gewährende König des Erd-Tempels
den in allen Dingen ehrenhaften Modi,
der der die Last des Armes trug,
in seinen Sorgen mit jeglicher Beruhigung

zu befrieden wünschte
und der den weisen Männern
den Glauben Bringende Friedens-Geber
sein Versprechen an den Heer-Herrscher erfüllte.

Erd-Tempel = Himmel; Himmels-König = Gott

Modi = Gott = Mann; Last des Armes = goldener Armreif; Mann mit Armreif = Krieger

Friedens-Geber = Christus (die Germanen unterschieden so gut wie garnicht zwischen Gott Vater und Christus)

Heer-Herrscher = Placitus/Eustachius (er ist ein römischer General gewesen)

Die Schar der Engel und die Menschheit
verbeugte sich vor dem ruhmreichen Sünden-Zerstörer;
der eine Herr, der alles erschuf,
ist reiner als alles andere.

173

Placitus, der der Beste der Menschen ist,
wurde eine ruhmreiche Tat zugewiesen;
Eustachius wählte für sich
das allerbeste Leben.

Sünden-Zerstörer = Heiliger = Placitus/Eustachius
Im Original stehen nur die ersten vier Zeilen – vermutlich hat der Schreiber lediglich vergessen, den Drapa-Refrain einzufügen, der sehr gut an diese Stelle passen würde.

Eine Schlacht begann, doch bevor der edle Trajan
sich in passender Weise
gegen die Plünderung schützen konnte,
mußte der Kaiser unter Mühen ein Heer versammeln.

Der an Heldenmut überragende König der Menschen
gebot seinen Männern, sich von weit und breit her
bei ihm zu einer guten Krieger-Schar
für den Schwert-Sturm zu versammeln.

Schwert-Sturm = Kampf

Der König erinnerte sich daran,
als er Schlachten-kühne Männer brauchte,
daß Palcitus einst wußte,
wie man das Spiel des Yggr verstärkte.

Der Kampf-frohe König gebot seinen Männern den Gold-Zerstörer
weit und breit zu suchen;
Der König versprach dem eine Fülle an Reichtümern,
der ihn finden würde.

Yggr = Odin; Spiel des Odin = Kampf
Gold-Zerstörer = Krieger

Zwei Brüder, die zuvor in den Diensten
des ruhmreichen Placitus gestanden hatten,
ritten los, um nach dem Steuermann
des Schneeschuhs des Byrfill zu suchen.

Schließlich fanden sie den Reiter
des Rosses des Grundes des Gylfi;
die Boten erkannten den mächtigen Baum
des Feuers der Wogen nicht.

Byrfill = Seekönig; Schneeschuh des Seekönigs = Schiff; Steuermann des Schiffes = Seemann, Wikinger, Krieger

Gylfi = Seekönig; Grund des Seekönigs = Meer; Roß des Meeres = Schiff; Reiter des Schiffes = Seemann, Wikinger, Krieger

Möglicherweise sind diese beiden Brüder neben den beiden Söhnen des Palcitus eine zweite Variante der beiden Alcis, die nicht nur die Söhne, sondern auch die Boten, Diener und Krieger des Göttervaters gewesen sind.

Der Friedens-liebende Bereiter
des Pferdes des Sundes
begann sich seines früheren Ruhmes zu entsinnen,
als der Scharfsinnige seine Gefolgsmänner erkannte.

Der Verzögerungs-verabscheuende Verletzter des Goldes
suchte im Gebet sofort Beruhigung
durch den Herrn der Menschheit
für sich und wurde traurig.

Sund (Meerenge) = Meer; Meer-Roß = Schiff; Bereiter des Schiffes = Krieger

verletzen = zerbrechen (und verteilen); Gold-Verteiler = Krieger

Herr der Menschheit = Gott

Christi Stimme sprach
geschmückt mit Macht zu dem Fütterer der Adler:
„Sei nicht sorgenvoll –
der edle Ruhm des Herrn wird zu Dir kommen!

Deine Zeit ist noch nicht gekommen,
Beweger des Fisches des Angriffes,
die Dir Reichtümer und Ehren
anstelle von Leiden bringen wird."

Fütterer der Adler (mit Leichen) = Krieger

Fisch des Angriffs = Schwertklinge; Beweger des Schwertes = Krieger

Der Zerstörer des Leuchtens des Sundes gewährte den Gästen,
die gekommen waren, Gastfreundschaft;
die tiefen Sorgen hoben sich
von dem Ring-Zerstörer fort.

Ich habe gehört,
daß sich die Brüder über den Steuermann des Schneeschuhs des Ati wunderten,
als sie in dem Verlanger nach dem Schmuck-Pferd der Deck-Planken
eine Neigung zur Sorge spürten.

> Leuchten des Sundes (Meerenge) = Gold; Gold-Zerstörer = Krieger
> Ring-Zerstörer = Krieger
> Ati = Seekönig; Schneeschuh des Seekönigs = Schiff; Schiffs-Steuermann = Krieger
> Deckplanken-Pferd = Schiff; sein Schmuck = die Schilde, die außen an der Bordwand hingen
> Hier wendet sich der Dichter wieder direkt an seine Zuhörer.

Der Sieg-strahlende Friedens-Förderer
gibt den Menschen,
die schweres Leiden auf Erden tapfer ertragen,
ruhmreiche Freude mit ihm.

Die Schar der Engel und die Menschheit
verbeugte sich vor dem ruhmreichen Sünden-Zerstörer;
der eine Herr, der alles erschuf,
ist reiner als alles andere.

> Friedens-Förderer = Gott
> Sünden-Zerstörer = Heiliger = Placitus/Eustachius
> Hier benutzt der Dichter die vier Zeilen, die zuvor in dem Lied einzeln gestanden haben, als einen neuen Refrain.

Die Anfeuerer des Speer-Regens
behielten die Worte des Heiden-Königs für sich
und waren froh,
daß sie den Baum der Schwerter gefunden hatten.

Der Mut-erfüllte Baldur der Horte
sollte zu der Schlacht kommen
und all' die Ehren,
die er zuvor aufgegeben hatte, zurückerlangen.

> Speer-Regen = Kampf; Kampf-Anfeuerer = Krieger
> Heiden-König = römischer Kaiser (Trajan)
> Baum der Schwerter = Krieger
> Baldur = Gott = Mann; Mann der Horte = Krieger

Der Eile-Antreiber des Feuers der Flut
brach sofort zusammen mit den Brüdern
zu der Reise auf;
da berichtete jedermann jedem die wichtigen Neuigkeiten.

Die Männer ersuchten um ein Treffen
mit dem Reiter des Meeres-Rosses,
als die Schar der Männer hörte,
daß Placitus noch immer lebte.

> Feuer der Flut = Gold; zur Eile antreiben = verschenken; Gold-Fortgeber =
> Krieger
> Meer-Roß = Schiff; Schiff-Mann = Krieger

Der Herrscher erwies dem Ring-Zerstörer
eifrig die größten Ehren;
der König war froh,
als der sich um gutes Geschick Kümmernde heim kam.

Der Fürst bestimmte den Einberufer der Versammlung des Throttr
zum Anführer des machtvollen Heeres
und begann den Fütterer des Wolfes
mit Reichtümern zu beschenken.

> Ring-Zerstörer = Krieger
> der sich um Gutes Geschick Kümmernde = Heiliger = Palcitus/Eustachius
> Throttr = Odin; Versammlung des Odin = Kampf; Einberufer des Kampfes
> = Krieger
> Fütterer des Wolfes (mit Leichen) = Krieger

Der ruhmreiche König
gebot den Männern,
schnell einen Trupp junger Männer zu versammeln,
weil es Placitus an Männern mangelte.

Da kamen beide Söhne
des weisen Verteilers des Goldes zu seinen Händen;
doch er erkannte
die Bäume des Feuers des Falken-Grundes nicht.

> Verteiler des Goldes = Krieger
> Falken-Grund = Arm; Feuer des Armes = Gold; Gold-Baum = Krieger

Der Antreiber des Brandungs-Rosses sah den Brüder an,
daß diese Verehrer des Schneeschuhs
der Deck-Planken die Veranlagung hatten,
große Männer zu werden.

Der eifrige Anfeuerer
der Versammlung der Schlange des Angriffs
nahm diese Männer in seine eigene Gruppe,
die die Ersten an hohem Mut waren.

> Brandungs-Roß = Schiff; Antreiber des Schiffes = Krieger
> Schneeschuh der Deckplanken = Schiff; Verehrer des Schiffs = Krieger
> Schlange des Angriffs = Schwert; Schwert-Versammlung = Kampf; Anfeue-
> rer des Kampfes = Krieger

Der König des Himmels ist ruhmreich;
er erlangt wahre Ehre;
er herrscht mächtig über die Altehrwürdigen
... ... Macht des Alters.

Die Schar der Engel und die Menschheit
verbeugte sich vor dem ruhmreichen Sünden-Zerstörer;
der eine Herr, der alles erschuf,
ist reiner als alles andere.

> König des Himmels = Gott
> Sünden-Zerstörer = Heiliger = Placitus/Eustachius
> Der Dichter benutzt nun noch einmal seinen neuen Refrain.

Der Zerstörer des Wogen-Feuers
ging hin zu dem großen Krieger-Heer;
Placitus war entschlossen,
sich in der Schlacht hervorzutun.

Etwas Drohendes ging von dem Unterdrücker der Sünden aus;
da flohen die Wolf-Fütterer;
Gottes Gefolgsmann gelang es, den Sieg zu erringen;
der Kampf wurde gut geführt.

Feuer der Wogen = Gold; Zerstörer des Goldes = Krieger
Unterdrücker der Sünden = Heiliger = Placitus/Eustachius
Fütterer des Wölfe (mit Leichen) = Krieger

Der Throttr der Flamme der Speer-Versammlung
verfolgte das fliehende Heer in der Schlacht
heftig und plünderte gnadenlos ihre Länder,
bis die, die Meeres-Rosse loben,

dem Wergeld zustimmten,
das Gottes Gefolgsmann dafür festlegte,
daß die Stäbe der Schild-Schlange
geplündert hatten.

Speer-Versammlung = Kampf; Flamme des Kampfes = Schwert; Throttr =
Odin = Mann; Mann des Schwertes = Krieger
Meeres-Roß = Schiff; die, die die Schiffe Loben= Seeleute, Wikinger, Krie-
ger
Gottes Gefolgsmann = Heiliger = Placitus/Eustachius
Schild-Schlange = Schwert; Schwert-Stab = Krieger

Der Wertschätzer der Flamme des Raben-Weins
und seine Männer ruhten sich aus;
der Held gebot dem Erwähler der Versammlung des Throttr,
in der Stadt zu bleiben.

Das Heer der Schiffs-Bäume
errichtete sein Lager
rings um den Obsthain
eines gewissen Stapellauf-Mannes der See-Pferde.

Raben-Wein = Blut; Blut-Flamme = Schwert; Schwert-Wertschätzer = Krieger

Throttr = Odin; Versammlung des Odin = Kampf; Erwähler des Kampfes = Krieger (von dem Wort „Throttr" ist im Original nur das „Th" lesbar)

Schiffs-Bäume = Seeleute, Wikinger, Krieger

See-Pferd = Schiff; Schiff-Mann = Seemann, Wikinger, Krieger (das Wort „Mann" ist an „Stapellauf" angefügt worden, um die Kenning verständlich zu machen – dies Wort ist im Altnordischen nicht vorhanden und auch nicht nötig)

Der tugendhafte, tatkräftige Theophista
hatte ein Haus in diesem Obsthain;
die Thungra der Bänder
ließ sich hier nieder,

nachdem der Verteiler des Grundes
des gewundenen, glänzenden Ringes der Erde
– derjenige, der sie einst von dem ruhmreichen Palcitus geraubt hatte –
sein Leben gelassen hatte.

Thungra = Freya = Göttin; Göttin der Bänder = Frau

Ring der Erde = Jörmungandr = Schlange; Grund der Schlange = Goldschatz in der Grabkammer des Schlangen-gestalten Totengeistes in einem Hügelgrab = Gold; Verteiler des Goldes = Krieger

Die Bäume der Kettenhemd-Versammlung,
die sehr gut in der Religion unterrichtet waren,
gingen in die Halle ihrer Mutter;
die Brüder wurden mit der besten Gastfreundschaft empfangen;

aber der Still-Baum der Feuer
des ruhmreichen Grundes des Endill
erkannte nicht ihre Söhne,
obwohl sie ... ihre Mutter trafen, ...

Kettenhemd-Versammlung = Kampf; Kampf-Baum = Krieger

Endill = Seekönig; Grund des Seekönigs = Meer; Baum des Meeres = Krieger; mit „Still" ist hier das Stillen eines Säuglings gemeint; „Still-Krieger" = stillende Mutter

... bis die beiden Ruhm-fördernden Brüder
über das zu sprechen begannen,
was die Wunsch-Nidir ...
sich als frühestes entsinnen konnten;

der ältere Baum ... des Schildes
konnte ... ... beschreiben ...
und lange Prüfung ...
... ... seinem Bruder, ...

Nidir = Gott; Wunsch-Gott = Mann
Baum des Schildes = Krieger

... wie die vier, Eltern und Kinder,
einst unter Mühen von ihrer ... flohen
... Umstände in der großen Stadt Rom,
nachdem sie den neuen Glauben angenommen hatten.

Und der beherzte, tatkräftige Verlanger
der leuchtenden Glut der Flut erzählte,
wie er selber von einem grimmen Tier geraubt wurde
und wie ein Wolf seinen Bruder fortzerrte.

Glut der Flut = Gold; Gold-Verlanger = Krieger

Die frommen Brüder erkannten einander,
als der Bote des Wogen-Bären
seine Geschichte beendet hatte,
und die Sünden-scheue Mutter erkannte ihre Söhne.

Der ruhmreiche ...
errang ihre ... über zu Glück,
weil die traurige Geschichte
den Hort-Verminderen Trost brachte.

Wogen-Bär = Schiff; Schiff-Bote = Seemann, Wikinger, Krieger
Hort-Verminderer = Gold-Verschenker = Krieger

Und der tugendreiche Grund
des Feuers der Klippen der Falken
sehnte sich nach der Küste ihres Heimatlandes
nachdem sie ihre Söhne gefunden hatte.

Der Stab des Sumpf-Feuers
batug sofort den hochgeschätzten Befehler des Heeres,
als ihr Begleitschutz
in das Land der Langobarden zu geben.

> Falken-Klippe = Unterarm; Arm-Feuer = Armreif = Gold; Grund des Gol-
> des = Goldträger(in) = Frau
> Sumpf-Feuer = Gold; Stab des Goldes = Krieger
> Land der Langobarden = Italien

Sie alle dankten reichlich
dem ruhmreichen, mutigen Herrscher
... der grünen Erde,
als die Edlen ... hatten,

bevor der Sieg-frohe Angriffs-Vermehrer
mit der Mut-geschmückten Schar von Männern
von der Schlacht
nach Rom heimkehrte.

> vermutlich hieß es „Herrscher des Daches der grünen Erde" o.ä.: Dach der
> Erde = Himmel; Herr des Himmels = Gott
> Angriffs-Vermehrer = Krieger

Der Mann und die Frau erkannten einander,
als der ... des Schlangen-Grundes
dem Njörd des Arm-Feuers die Ereignisse berichtete,
durch die sie dorthin gelangt war.

Der strebende Thror der Arm-Schlange
erkannte beide als seine wahren Söhne
... ...
... über ihre Jugend.

> vermutlich hieß es „Verteiler des Schlangen-Grundes" o.ä.; Schlangen-
> Grund = Gold; Gold-Verteiler = Krieger

Arm-Feuer = Gold; Björd = Gott = Mann; Mann des Goldes = Krieger
Arm-Schlange = Gold-Armreif; Thror = Odin = Mann; Mann des Goldes = Krieger

Trajan ... ...;
der ruhmreiche, gnädige ... ...
wußte nicht ... ...
über seinen Schlachten-eifrigen Fürsten.

Der prächtig-machtvolle Hadrian befahl,
daß der Tod des ...
des Pfeile-Treffens ... ...
mit einem verletzenden Begräbnis-Fest ... ...

vermutlich hieß es „Anstachler des Pfeile-Treffens" o.ä.; Pfeile-Treffen = Kampf; Anstachler des Kampfes = Krieger

Der kraftvolle Fürst wies den weisen Placitus an,
mit ihm in den Tempel zu gehen;
der ruhmreiche Unterdrücker der Sünde
blieb draußen stehen.

„Opfere!" sagte der grimme König,
„und erfreue Dich
an Deinem Sieg in der Schlacht;
Du hast Deine Frau gefunden ... ...

Unterdrücker der Sünde = Heiliger = Placitus/Eustachius

Die letzten acht Strophen sind leider verlorengegangen.

17. b) Der Heilige Hubertus

Die heute bekannteste christliche Hirsch-Legende ist sicherlich die des Heiligen Hubertus, dem wie St. Eustachius Christus in der Gestalt eines Hirsches erschienen ist.

Dieser „Christus-Hirsch" geht auf Tyr als Sonnenhirsch zurück.

<u>17. c)</u> <u>Zusammenfassung</u>

Sowohl die Hirsch-Gestalt des Tyr als auch seine beiden Alcis-Söhne sind in die christlichen Heiligen-Legenden übertragen worden – was noch einmal zeigt, wie tief diese Vorstellungen bei den Germanen verwurzelt gewesen sein müssen.

18. Zusammenfassung

Die beiden Alcis sind die beiden Söhne des Göttervaters Tyr, die in der Gestalt von zwei Hengsten (Schimmeln) seinen Streitwagen über den Himmel ziehen. Sie wurden bei den Germanen auch als zwei Hirsche angesehen.

Aus ihnen wurde beim Übergang von dem in einem Streitwagen fahrenden Tyr zu dem reitenden Odin zum einen der Sonnenhirsch und zum anderen der achtbeinige „Doppelhengst" des Odin.

Tacitus berichtet um 100 n.Chr., daß die Priester der beiden „Alcis" („Elch, Hirsch") genannten Götter, die Tacitus ausdrücklich den beiden Pferde-Zwillingen Kastor und Pollux des Zeus-Jupiter gleichsetzt, eine „weibische Tracht" tragen. Damit könnten auch lange Haare gemeint sein, die dem Vandalen-Geschlecht der Haddingjar („Langhaarige") und einer ganzen Reihe von Hadding-Helden ihren Namen gegeben haben – diese Deutung ist jedoch unsicher. Diese Haddinge treten oft als zwei der zwölf Söhne eines Berserkers auf, der vermutlich Tyr sein wird – auch die Asen sind eine Gruppe von zwölf Göttern mit Odin als ihrem König.

Die beiden Söhne des Göttervaters wurden auch mit den Fürsten assoziiert, die sich ebenfalls als Söhne des Göttervaters ansahen. Dieses Motiv findet sich, da es aus den Mythen des Göttervaters Tyr stammt, nur in den allerfrühesten Texten, die noch auf der Struktur der germanischen Religion vor der Völkerwanderung beruhen, während der Odin und Thor den Tyr abgesetzt haben. Es finden sich jedoch in den Sagas noch viele Brüder-Paare und Freundes-Paare, die zwar keine Fürsten oder Könige sind, aber dennoch deutliche Merkmale der beiden Alcis zeigen.

Da der Göttervater am Abend starb, starben auch seine beiden Söhne mit ihm. Dies war die Ursache für das beliebte Motiv des Zwillingsmordes, das in den meisten Fällen von einem der germanischen Göttervätern (Tyr-Wieland, Odin, Thor) ausgeführt wurde.

Im Jenseits wurde der Göttervater zu einem Riesen und die beiden Brüder zu zwei Zwergen. Zunächst schmiedete der Göttervater sein am Abend bei seinem Tod zerbrochenes Schwert selber neu; später übernahmen dies seine beiden Söhne – wodurch das Motiv der schmiedenden Zwerge entstand. Noch später wurde diese Szene entsprechend den mittlerweile verehrten Göttern zu der Herstellung der magischen Gegenstände des Thor, des Odin, des Freyr und der Sif sowie des Skaldenmets umgedeutet. Die Herstellung des magischen Schwertes durch zwei Zwerge ist in den nordischen Sagen ein beliebtes Motiv.

Die Alcis blieben in ihrer ursprünglichen Gestalt als die beiden Rosse Arwakr und Alswid vor dem Sonnenwagen sowie als das Roß Gullfaxi des Tyr-Hrungnir und das Roß Gulltop des Göttervaters Heimdall erhalten.

Als Krieger waren die beiden Alcis auch zwei Wölfe – da Tyr der „Vater" der

Wolfskrieger gewesen ist, waren natürlich auch seine eigenen Söhne Wolfskrieger. Sie wurden nach der Entthronung des Tyr zu den beiden Wölfen Geri und Freki des neuen Göttervaters Odin.

Tyr und seine beiden Söhne wurde im Jenseits auch zu Seelenvögeln – der Göttervater zu einem Adler und die beiden Alcis zu Raben. Später war der Adler dann der Seelenvogel des neuen Göttervaters Odin und die beiden Raben-Seelenvögel der Alcis wurden seine Begleiter.

Zu demselben Motiv gehören auch die beiden Ziegenböcke des Thor, die beiden Katzen der Freya und die beiden Wildschweine der Freya und des Freyr. Diese sind allerdings zusammen mit den Alcis aus einer noch sehr viel älteren Wurzel entsprungen: den beiden Panthern der Muttergöttin in der frühen Jungsteinzeit in Mesopotamien (siehe „Katze" in Band 43).

II Die Pferde-Zwillinge
in der indogermanischen Überlieferung

Die folgende Tabelle zeigt den Stammbaum der Indogermanen. Die Namen für die gemeinsamen Vorfahren der verschiedenen Völker wie „Tocharo-Romanen" sind künstliche Bezeichnungen, da nicht bekannt ist, wie sich die betreffenden Völker selber genannt haben. Die Differenzierung dieser Völker fand in etwa zwischen 2800 v.Chr. und 1800 v.Chr. statt.

Indo-germanen	West-Indo-germanen	Balto-Slawen				Balten
						Slawen
		Tocharo-Romanen	Tocharo-Romanen	Kelto-Romanen		Kelten
						Römer
						Tocharer
						Germanen
	Süd-Indo-germanen					Lyder
		Hethito-Luwier	Hethito-Palaier			Hethiter
						Palaier
						Luwier
	Ost-Indo-germanen	Gräco-Thraker				Thraker
						Griechen
		Indo-Skythen				Skythen
			Indo-Armenier			Armenier
				Indo-Mitanni		Mitanni
					Indo-Perser	Perser
						Inder

Im Folgenden sind nur die Völker aufgeführt, von denen etwas über das hier betrachtete Thema bekannt ist.

1. West-Indogermanen

1. a) Kelten

Der Rinderraub von Cuailgne

In diesem irischen National-Epos wird berichtet, daß auf den Männern von Ulster der Fluch lag, daß sie dann, wenn die Not am größten ist, fünf Tage lang keine Kraft haben. Lediglich Cú Chulainn ist von diesem Fluch nicht betroffen, sodaß er Ulster fünf Tage lang ganz alleine verteidigen muß. Dieser Fluch wurde von der Göttin Macha („die aus der Ebene") ausgesprochen, die zusammen mit Badb („Kampfeswut") und Nemain („Vergelterin") die Göttinnendreiheit bildet, die Morrigan („Königin der Geister") genannt wird. Wie die Namen zeigen, handelt sich bei ihnen um Jenseitsgöttinnen.

Zu diesem Fluch kam es wie folgt:

Crunniuc war ein wohlhabender Bauer in Ulster. Eines Tages erschien Macha in seinem Haus und kümmerte sich um den Haushalt, während Crunniuc auf dem Acker war. Nach einer Weile heirateten beide und sie wurde schwanger. Als er an den Hof des Königs zu einem Fest gehen wollte, legte Macha einen Bann auf ihren Mann: Er durfte niemandem dort ihren Namen verraten.

Crunniuc brach sein Versprechen und gab damit an, daß seine Frau schneller laufen konnte als das schnellste Pferd. König Conchobar ließ ihn in den Kerker werfen und Macha vor sich bringen.

Macha bat um Aufschub, da sie schwanger war, aber niemand achtete darauf und der König drohte ihr damit, ihren Mann zu töten. So begann das Wettrennen, bei dem Macha den Pferden davonlief, aber kurz vor dem Ziel Wehen bekam und Zwillinge gebar. Diese Wehen erfaßten auch alle Männer, die bei dem Wettrennen zugegen waren und sie krümmten sich vor Schmerzen.

Da sprach sie über die Männer von Ulster den Fluch aus, daß sie jedesmal fünf Tage und Nächte lang diese Schmerzen spüren und schwach sein sollten, wenn die Not für Ulster am größten ist.

Das Wettrennen der Pferde- und Kriegsgöttin mit den Pferden erinnert an die beiden Fohlen, die zusammen mit Setana (Cú Chulainn) geboren wurden.

Diese Geschichte wird wie folgt erzählt:

Cathbad war der Ari-Druide von Ulaid und der Berater von Conchobar, dem König von Ulster, der Nordprovinz Irlands. Er heiratete Maga und hatte drei Töchter. Eine von Ihnen, die Deichtine hieß, verschwand eines Tages zusammen mit 50 Gefährtinnen. Mehrere Jahre lang suchte ihr Vater, der Ari-Druide Cathbad, seine Tochter und ihre Gefährtinnen vergeblich.

Eines Tages fanden Conchobar, der König von Ulster, sein Onkel Fergus und einige Jagdbegleiter auf der Jagd nach einem Schwarm magischer Vögel Deichtine und ihre Gefährtinnen in einem Haus im Wald. Deichtine erzählte ihnen, daß der Sonnengott Lugh Lamhfada sie hierher gebracht habe und daß sie zusammen mit Lugh ein Kind habe, das Setana genannt worden war. Gleichzeitig mit Setana waren Zwillingsfohlen geboren worden.

Am nächsten Morgen erwachte der König mit seinem Gefolge nicht in dem Haus im Wald, in dem er sich schlafen gelegt hatte, sondern auf dem Grabhügel von Newgrange. Der Junge und die beiden Fohlen waren jedoch bei ihnen. Der König beschloß, sich selber um das Kind zu kümmern und übergab es Deichtines Schwester Findchaem zur Obhut. Fergus, der Onkel des Königs, wurde zu dem Ziehvater des Jungen.

Der Junge war schon mit sieben Jahren ein großer Krieger und erhielt seinen Namen Cú Chulainn dadurch, daß er mühelos den furchterregenden Hund des Culann tötet. Cú Chulainn bedeutet „Hund des Culann".

Cú Chulainn entspricht dem germanischen Tyr: Er ist der Sohn des Sonnengottes und wurde zusammen mit zwei Fohlen geboren, die den beiden Alcis entsprechen.

An einigen Heiligen Orten der Kelten, die diese z.T. von der früheren Bevölkerung übernommen hatten wie z.B. Stonehenge, gibt es neben dem Heiligtum auch eine Pferderennbahn. Es wäre gut denkbar, daß durch das Rennen das Pferd ausgewählt wurde, das dann für die Jenseitsreise geopfert wurde. Auch der Kampf der beiden Stiere, mit dem „Der Rinderraub von Cuailgne" endet, könnte ursprünglich solch ein Auswahlverfahren für den stärksten und daher richtigen Opferstier gewesen sein.

Da Cú Chulainn unter dem Schutz des Sonnengottes Belenus steht, ist anzunehmen, daß er die Helden-Variante des wiedergeborenen Sonnengottes ist, weshalb die zwei Pferde, die zusammen mit ihm geboren worden sind, den beiden Alcis-Söhnen des Sonnengott-Göttervaters entsprechen. Sein germanischer Gegenpart ist Sigurd/Siegfried, dessen Roß Grani ein direkter Nachkomme des Rosses Sleipnir des Odin ist, das wiederrum ein Sohn des Rosses Svadilfari des ehemaligen Göttervaters Tyr („Riesenbaumeister") ist.

Vermutlich sind auch die Zwillinge des Crunniuc und der Macha diese Pferde-Zwillinge.

Der Kessel von Gundestrup

Der Kessel von Gundestrup wurde von den Germanen benutzt, aber von den Thrakern um 400 v.Chr. im Auftrag der Kelten mit keltischen Motiven hergestellt – die religiöse Symbolik ist damals im Bereich der Indogermanen noch sehr ähnlich und daher noch „international" gewesen.

Bei den Bildern sind die germanischen Entsprechungen angegeben.

Stier (Tyr?) und zwei Wölfe (Alcis?)

*oben: Gott mit zwei Fisch-Pferden
(Alcis?)
unten: Doppelwolf (Alcis)*

Gott (Tyr) mit zwei Hirschen (Alcis)

Göttin mit zwei Seelenvögeln (Alcis)

rechts: zwei Löwen (Alcis?)

oben: zwei Elephanten (Alcis??); unten: zwei Greife (Alcis??)

Gott (Tyr, Dagda) mit zwei Panthern (Alcis?)

Das Pferdepaar, das Wolfspaar und das Vogelpaar entsprechen offensichtlich den beiden Alcis als zwei Rosse, zwei Wolfskrieger und zwei Seelenvögel. Sie wurden später dann zu Odins Sleipnir, Geri und Freki sowie Hugin und Munin.

Die beiden Panther entsprechen Freyas Katzen und die beiden Greife sind eine Löwe/Panther-Vogel-Mischform.

Zu den Elephanten findet sich bei den Germanen keine Entsprechung mehr – hier ist das „Paar-Prinzip" schon sehr stark über das ursprüngliche Motiv hinaus ausgedehnt worden.

Der Kessel von Marlborough

In Marlborough in Südengland wurde ein Fragment eines Kessels gefunden. Sein Alter ist unsicher; vermutlich wurde er um ca. 100 v.Chr. hergestellt.

Auf ihm sind das Gesicht der Göttin sowie rechts neben ihr der Kopf, Hals, ein Vorderbein und der Rücken eines Huftieres zu sehen. Es könnte ein Pferd oder ein Hirsch sein.

Der Kessel von Strettweg

Ein weiterer Kessel, der um 600 v.Chr. hergestellt worden ist, wurde in Strettweg in Österreich gefunden. Dieser Kessel ist am oberen Rand mit einem Ornament verziert und steht auf einem Wagen, auf dem sich eine Vielzahl von Figuren befindet.

Der Kessel von Strettweg wird von einer großen Göttin mit erhobenen Armen getragen, deren Haltung der Haltung der Götter auf dem Kessel von Gundestrup gleicht. Der Kessel gehört offensichtlich vor allem der Göttin. Die Göttin trägt eine Art Gürtel und Ohrringe. Die Figuren vor der Göttin schauen nach vorne; die hinter ihr schauen nach hinten.

Kesselwagen von Strettweg

Vor ihr und hinter ihr stehen jeweils eine Frau sowie ein Mann mit erigiertem Penis und einer Axt in seiner Hand.

Vor diesem Paar steht vorne und hinten jeweils eine Dreiergruppe: zwei Männer, die das Geweih des zwischen ihnen stehenden Hirsches halten.

Außen an den Längsseiten stehen jeweils zwei Reiter mit Helm, Schild und Speer, die ebenfalls voneinander abgewandt sind.

Zwischen den Reitern und den Hirschen schlängelt sich eine Schlange von einem zum anderen Ende des Wagens, die an beiden Enden einen Kopf hat, an dem sich Ohren befinden. Diese Darstellungsweise entspricht u.a. dem Doppelwolf auf einer der acht äußeren Bildplatten des Kessels von Gundestrup.

Es schauen also vor der Göttin sieben Menschen nach vorne und hinter ihr sieben Menschen nach hinten. Die insgesamt 17 Figuren sind:

- eine Göttin,
- zwei Frauen,
- zwei Männer mit erigiertem Phallus und Axt,
- vier Reiter mit Helm, Schild und Speer,
- vier Männer, die die beiden Hirsche halten,
- zwei Hirsche und
- zwei „Doppel-Drachen".

Diese Figuren sind wie folgt angeordnet:

hinten						
Reiter	Kopf	Hirsch-führer	Hirsch	Hirsch-führer	Kopf	Reiter
	Schlange	Mann mit Axt		Frau	Schlange	
Reiter		**Göttin**				Reiter
		Frau		Mann mit Axt		
	Kopf	Hirsch-führer	Hirsch	Hirsch-führer	Kopf	
vorne						

Diese Gestalten haben eine Reihe von Ähnlichkeiten mit den Bildern auf dem Kessel von Gundestrup:

- Die zentrale, große Frau auf dem Wagen, die den Kessel hält, ist die Muttergöttin, die auch auf dem Kessel von Rynkeby abgebildet ist.

- Ob die beiden Mann-Frau-Paare eine rituelle Funktion haben, bei der der erigierte Penis der Männer und somit die Zeugung von Bedeutung ist, oder ob dies Paar einfach so etwas wie „Eltern" o.ä. darstellt, bleibt zunächst offen.

- Die Hirsche, die in der Mitte der Vorder- und Rückseite des Wagens stehen, erinnern zunächst einmal an die beiden Hirsche in den Händen des Gottes auf einer der Außenplatten des Kessels von Gundestrup. Da im Zusammenhang mit dem Kessel von Gundestrup und dem von Rynkeby das Stieropfer eine große Bedeutung gehabt zu haben scheint und auf dem Kessel von Strettweg kein Stier zu finden ist, kann man vermuten, daß hier der Hirsch das Opfertier ist.
Die beiden Hirsche könnten jedoch auch die beiden Alcis sein – aber das ist unsicher, da sie nicht als Paar nebeneinanderstehen, sondern sich vor und hinter der Göttin befinden.

- Die zweiköpfigen Drachen/Schlangen erinnern sehr an die langen, gebogenen Stangen an den beiden keltischen Kesselwagen von Skallerup und von Archelshausen. Diese Stangen sind dort ein Teil der tragenden Konstruktion des Wagens, auf dem der Kessel steht. Eine funktionale Herkunft der Drachen als Teil des Kesselwagens schließt jedoch nicht aus, daß die Drachen zugleich auch eine symbolische Bedeutung

195

hatten. Vermutlich wurden diese Stangen einfach mit der Schlange als dem Tier des Jenseitsweges und Helfer des Cernunnos assoziiert.

Diese beiden Schlangen könnten mit den beiden Alcis-Schalngen Goinn und Moinn verwandt sein.

- Die vier Reiter erinnern an die vier Reiter auf der Ritual-Bildplatte des Kessels von Gundestrup.

1. b) Römer

Castor und Pollux sind zwei jugendliche Brüder, die als Reiter erscheinen. Sie wurden auch Gemini („Zwillinge"), Dioskuren („Söhne des Zeus") und Castores („Glänzende" oder „Stechende") genannt.

Sie wurden von den Seeleuten bei Seenot um Hilfe angerufen. Das Elmsfeuer an den Masten wurde als eine Erscheinungsform der Dioskuren angesehen. Auch die beiden Hauptsterne des Sternbildes Zwillinge wurde als eine Gestalt der Dioskuren angesehen.

Schon um 500 v.Chr. gab es in Rom ein Dioskuren-Kult. Damals wurden sie vor allem als Helfer in der Schlacht aufgefaßt. Sie hatten aufgrund eines Sieges der Römer, die sie um Hilfe angerufen haben, einen Tempel im Zentrum von Rom.

Am 15. Juli wurde jedes Jahr das Fest der Dioskuren mit einer Parade von 1800 berittenen Legionären gefeiert.

Die römischen Zwillinge sind so gut wie identisch mit den griechischen Dioskuren.

Die beiden Söhne des Mars, der der verselbständigte Schwertgott-Aspekt des indogermanischen Göttervater Dhyaus ist (siehe den Band 3 über Tyr), die Deimos und Phöbos genannt wurden, sind eine zweite Variante der Dioskuren. Sie entsprechen den beiden Alcis-Söhnen des germanischen Schwertgottes Tyr. Sie wurden von den Römern Terror (=Deimos) und Pavor (=Phobos) genannt und als die beiden Rosse vor dem Streitwagen des Mars angesehen.

Cicero berichtet eine Geschichte, in der der Dichter Simonides von Ceos (556-468 v.Chr.) von seinem Förderer Scopas dafür getadelt worden ist, daß er in der Ode auf den Sieg des Scopas in einem Wagenrennen dem Lobgesang auf Castor und Pollux zuviel Raum gegeben hat.

Kurze Zeit später wurde Simonides gesagt, daß ihn zwei junge Männer sprechen wollten. Als er daraufhin den Festsaal verließ, stürzte hinter ihm das Dach der gesamten Halle ein und begrub Scopas und alle seine Gäste unter sich.

Die beiden jungen Männer sind offensichtlich die beiden Dioskuren gewesen.

1. c) Etrusker

Auch bei den Etruskern, deren Sprache möglicherweise, aber keineswegs sicher zum Indogermanischen gehört, wurden bereits um 515 v.Chr. ebenfalls Castor und Pollux verehrt, die dort Kastur und Pultuce heißen und die Söhne des Tinia waren, der die etruskische Entsprechung zu Zeus, Jupiter und Tyr ist. Sie wurden „Tinias cliniiaras", also „Söhne des Tinias" genannt, was genau der griechischen Bezeichnung „Dioskuren" („Söhne des Zeus") entspricht.

1. d) Die Pferde-Zwillinge bei den Kelto-Romanen
(die gemeinsamen Vorfahren der Kelten und Römer)

Die beiden Pferdezwillinge, die auch als Jünglinge, Reiter oder Hirsche erscheinen konnten, sind die beiden Söhne des Göttervaters, die dessen Kultwagen ziehen.

1. e) Germanen

Die beiden Alcis sind die beiden Söhne des Göttervaters Tyr, die in der Gestalt von zwei Hengsten (Schimmeln) seinen Streitwagen über den Himmel ziehen. Sie wurden bei den Germanen und bei den Kelten auch als zwei Hirsche angesehen.

Aus ihnen wurde beim Übergang von dem in einem Streitwagen fahrenden Tyr zu dem reitenden Odin der achtbeinige „Doppelhengst" des Odin.

Um 100 n.Chr. konnten sie noch die Gestalt von zwei Hirschen („Alcis") haben. Sie erscheinen in den Mythen und Sagas auch als zwei Schlangen (Totengeister), Zwerge (Totengeister), Schmiede (Tyr im Jenseits), Wölfe (Krieger), Raben (Seelenvögel), Ziegenböcke (Opfertiere), Wildschweine (Opfertiere), Katzen (ursprünglich Panther = Symbole der Stärke) und militärische Anführer eines Volkes. Alle diese Zwillinge sind eng mit dem Göttervater (Tyr, Odin) verbunden.

Die beiden Alcis wurden von Tacitus um 100 n.Chr. ausdrücklich den beiden griechischen Göttern Castor und Pollux gleichgesetzt.

1. f) Germano-Romanen
(die gemeinsamen Vorfahren der Kelten, Römer, Tocharer und Germanen)

Die beiden Pferde-Zwillinge waren die Söhne des Göttervaters, die dessen Wagen in der Gestalt von zwei Pferden oder Hirschen gezogen haben. Als Opfertier waren sie auch Wildschweine oder Ziegenböcke, als Symbole der Kraft Wölfe oder Katzen und als Totengeister Zwerge, Schlangen oder Raben.

Die weitaus umfassendste Symbolik findet sich in der germanischen Mythologie.

1. g) Slawen

Bei den Slawen finden sich die Pferdezwillinge als Lel und Polel, die die Kinder der Göttin Lada sind. Über sie ist leider nichts genaueres bekannt.

Die Göttin Lada entspricht offensichtlich der Leda, die bei den Griechen die Mutter der beiden Dioskuren ist.

1. h) Balten

Bei den baltischen Nachbarn und nahen Verwandten der Slawen hat sich der alte indogermanische Name der Pferdezwillinge erhalten können: die beiden Ashveniai („Pferde-Zwillinge") ziehen den Wagen der Sonnengöttin Saule. Man findet die beiden Pferdezwillinge auch in der Gestalt von zwei geschnitzten Pferdeköpfen am Giebel als allgemeines Schutzzeichen (und späterem Symbol der vor allem für die Bauern zuständigen Raiffeisen-Bank). Diese Symbolik ist auch im Bereich der Germanen hinein bis in die Norddeutsche Ebene verbreitet.

Im Lithauischen wurden die Ashveniai meistens Dievo suneliai („Sonnensöhne") genannt. Diev ist der dem germanischen Tyr entsprechende Himmelsgott, der ursprünglich der Sonnengott gewesen ist. Die Letten nannten die Zwillinge Dieva deli („Gottessöhne"), deren Namen bisweilen als Janis und Jumis erwähnt werden. Ob ein Zusammenhang zwischen Janis und dem römischen Janus besteht, ist unklar – immerhin haben beide mit der Reise ins Jenseits zu tun: Janis als das Pferd und Janus als der Schamane. Die indogermanische Wurzel der beiden Namen „ja" hilft nicht sehr viel weiter, da sie „verehren" bedeutet.

Die Ashveniai finden sich bei den Balten auch als ein einzelner Pferdegott mit dem aus „Ashvins" weiterentwickelten Namen Usinsh („Pferd"). Dieser Gott war auch für die Bienen und das Licht zuständig. Das Licht ist vermutlich das Licht der Sonne und die Bienen könnten ein Hinweis auf die Erinnerung an den Göttertrank sein, der häufig Met war, den man aus Honig herstellte.

1. i) Balto-Slawen
(die gemeinsamen Vorfahren der Balten und Slawen)

Die beiden Pferde-Zwillinge sind auch bei den Balto-Slawen die Söhne der Sonne bzw. des Sonnengott-Göttervaters.

1. j) West-Indogermanen
(die gemeinsamen Vorfahren der Kelten, Römer, Tocharer, Germanen, Balten und Slawen)

Die Pferde-Zwillinge sind die Söhne des Sonnengott-Göttervaters.

2. Süd-Indogermanen

2. a) Hethiter

An jedem Morgen öffnet der Sonnengott das Tor am Horizont und fährt dann in seinem von zwei oder vier Pferden gezogenen Wagen über den Himmel. Diese zwei oder zweimal zwei Pferde vor dem Wagen des Sonnengott-Göttervaters Shiun (= Dhyaus, Diev, Tyr, Zeus, Jupiter usw.) entsprechen den Alcis der Germanen.

Zu Ehren des Pferdegottes Erama wurden Pferderennen, Wagenrennen und Wettläufe abgehalten. Solche kultischen Pferderennen sind auch von den Kelten bekannt.

In dem um ca. 1330 v.Chr. geschlossenen Friedensvertrag zwischen dem Hethiter-König Shuppiluliuma und dem ebenfalls indogermanischen Mitanni-König Shattiwaza wurden die beiden Nasatya-Zwillinge als Zeugen angerufen. Dies ist die früheste schriftliche Erwähnung der beiden Alcis. Der Name „Nasatya" („Helfer") findet sich auch im indischen Rig-Veda als Bezeichnung der beiden Alcis.

In den archäologischen Funden erscheinen die beiden Pferde-Zwillinge auch als zwei Hirsche, Stiere, Männer oder (Seelen-)Vögel.

Sonnenhirsch (Göttervater)
mit zwei Stieren (seine Söhne)

zwei miteinander verbundene
Stiere

200

zwei Vogelkopf-Menschen

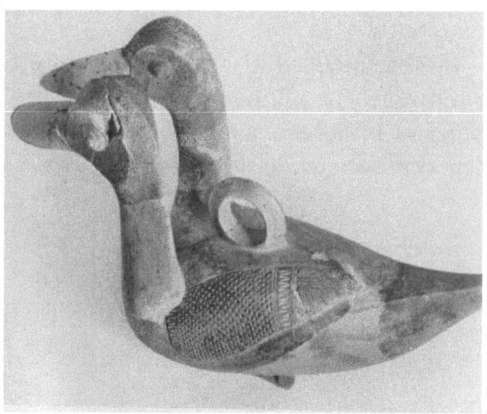

zwei Enten mit einem Leib

*zwei stark stilisierte Menschen
mit einem Leib*

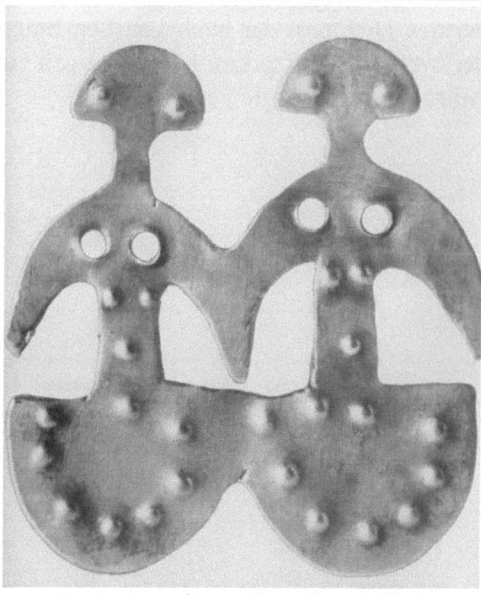

*zwei miteinander verbundene stilisierte
Menschen (Männer?, Frauen?)*

- - - - - - - -

In manchen hethitischen Texten wird berichtet, daß der Donnergott Tarhunt einen Streitwagen besaß, der von den beiden Rossen Seri und Hurri gezogen wurde, auf denen er manchmal auch ritt. Diese beiden Rosse entsprechen den beiden Rossen vor dem Streitwagen des hethitischen Göttervaters Shiun (=Tyr).

2. b) Süd-Indogermanen
(die gemeinsamen Vorfahren der Hethiter, Palaier, Luwier und Lyder)

Die Pferde-Zwillinge sind zwar nur von den Hethitern bekannt, aber da diese Zwillinge bei den West-Indogermanen eine so große Rolle gespielt haben und da sich bei den Hethitern der auch von den Indern bekannte Alcis-Beiname „Nasatyas" findet, werden sie ursprünglich wohl auch ein Element in der palaischen, luwischen und lydischen Mythologie gewesen sein.

3. Ost-Indogermanen

3. a) Perser

Bei den Persern war das Motiv der Sonne, deren Streitwagen von zwei Pferden gezogen wird, ein feststehendes Motiv. Da in diesem Zusammenhang das Wort „Rosse" stets im Plural erscheint und die Sonne nicht auf zwei Rossen gleichzeitig reiten kann, muß das zugrundeliegende Bild der von zwei Rossen gezogene Streitwagen sein.

Zend-Avsta, Khorshed Yast:
An die unsterbliche, scheinende Sonne mit ihren schnellen Pferden!

Zend-Avesta, Afrin Paighambar Zartust:
Mögest Du schnelle Rosse haben wie die Sonne!

Zend-Avesta, Khorshed Nyayis:
Heil Dir, Sonne mir den raschen Rossen!
... ...
Wir opfern der hellen, unsterblichen, leuchtenden Sonne mit den raschen Rossen.
... ...
Für die helle, unsterbliche, leuchtende Sonne mit den raschen Rossen.

Zend-Avesta, Yasna 9 (Hom Yast):
(Zarathustra) „Wer war der dritte Mann, o Haoma, der Dich für die erschaffene Welt bereitet hat? Welcher Segen wurden ihm angeboten? Welche Gunst hat er erhalten?"

Haoma ist der persische „Göttermet".

Daraufhin gab Haoma, der heilige, der den Tod in die Ferne vertreibt, die Antwort: „Thrita, der hilfreichste der Samas, war der dritte Mann, der mich für die erschaffene Welt zubereitet hat. Dieser Segen wurde ihm gegeben, diese Gunst wurde ihm gewährt: daß ihm zwei Söhne geboren wurden, Urvakhshaya und Keresaspa, der eine ein Richter, der die Ordnung erhält, der andere ein Jüngling von großem Einfluß,

203

Ring-gekrönt, Keulen-tragend:

Er, der den gehörnten, Menschen-verschlingenden und Rosse-verschlingenden Drachen tötete, den Giftigen, der von grüner Farbe ist, über den so dick wie ein Daumen ist grünliches Gift zur Seite fließt, auf dessen Rücken Keresaspa einst sein Fleisch zum Mittagsmahl in einem eisernen Kessel gekocht hat, woraufhin der Tödliche, Versengte, Erschrockene aufsprang und das Wasser ausschüttete, als es kochte. Kopfüber floh der erschrockene, mannhafte Keresaspa."

Die beiden Brüder Urvakhshaya und Keresaspa und ihr Vater Thrita/Traitana/ Thraetaona sind wahrscheinlich die persische Variante der beiden Alcis-Söhne und ihres Vaters, dem Göttervater.

Offenbar gab es eine zumindestens z.T. humorvolle Mythe über einen Mann, der ohne es zu merken sich auf einen riesigen, grünen Drachen gesetzt hat, sein Mittagsmahl auf dem Drachen gekocht hat, wodurch der Drache angesengt worden ist und aufgesprungen ist – woraufhin anscheinend beide geflohen sind.

Thrita/Traitana/Thraetaona ist der erste Heiler: Er ist der Töter des Drachens, der die Krankheiten bringt, und er war der erste Priester des Haoma, das alle Krankheiten heilt.

3. b) Inder

Die beiden Pferde-Zwillinge erscheinen bei den Indern bereits im Rig-Veda als „Ashvinau" („zwei Pferde"). „Ashvinau" ist der Dual von „Ashvin". Diese Bezeichnung leitet sich von dem Sanskrit-Substantiv „asva" für „Pferd" ab, das mit dem altpersischen „aspa", dem lithauischen „ashvienis", dem altirischen „ech", dem luwischen „azuwa", dem lateinischen „equus", dem tocharischen „yakwe", dem griechischen „hippo" usw. verwandt ist, die alle von dem indogermanischen „hekwos" abstammen. Die Ashvins sind also ursprünglich zwei Pferde gewesen.

Sie heißen Dasra („erleuchtete Spender") und Nasatya („Helfer"). Sie werden als Paar „Nasatyas" („zwei Helfer") genannt. Da bereits um ca. 1330 v.Chr. in einem hethitisch-mitannischen Friedensvertrag zwei Nasatyas als Zeugen angerufen werden, ist dies der älteste schriftlich überlieferte Name der beiden Alcis.

Sie wurden als die Söhne des Dhyaus pita („Sonnen-Vater"), der dem germanischen Tyr und dem griechischen Zeus pitar entspricht, angesehen.

In anderen Varianten sind sie die Söhne des Sonnengottes Vivasvat und der Saranyu, die die Tochter des Urriesen Tvashtri ist.

Ein weiterer Name der beiden Pferde-Zwillinge ist Divah sunu („Gottessöhne"), was dem griechischem „Dioskuren", dem baltischen „Dievo deli" und dem lithauischen „Dievo sunelai" entspricht.

Die Ashvins wurden als zwei schöne Jünglinge, von denen ein goldenes Leuchten ausgeht, geschildert (goldene Mähne der Sonnenpferde bei den Germanen). Manchmal erscheinen sie auch als Jünglinge mit Pferdekopf.

Sie sind stark wie ein Adler und schnell wie ein Gedanke.

Sie sind die Helfer der Menschen, die Erretter aus Seenot (wie bei den Römern und Griechen), die Spender von Schätzen, die Vertreiber von Unglück und die Heiler der Götter und Menschen. Sie haben die Fähigkeit, einem Menschen seine Jugend zurückzugeben, was eine Umdeutung von älteren Wiedergeburts-Vorstellungen sein wird (Germanen: die Zwerge Giallar und Falar (=Alcis) brauen den Unsterblichkeitstrank). Die Ashvins ernähren sich daher vor allem von dem Unsterblichkeitstrank Soma (Germanen: Göttermet).

Sie besitzen einen dreirädrigen Wagen (siehe die Sonnensymbolik der „3" in Band 47). Dieser goldene Streitwagen wird auch als „honigfarben" beschrieben, was eine Assoziation zur Sonne und zu dem u.a. aus Honig gebrauten Soma ist. Dieser Wagen wird auch als „honigbeladen" geschildert, was ein weiterer Hinweis auf den Soma-Trank ist.

Dieser Streitwagen der Sonne wird von Flügelpferden oder Vögeln gezogen. Diese Pferde sind die Ashvins selber als Seelenvögel (= Odins Raben).

Nach Indra, Agni (Feuer) und Soma (Unsterblichkeits-Trank) sind die beiden Ashvins die im Rig-Veda am häufigsten in den Liedern angerufenen Gottheiten. Diese Wichtigkeit erklärt sich am einfachsten daraus, daß sie die Söhne des ehemaligen Sonnengott-Göttervaters Dhyaus waren.

Von den 1088 Liedern im Rig-Veda sind 54 Lieder, also 5%, an die Ashvins gerichtet. Wenn man noch die 37 Lieder an die Maruts, die vermutlich aus den Ashvins entstanden sind, hinzunimmt, kommt man auf 91 Lieder, d.h. auf 8,4% aller Lieder im Rig-Veda.

An Indra sind 284 Lieder gerichtet (26,1%), ab den Feuergott Agni 212 Lieder (19,5%) und an den Somatrank 119 Lieder (10,9%). Das übrige Drittel an Liedern ist für eine große Anzahl an verschiedenen Gottheiten verfaßt worden.

In dem altindischen Epos Mahabharata gebiert die Königin Madri („Herrin von Madra"), die die Frau des Königs Pandu („Gelber" = Sonne) ist, jedem der beiden Ashvins einen Sohn: Nakula („vorzügliche Abstammung") und Sahadeva („bei Gott"). Diese beiden werden auch „Ashvineya" („Söhne der Ashvins") genannt. Sie sind zum einen Sagen-Varianten der beiden Ashvins und zum anderen vermutlich auch die am Morgen zusammen mit ihrem Vater, der Sonne, wiedergeborenen Ashvins.

Wahrscheinlich sind die wilden Maruts, die als die Söhne des Sturmgottes Rudra und der Kuh Prishni angesehen worden sind, mit den Ashvins verwandt, da auch sie Göttersöhne sind, goldene Helme, Brünnen und Äxte tragen und die Begleiter des Donnergottes Indra (Germanen: Thor) sind, der zur Zeit des Rig-Veda bereits den ehemaligen indischen Göttervater Dhyaus (Germanen: Tyr) abgelöst hatte. Sie erscheinen als 27, 60 oder 180 Gestalten.

Die folgenden Verse aus Liedern des Rig-Veda sind nur eine kleine Auswahl der Stellen, an denen die Ashvins und die Maruts beschrieben werden.

Die beiden Ashvins werden in den meisten Liedern am Morgen angerufen, damit sie zu den opfernden Menschen kommen. Dabei fahren sie in dem goldenen Streitwagen der Sonne, die sie aus der Nacht in den Tag fahren.

Rig-Veda 4, 43:
(an die Ashvins)
Wer von denen wird hören, denen Verehrung gebührt; welchem von all den Göttern
  wird unsere Huldigung gefallen?
Auf welches Herz sollen wir dieses himmlische Loblied legen, das reich mit
  Opfergaben versehene, das den Unsterblichen liebste?
Wer wird gnädig sein? Wer von den Göttern wird am schnellsten kommen? Wer wird
  den größten Segen bringen?
Welchen Streitwagen nennen sie schnell mit raschen Rossen? Den, den die Tochter
  der Sonne auswählte.

Der „Streitwagen mit den raschen Rossen" ist auch bei den Persern, die den Indern nahe verwandt sind, ein geläufiges Motiv.

Die „Tochter des Sonne", also des Vivasvat, ist die Mutter der beiden Ashvins.

Rig-Veda 5, 73:
Ob ihr Ashvins an diesem Tag fern sein mögt oder nahe bei, an vielen Orten oder in
  der Höhe, kommt hierher, ihr Herren der reichen Fülle!
  ... ...
Wenn Surya euren Streitwagen besteigt, der für immer rasch dahinrollt, dann sind
  Vögel von rötlicher Farbe rings um euch und es umgibt euch brennende Pracht.

Surya = Sonne
rote Vögel, brennende Pracht = Morgenröte

Rig-Veda 1, 157:
Die Ashvins haben ihren Streitwagen für ihre Fahrt bereitet. Der Gott Savitar hat das
Volk in vielerlei Weise bewegt.

      Savitar = Sonnengott

Rig-Veda 1, 14:
Schirre die roten Rosse an Deinen Streitwagen, die Hengste, o Gott, die
Flammenden: Bringe mit ihnen die Götter hierher!

Rig-Veda 3, 58:
Die uralte Milchkuh gibt die Dinge, nach denen wir uns sehnen: der Sohn der
Dakshini reist in ihrer Mitte.
Sie bringt in ihrem prächtigen Streitwagen die Fülle. Das Loblied an Ushas hat die
Ashvins aufgeweckt.

      Die uralte Milchkuh entspricht der Audhumbla der Germanen.
      Ushas = Göttin der Morgenröte

Rig-Veda 1, 180:
Eure Rosse reisen mühelos durch die Gegenden, wenn euer Streitwagen quer durch
das Meer der Lüfte fliegt.
Eure goldenen Felgen lassen Wassertropfen fallen – dadurch, daß ihr die Süße trinkt,
helft ihr dem Morgen.

      Auch bei den Germanen stammt der Tau von dem Streitwagen der Sonne –
      allerdings wird der Tau als der Speichel der beiden Rosse aufgefaßt.
      Morgen = Sonnenaufgang
      Süße = Soma, der am Morgen den Ashvins geopfert wird

Rig-Veda 1, 47:
Nasatyas, mögt ihr nun nah oder fern von Turvasa sein –
kommt auf eurem leichtrollenden Streitwagen zu uns; kommt zusammen mit den
Sonnenstrahlen.
... ...
Kommt, o Nasatyas, auf eurem Streitwagen, der von einem Sonnen-hellen Baldachin

bedeckt ist.

Hier ist deutlich zu sehen, daß die Ashvins mit dem Sonnenaufgang und somit auch mit der Sonne verbunden waren. Die wichtigste Anrufung der beiden Ashvins fand daher auch am Morgen statt.

Rig-Veda 1, 181:
Mögen euch eure reine Rosse, die Regentrinker, hierher bringen – schnell wie der Sturm, ihr himmlischen Hengste,
schnell wie ein Gedanke, mit hellen Rücken, voller Kraft, in ihrem eigenen Licht erstrahlend, o ihr Ashvins!

Rig-Veda 8, 22:
Hierher habe ich euch heute in eurem wundervollen Streitwagen um Beistand herbeigerufen,
den ihr, Ashvins, rasch bestiegen habt, damit ihr, deren Pfade rot sind, in dem Wagen Surya zu Hilfe eilt.
Dieser Streitwagen ist ewig jung, viel ersehnt, leicht gerufen, der erste in allen Taten der Macht,
er hilft und dient, o Sobhari, gnädig, ohne Rivale oder Feind.
... ...
Dieser Streitwagen, der euch gehört, hat drei Sitze und Zügel aus Gold.

Surya = Sonne
Die „3" ist auch bei den Indern die Zahl der Sonne.

Rig-Veda 8, 62:
Erhebt euch für den, der das Gesetz aufrecht erhält, spannt eure Rosse an euren Streitwagen, ihr Ashvins,
Laßt uns eure schützende Hilfe nahe sein!
Kommt, ihr Ashvins, mit eurem Streitwagen, der schneller ist als das Blinzeln eines Auges!
Laßt uns eure schützende Hilfe nahe sein!
... ...
Wo seid ihr? Wohin seid ihr gegangen? Wohin seid ihr wie Falken geflogen?
Laßt uns eure schützende Hilfe nahe sein!
... ...

208

Dies ist euer Streitwagen, ihr Ashvins, der durch die Weiten eilt, über Himmel und
Erde.
Laßt uns eure schützende Hilfe nahe sein!

Rig-Veda 1, 16:

Komm hierher mit Deinen langmähnigen Rossen, o Indra, zu dem Trank, den wir
ausgießen.

Der Trank ist das Soma.

Interessanterweise sind auch die Hadding-Zwillinge in der germanischen Mythologie langhaarig – „Hadding" bedeutet „Haar-Leute". Dies bestätigt die Deutung der Haddingjar als Saga-Variante der Alcis-Zwillinge.

Rig-Veda 5, 74:

O ihr Ashvins, möge euer Streitwagen nahen, der vorzüglichste an Schnelligkeit.
Möge unser Loblied durch viele Gegenden unter den sterblichen Menschen
erklingen!
Möge unser Lob von euch beiden, ihr Liebhaber des Mets, euch süß sein!
Fliegt hierher, ihr im Herzen Weisen – wie Falken mit euren geflügelten Rossen!

Rig-Veda 5, 77:

Die Ashvins verlangen nach ihrem Opfer bei Tagesanbruch: Die Weisen geben ihnen
den ersten Anteil und loben sie.
Verehre die Ashvins im Morgengrauen und rufe sie herbei; auch der Verehrer in der
Abenddämmerung wird nicht zurückgewiesen.

Rig-Veda 8, 75:

Ihr zwei wunderbar Starken, ihr gut-geübten in der Heilkunst, ihr seid beide die
Bringer des Entzückens, ihr habt beide Daksas Lob verdient!

Rig-Veda 8, 76:

Prachtvoll, o Ashvins, ist euer Loblied. Kommt wie eine Quelle, um den Fluß
auszugießen,
den süßen Saft, der sorgsam geseiht worden ist, ihr Fürsten, trinkt ihn wie zwei wilde
Stiere an einem Teich.

Rig-Veda 10, 24:

Kraftvoll habt ihr beide, ihr Herren der magischen Kraft, die vereinten Welten
  getrennt,
als ihr, von Vimada gebeten, ihr Nasatyas, die Welten auseinanderzwangt!

> Die beiden Welten sind Himmel und Erde. Dieses Urpaar entspricht in der germanischen Mythologie Niflheim und Muspelheim. Da die Ashvins den Sonnenwagen ziehen, scheint hier die Entstehung des Urgegensatzes durch eine Trennung der Öffnung der Himmelstore am Horizont beim Sonnenaufgang gleichgesetzt worden zu sein.

Rig-Veda 10, 106:
(über die Ashvins)
Wie Riesen werdet ihr festen Grund in den Tiefen finden, wie Füße dessen, der durch
  eine Furt watet.

Rig-Veda 1, 22:
Erwacht, ihr beiden Ashvins, die ihr euren Streitwagen frühmorgens anspannt:
Möget ihr uns nahen, um diesen Soma-Saft zu trinken!
Wir rufen die Ashvin-Zwillinge herbei, die Götter, die in dem edlen Steitwagen fahren,
die besten aller Streitwagenlenker, euch, die ihr den Himmel erreicht!

Rig-Veda 1, 34:
Ihr, die ihr diesen Tag beobachtet, seid dreifach mit uns; euer Besitz erstreckt sich
  weit, ihr Ashvins, und auch eure Fahrt.
Kommt auf eurem Streitwagen von Ferne, o Nasatyas, wie die Lebensluft zu den
  Leibern; kommt zu den dreien!
Kommt, ihr Nasatyas: die heilige Gabe wird euch geopfert; trinkt den süßen Saft mit
  Lippen, die die Süße gut kennen.
Savitar sendet euren Steitwagen vor der Dämmerung des Tages mit
  verschiedenfarbigem Öl beladen, zu unserer Opferung.

Rig-Veda 1, 178:
Leicht rollt euer Streitwagen zur Erde hinab – jederzeit, wenn ihr, die ihr voller
  Weisheit seid, ihn besteigt, um Speise zu erhalten.
Möge dieses Lied, das wundersam schöne, euren Ruhm herbeirufen, euch, die,

während sie fahren, auf die Morgendämmerung, auf die Himmelstochter warten.

Besteigt euren leicht rollenden Streitwagen, naht euch dem Verehrenden, der sich
seinen Pflichten zuwendet;

Kommt zu dem Haus, um den Mann und seine Nachkommen zur Eile anzuspornen,
o Nasatyas, ihr Helden!

Laßt nicht den Wolf, laßt nicht die Wölfin euch verletzen. Verlaßt mich nicht, und geht
auch nicht an mir oder an anderen vorüber!

Hier steht euer Anteil, hier ist eure Hymne, ihr Mächtigen: dies sind eure Gefäße –
voller angenehmen Saftes.

Speise = Opfergaben
Verehrender = Priester

Rig-Veda 6, 62:

Ich lobe die Helden-Zwillinge, die Herrscher dieses Himmels: Ich rufe die Ashvins
mit Lobliedern,

die, die sich gerne bewegen, wenn der Morgen anbricht, um die Enden der Erde zu
teilen und die geräumigen Weiten.

Indem sie durch die Reiche des Lichtes fahren, entzünden sie das Strahlen des
Streitwagens, der sie trägt.

Ihr zieht über viele weite, ungemessene Räume dahin, überquert Ödland und Felder
und Gewässer.

Ihr Mächtigen habt stets unsere Gedanken mit Rossen zu jenem Pfad der Fülle
getragen –

gedankenschnell und voller Kraft, damit der Mann, der euch Gaben spendet, sich
entspannen und schlafen kann.

Die Ashvins trennten anscheinend Himmel („Weiten") und Erde, um einen
Durchgang für die Sonne am Horizont („Ende") zu schaffen. Aus „Himmel
und Erde" ist in der germanischen Mythologie als Anpassung an den kalten
Norden „Eis und Feuer" geworden.

Rig-Veda 6, 62:

Der gnädig-gesonnene Priester, der Erwählte, erhebt sich, um die beiden Nasatyas
anzurufen:

„Ihr Herren des großen Wohlstandes! Für den Ruhm hat Suryas Tochter den
Streitwagen bestiegen, der hundertfachen Beistand bringt.

211

Surya = Sonne
Hier findet sich wie bei den Germanen das Motiv der Sonnentochter.

Ihr seid für eure magischen Künste berühmt, ihr Magier, in der Sippe der Götter, ihr
   tanzenden Helden!
Ihr Zwillinge, bringt diesem Glanz, der schön anzuschauen ist, um den Sieg zu
   erringen, reiche Geschenke für Surya!

Hier wird der Sonne geopfert, um u.a. ihre Hilfe im Kampf zu erhalten. Die Ashvins scheinen hier dem Priester zu helfen, die Gunst der Sonne, der ihr Vater ist, zu erhalten.

Nachdem ihr wie Vögel geflogen seid, ihr Wunder der Schönheit, die unseren Herzen
   lieb sind, erreichte euch der Lobgesang, der gut vorgetragen worden ist.
Mögen euch eure geflügelten Rosse, die am besten ziehenden, ihr Nasatyas, euch zu
   dem Gegenstand eurer Wünsche tragen!
Schnell wie ein Gedanke ist euer Streitwagen zu vielen Arten von Speisen und
   besonderen Köstlichkeiten ausgesandt worden.

geflügelt = der Sonnenwagen fliegt durch die Luft
ziehen = den Sonnenwagen

Rig-Veda 8, 5:
Besteigt euren Streitwagen mit den goldenen Sitzen,
o Ashvins, den mit den goldenen Zügeln,
der selbst den Himmel erreicht!
Golden ist die Deichsel, auch die Achse ist aus Gold,
und auch beide Räder sind aus Gold gefertigt.
Kommt auf ihm, ihr Herren des üppigen Wohlstandes, selbst von ferne zu uns her,
kommt zu diesem, meinem Loblied!
 ... ...
Auf diesem aus Gold erschaffenen Streitwagen mit sehr schnellfüßigen Rossen,
kommt, o Nasatyas, schnell wie ein Gedanke.

Die Schnelligkeit eines Gedankens findet sich als Motiv auch bei den Germanen in der Mythe über Utgardloki, in der Thialfi mit den Gedanken des Utgardloki (Tyr im Jenseits) um die Wette rennt.

Wir sind ans andere Ufer dieser Finsternis hinübergelangt und heben gottverlangend
  ein Loblied an.
Die viele Meisterstücke machen, die Ersten unter vielen, vor Alters geborenen,
  die unsterblichen Ashvins ruft das Loblied an.
Der liebe Hotri des Manu hat sich niedergesetzt, der die Nasatya's verehrt und lobt.
Genießet, ihr Ashvins, in nächster Nähe vom Süßtrank! Ich rufe euch her bei weisen
  Reden euch labend.

Hotra = Anrufungs-Priester

Wir haben das Opfer in Gang gebracht, unter den Wegen den besten auswählend.
Erfreuet euch an diesem Lobpreis, ihr Bullen! Wie ein folgsamer Diener angewiesen
  ist Vasistha munter, euch mit Lobliedern heranwachend.

Die Auffassung der Ashvins als zwei Stiere ist bei den Germanen recht
selten.

Diese beiden Zugrosse mögen zu unserem Clan kommen, die Unholdtöter, in voller
  Ausrüstung, die Starkhufigen.
Die berauschenden Tränke sind beisammen; verschmähet uns nicht, kommet mit
  freundlichem Sinne!
Von Westen, ihr Nasatyas, und von Osten, von Süden und von Norden kommt her,
  Ashvin, her, von allen Seiten mit dem Reichtum der fünf Völker!
Behütet ihr uns immerdar mit eurem Segen!

Rig-Veda 7, 74:
Diese Frühopfer rufen euch Morgendliche, o Ashvins.
Ich hier habe euch zur Gnade gerufen, ihr Stärkereichen, denn ihr kommt zu jedem
  Clan.
Ihr habt wunderbare Speise gegeben, ihr Herren; beeilt euch für den Freigebigen!
Lenket eines Sinnes euren Wagen herwärts, trinket den somischen Süßtrank!
Kommet her, machet euch fertig, trinket vom Süßtrank, Ashvins! Die Milch ist
  gemolken,
ihr Bullen, ihr Besitzer angestammten Gutes. Verschmähet uns nicht, kommet her!
Die Rosse, die fliegen, euch zu des Opfernden Haus tragend,
mit diesen sich beeilenden Rennern kommt her uns zuliebe, ihr Herren, ihr Götter,
  ihr Ashvins!
Dann werden die Lohnherren, die die Ashvins darum ersuchen, der Lebenskräfte

teilhaft.

Die Nasatya's mögen den Gönnern dauernden Ruhm, uns eine schützende Zuflucht
  gewähren.

Die vor Räubern sicheren Schirmherren der Völker, die sich auf die Fahrt machten
  wie Kriegswagen,

die Herren sind aus eigener Kraft erstarkt und bewohnen einen schönen Wohnsitz.

Rig-Veda 1, 71:

Vor ihrer Schwester Usas weicht die Nacht, die Dunkle räumt dem rötlichen Surya
  den Weg.

Wir wollen euch, die Rosseschenker, Rinderschenker rufen. Haltet Tag und Nacht von
  uns das Geschoß ab!

Usas = Göttin der Morgenröte = Wiedergeburtsmutter des Sonnengottes
Surya = Sonnengott

Kommet her zum opfernden Sterblichen und bringet auf dem Wagen Gutes mit,
  Ashvins!

Haltet von uns Verdorrung und Krankheit Tag und Nacht, ihr Süßesliebende, ab und
  schirmet uns!

Euren Wagen sollen am jüngsten Morgen die wohlwollenden Bullen, die Hengste
  herfahren.

Lenket, ihr Ashvins, den gutreichen Wagen, bei dem die Zügel die Hände, die Strahlen
  sind, mit den zu rechter Zeit geschirrten Rossen her!

Der Wagen, der euch fährt, der dreisitzige, gutreiche, am Morgen ausfahrende, ihr
  Fürsten,

auf dem kommet zu uns, Nasatya's, wenn der Allgestaltige zu euch geht.

Ihr befreiet den Cyavana vom Alter; dem Pedu führet ihr das schnelle Roß zu.

Den Atri erlöset ihr aus Not, aus der Finsternis; den Jahusa setzet ihr in Freiheit.

Dies Gedicht, diese Lobrede ist für euch, ihr Ashvins. Erfreuet euch an diesem
  Lobpreis, ihr Bullen!

Diese feierlichen Worte sind ausgezogen nach euch verlangend. – Behütet uns
  immerdar mit eurem Segen!

Rig-Veda 7, 67:

Euren Wagen, ihr Fürsten, will ich herbeirufen mit opferspendendem,
  gottesdienstlichem Geiste.

Mit dem Loblied, das euch, ihr Ashvins, wie ein Bote geweckt hat, rufe ich euch herbei wie der Sohn seine Eltern.

Das entzündete Feuer ist bei uns entflammt: der Finsternis Ende ist erschienen.

Im Osten hat sich das Banner der Morgenröte, der Himmelstochter, gezeigt, das zur
  Schönheit geboren wird.

Der treffliche Opferpriester, der beredte, wendet sich jetzt mit seinen Lobliedern an
  euch Ashvins, euch Nasatyas.

Kommt auf vielen Wegen heran mit dem lichtschaffenden, güterreichen Wagen!

Wenn ich, euer Diener, von euch gnädigen Herren, o Ashvins, euch jetzt Schätze
  begehrend zum Soma lade, ihr das Süße Liebenden,

so sollen euch die stämmigen Rosse herfahren, ihr sollt bei uns den wohlgepreßten
  Süßtrank trinken.

Süßes = Soma, der Honig enthält

Bringet, ihr Götter, ihr Ashvins, mein Gedicht vorwärts, daß das schätzebegehrende
  für die Preisgewinnung nicht zu gering sei!

Fördert alle Belohnungen bei dem Preisgewinn! Tut für uns, was ihr könnt, nach
  bestem Können, ihr Herren der Kunst!

Helft uns, ihr Ashvin, bei diesen Gedichten; kinderreicher Same soll uns werden,
  dessen man sich nicht schämt.

In leiblicher Nachkommenschaft uns fortpflanzend wollen wir gutbelohnt die
  Göttereinladung an euch sprechen.

Für euch ist wie ein zum Freunde gesandter Vorbote diese Auftischung bestimmt, die
  bei uns gespendet wird, ihr das Süße Liebenden!

Kommt nicht ungnädigen Sinnes herbei, das Opfer in den menschlichen
  Ansiedlungen genießend!

In ein und derselben Fahrt gelangt euer Wagen über die sieben Ströme, ihr Eiligen.

Nicht fallen die stattlichen gottgeschirrten Rosse ab, die euch in euren Jochen rasch
  bis ans Ziel fahren.

Ashvins im Joch = Hier sind die Ashvins noch selber die Rosse vor dem
  Streitwagen.

So seid denn unversieglich für die Lohnherren, die mit ihrem Reichtum zur
  Gabenspende ermuntern,

die durch ihre freigebigen Schenkungen ihren Anhang vermehren, indem sie Gaben
  von Rindern und Rossen in Fülle spenden.

Nun erhöret meinen Ruf, ihr Jünglinge; fahret eure erlabende Rundfahrt, Ashvins!

Bringet die Kleinode und lasset die freigebigen Herren alt werden! Behütet uns
  immerdar mit eurem Segen!

Rig-Veda 7, 68:

Fahret herbei, ihr schmucken Ashvins, mit schönen Rossen und freuet euch der
Lobreden eures Dieners, ihr Meister,
und der angebotenen Opferspenden: Kommt gern zu uns!
Für euch sind die berauschenden Tränke aufgestellt, kommet rechtzeitig, um meine
Opferspende zu begehren,
über die Anrufungen jedes anderen hohen Herrn hinweg. Höret uns!

berauschende Tränke = Soma

Euer gedankenschneller Wagen mit den hundert Gnaden setzt sich in Bewegung
durch die Räume,
o Ashvins, zu uns eilend, ihr Besitzer der Surya.
Wenn dieser aufgerichtete Preßstein, gottverehrend, somapressend für euch seine
Stimme erhebt,
so möchte der Redner mit seinen Opfergaben die Schönen herlenken.
Eure wunderbare Speisung, mit der wehret ihr dem Atri die mächtige Glut ab,
der als euer Liebling euren Schutz empfängt.

Glut = Sonne (die Atri befreit hat)

Und das war für den greisen Cyavana, für den Opferspender eure Vergeltung, ihr
Ashvins,
daß ihr ihm eine auf der Stelle helfende andere Gestalt anlegtet.
Und jenen Bhujyu hatten böswillige Gefährten mitten im Meere verlassen, ihr
Ashvins.
Ihn errettete der Mißgünstige, der euer Diener war.
Sogar um den Wolf, da er am Verschmachten war, bemühtet ihr euch, und ihr hörtet
auf Sayu, der euch rief,
ihr ließt seine Kuh, obwohl sie unfruchtbar war, wie die Gewässer durch eure
Geschicklichkeit und Künste anschwellen, ihr Ashvins.
Dieser sinnreiche Dichter ruft euch wach mit wohlgesetzten Worten, noch vor der
Morgenröte munter.
Ihn soll die Kuh mit ihrer Speise, mit Milch stärken. – Behütet ihn immerdar mit
eurem Segen!

Rig-Veda 7, 69:

Euer Wagen, der beide Welten befährt, der goldene, soll kommen mit den
bullenhaften Rossen,

schmalzspurig, glänzend durch die Radreifen, als Bringer der Labsale, reich an
  Siegesgewinn wie ein Fürst.
Über die fünf Erdteile sich verbreitend soll der dreisitzige Wagen, durch bloßen
  Gedanken geschirrt, herkommen,
auf dem ihr zu den gottergebenen Stämmen kommt, eure Fahrt wohin ihr wollt,
  richtend, ihr Ashvins.

Hier findet sich wieder das Motiv, daß die Ashvins durch einen bloßen Gedanken an den Sonnenwagen angeschirrt werden.

Wohlberitten, angesehen kommt heran; ihr Meister sollt die süße Auftischung trinken!
Euer Wagen, der von der jungen Frau begleitet wird, drängt durch beide Radspuren
  die Enden des Himmels auseinander.
Eure Schönheit erkürte die Maid, die Tochter des Surya, in der Entscheidungsstunde.
Wenn ihr dem Gottergebenen mit euren Künsten helft, so entgeht durch euren
  Schutz seine Lebenskraft der Glut.
Wenn dieser euer Wagen, ihr Wagenfahrer, im Frühlicht angeschirrt seine Umfahrt
  vollendet,
so bringet uns auf diesem bei Anbruch des Morgens Glück und Segen zu diesem
  Opfer, o Ashvins!
Ihr Herren, kommet heute zu unseren Somaspenden – so wie durstige Büffel nach dem
  Blitz laufen.
Denn vielerorts rufen sie euch mit Gebeten. Nicht sollen euch andere Gottergebene
  anhalten.
Ihr holtet den ins Meer gestoßenen Bhujyu aus der Flut mit euren Flügelrossen,
den nie fehlgehenden, unermüdlichen, nie sich verirrenden, ihre habt ihn durch eure
  Künste errettet, o Ashvins.
Nun erhöret meinen Ruf, ihr Jünglinge; fahret eure erlabende Rundfahrt, Ashvins!
Bringet die Kleinode und lasset die freigebigen Herren alt werden! – Behütet ihr uns
  immerdar mit eurem Segen!

Rig-Veda 7, 70:
Ihr allbegehrten Ashvins kommet zu uns! Dieser Platz auf Erden ward euch
angeboten.
Er steht da wie ein sieggekröntes Roß, daß das Glück auf dem Rücken trägt, wenn ihr
  euch darauf gesetzt habt wie auf einen Schoß zum Bleiben.
Diese eure beste Huld folgt euch auf dem Fuße; der Somatrank ist in der Wohnung
  des Menschen heiß gemacht worden,
der euch über die Meere, die Flüsse hinüberbringt, indem er eure Rosse anschirrt, die

so gut geschirrt sind wie selbst die Sonnenrosse.

Welche Standorte ihr Ashvin eingenommen habt in den jüngsten Töchtern des
Himmels, den Pflanzen, den Ansiedlungen,

wenn ihr auf dem Gipfel des Berges sitzet, kommt von da dem opfernden Menschen
Labsal mitbringend!

Habt an den Kräutern und am Wasser Gefallen, ihr beiden Götter, wenn ihr zu den
Anstrengungen der Rishis kommen werdet.

Indem ihr viele Kleinode bei uns hinterlasset, blickt ihr auf die früheren Zeiten
zurück.

Obwohl ihr Ashvins schon viele erbauliche Worte gehört habt, so beachtet ihr doch
die erbaulichen Worte unserer Rishis.

Kommet nach Wunsch zu dem Volke; uns soll eure beste Huld gehören!

Welches Opfer auch mit Spenden und bereiteter Erbauung im Wettbewerb für euch,
Nasatya's, stattfinden mag,

kommet nach Wunsch zu Vasistha! Diese erbaulichen Worte werden für euch beide
angestimmt.

Dieses Gedicht, diese Lobrede ist für euch, ihr Ashvins. Erfreuet euch an diesem
Lobpreis, ihr Bullen!

Diese feierlichen Worte sind ausgezogen nach euch verlangend. – Behütet uns
immerdar mit eurem Segen!

Rig-Veda 7, 72:

Kommet, Nasatya's, auf Rinder- und Rosse-begleitetem, Gold-reichem Wagen!

Euch begleiten alle Gaben, die ihr am Leibe in beneidenswerter Schönheit pranget.

Kommet mit den Göttern vereint zu uns heran im Wagen, ihr Nasatya's,

denn mit euch verbindet uns väterliche Freundschaft und die gleiche Sippe. Seid
dessen eingedenk!

Die Loblieder auf die Ashvins sind erwacht, die in der Familie erblichen Kraftreden
und die Göttinnen Usas.

Indem ihr Erde und Himmel, nach denen wir uns sehnen, herbeirufen, lädt der weise
Redner die Nasatya's ein.

Wenn die Morgenröte aufleuchtet, o Ashvins, dann tragen euch die Dichter ihre
erbaulichen Worte vor.

Gott Savitri hat sein Licht emporgerichtet; die Feuer wachen hoch auf durch das
Brennholz.

Von Westen, ihr Nasatya's, und von Osten, von Süden und von Norden kommt,
ihr Ashvins, her,

von allen Seiten mit dem Reichtum der fünf Völker! – Behütet ihr uns immerdar mit
eurem Segen!

Rig-Veda 4, 44:

Wir rufen an diesem Tag euren fernfahrenden Streitwagen an, o ihr Ashvins, jetzt
  beim Versammeln des Sonnenlichtes,
den Streitwagen, der in Hymnen gelobt wird, der an Schätzen reiche, der mit Sitzen
  versehene, der Streitwagen, der Surja trägt.
Ihr Ashvins, ihr habt euren Ruhm durch eure Göttlichkeit erworben, ihr Söhne des
  Himmels – durch eure eigene Macht und Stärke!
  ... ...
Kommt auf eurem goldenen Streitwagen, ihr Allgegenwärtigen, zu diesem Opfer, das
  wir bringen, ihr Nasatyas!
Trinkt von dem angenehmen Soma-Trank; gebt den Menschen, die euch verehren,
  Schätze!
Kommt vom Himmel, von der Erde leicht auf eurem goldenen Streitwagen hierher
  gerollt!

Surya = Sonne
Aus den beiden Ashvins („Pferde") vor dem Streitwagen der Sonne werden
oft zwei Männer in diesem Streitwagen.

Rig-Veda 5, 78:

Ihr Ashvins, kommt zu uns her: Nasatyas, wendet euch nicht ab!
Fliegt wie zwei Schwäne zu dem Saft, den wir ausgießen!
O Ashvins, wie ein Paar Hirsche, wie zwei wilde Rinder zu der Aue:
Fliegt wie zwei Schwäne zu dem Saft, den wir ausgießen!
O Ashvins, ihr Geschenke-reichen, nehmt unser Opfer an, damit es gedeiht:
Fliegt wie zwei Schwäne zu dem Saft, den wir ausgießen!

Die beiden Ashvins werden wie die germanischen Alcis („Elche, Hirsche")
einem Paar Hirsche verglichen und ebenso einem Paar Stiere oder Schwäne.

Rig-Veda 1, 37:

Singe, Kanvas, für die Schar der unbesiegbaren Maruts,
den schnellen, den Glänzenden in ihrem Streitwagen.
Die aus sich heraus strahlend gemeinsam geboren wurden, zusammen mit den
  gefleckten Hirschen,
den Speeren, den Schwertern und dem glänzenden Schmuck.

In diesen Versen ist die Gleichsetzung der Maruts mit den Ashvins bzw. die Entstehung der Maruts aus den Ashvins deutlich erkennbar. Möglicherweise sind die beiden Ashvins des ehemaligen Göttervaters Dhyaus bei seiner Absetzung durch den Donnergott Indra vervielfältigt, wilder und dem Indra untergeordnet worden – ein recht normaler Vorgang in der Entwicklung von Mythen.

Rig-Veda 2, 34:

Ihr Maruts mit den goldenen Helmen, ihr, die ihr alle Dinge erschüttert, kommt mit euren gefleckten Hirschen, einig, zu unserer Speise.

Hier haben die Maruts wie die Ashvins Hirsche als Reittiere und zudem Goldhelme wie die Sonne. Die Speise ist die Opfergabe an die Maruts.

Rig-Veda 5, 78:

Ihr Ashvins, kommt her zu uns; Nasatyas, seid uns nicht abgeneigt:
Fliegt wie Schwäne zu dem Saft, den wir ausgießen, her!
O Ashvins, wie ein Paar Hirsche, wie zwei wilde Rinder auf der Aue:
Fliegt wie Schwäne zu dem Saft, den wir ausgießen, her!
O Ashvins, reich an Gaben, nehmt unser Opfer an, damit wir gedeihn:
Fliegt wie Schwäne zu dem Saft, den wir ausgießen, her!
Wie zu Atri, als er in die Höhle hinabstieg und euch laut wie eine klagende Frau rief.
Ihr kamt zu ihm, o Ashvins, mit der frischesten und allerglückverheißendsten
*   Schnelligkeit eines Falken!*

Atri ist ein früher Sänger und Weiser, der dem Geist des Brahma entsprungen sein soll.

Er hat einst die von Svarbhanu (Germanen: Loki) versteckte Sonne befreit. Die Reise in die Höhle, über die in der Strophe berichtet wird, ist daher eine Reise in die Unterwelt – die Höhle ist die Grabkammer des Hügelgrabes der Sonne. Im Ritual entspricht diese Szene der morgendlichen Anrufung der Sonne durch die Priester.

Atris Frau Devi Anasuya hilft jedem Morgen der Sonne, im Osten aufzusteigen – sie ist offenbar eine Sagen-Variante der Jenseitsgöttin, die jeden Morgen die Sonne wiedergebiert.

Über Anasuya wird erzählt, daß einst Brahma, Vishnu und Shiva als normale Männer verkleidet zu ihr kamen und von ihr verlangten, von ihr unbekleidet bewirtet zu werden. Sie erfüllte ihren Wunsch, aber verwandelte die drei Götter zuvor in drei kleine Kinder. Diese Szene erinnert an das Netz-Rätsel, das in den Mythen der Germanen, Kelten und Inder mit der sterbenden und wiedergeborenen Sonne verbunden ist (siehe den Band 76 über die Rätsel). Die Verwandlung der drei Götter zu Kindern wird wahrscheinlich eine Umdeutung der Wiedergeburt dieser drei Götter, d.h. ursprünglich der Wiedergeburt der Sonne, sein.

Die Ashvins sind des öfteren Anasuyas Helfer. Er wurde als der mittlere der sieben Sterne des Großen Bären (Großer Wagen) angesehen.

Er ist der Verfasser des fünften Buches des Rig-Veda und gilt als der Schreiber mehrerer Veden.

Rig-Veda 4, 45:
Dort geht das Licht auf: Euer Streitwagen, der auf der Höhe des Himmels dahinfährt,
  ist angeschirrt worden.
In diesem Streitwagen sind drei Arten von verwandten Speisen gelegt worden und ein
  Schlauch mit Soma gluckert als viertes in ihm.
Eure Köstlichkeiten, die reich an einem Vorrat von Met sind, kommen zusammen mit
  den Streitwägen und Rossen in der Morgenröte hervor,
ziehen die Decke von der Dunkelheit ringsum fort und breiten in der Höhe das helle
  Leuchten der Sonne aus.

Die Zahl „3" ist auch bei den Indern ein Symbol der Sonne gewesen:

Rig-Veda 1, 118:
Mit den Falken fliegend möge euer Streitwagen, ihr Ashvins, allergnädigst mit
  freundlicher Hilfe hierher kommen –
euer Streitwagen, der schneller als der Geist der Sterblichen ist, rasch wie der Wind,
  mit drei Sitzen, o ihr Mächtigen!
... ...
Die jugendliche Tochter der Sonne erfreut sich an euch, steigt dort in euren
  Streitwagen, ihr Helden.
Laßt euch von euren schönen Rossen auf ihren schnellen Schwingen, von euren
  rötlichen Vögeln, zu uns tragen!

Rig-Veda 1, 46:
Nun leuchtet die Morgenröte in dem frühen Licht auf, die liebe Tochter des Himmels.
Laut preise ich euch, ihr Ashvins,

ihr beiden Söhne der Sindhu, ihr Entdecker der Reichtümer,
ihr Götter, die durch ihre tiefe Einsicht Schätze finden.
Eure Rosse eilen durch die lodernde Weite dahin,
wenn euer Wagen mit den geflügelten Rossen dahinfährt.

... ...

Kommt in dem Schiff dieser unserer Hymnen,
die euch zu dem hiesigen Ufer tragen, o Ashvins, spannt den Streitwagen an!
Euer ist das weite Schiff des Himmels – am Ufer der Flut wartet euer Streitwagen.

... ...

O ihr alles umgebenden Ashvins, die Morgendämmerung folgt eurem hellen Pfad:
nehmt mit hellen Strahlen unsere feierlichen Rituale an.
Trinkt von unseren Opfern, gewährt uns Schutz, o ihr Ashvin-Zwillinge,
durch die Hilfe, die niemand stören kann.

In diesen Versen findet sich noch das alte Bild der Fahrt des Sonnenschiffes über das Himmelsmeer (das sich auch in den skandinavischen Felsritzungen findet) statt dem späteren Bild des Sonnen-Streitwagens.

Rig-Veda 1, 5:
Der, dessen Paar von gelbbraunen Rossen kein Feind herauszufordern wagt, wenn sie
*   in der Schlacht angespannt werden:*
Ihm, dem Indra, singe Dein Lied!

Aus den Ashvins, die ursprünglich die beiden Rossen vor dem Streitwagen des Sonnengott-Göttervaters Dhyaus gewesen sind, sind die beiden Rosse vor dem Streitwagen des Indra bzw. seine beiden Krieger geworden, als dieser Dhyaus als obersten Gott abgesetzt hat.

Rig-Veda 1, 7:
Indra hat seine beiden braunen Rosse und seinen Streitwagen mit dem Wort-Joch
*   stets bei sich –*
Indra der Goldene, der Donner-Bewehrte.

Indra hat die Farbe Gold vermutlich von dem ehemaligen Sonnengott-Göttervater Dhyaus übernommen – so wie Odin den Goldhelm des Tyr.

Das Wort-Joch stammt vermutlich aus der Vorstellung über die magisch wirksamen Lieder.

<u>Rig-Veda 3, 44:</u>
Möge dieser köstliche Soma für Dich mit gelbbraunen Steinen ausgepreßt werden.
Erfreue Dich daran, o Indra, und komme mit Deinen rotbraunen Rossen; besteige
Deinen goldfarbenen Streitwagen!
Du hast Usas in Liebe erglühen lassen, Du hast Surya in Liebe leuchten lassen.
Du Indra, der Wissende, Denkende, Herr der rotbraunen Rosse, Du wächst über allen
Ruhm hinaus an.
... ...
Wenn er ins Leben geboren wird, erleuchtet der goldene Stier das gesamte Reich des
Lichtes.

In dieser Hymne hat der Donnergott Indra („Thor") ganz deutlich die Rolle des Sonnengott-Göttervaters Dhyaus („Tyr") übernommen.

Usas ist die Göttin der Morgendämmerung, die ursprünglich vermutlich die Jenseitsgöttin gewesen sein wird, die am Morgen die Sonne wiedergebiert.

Hier scheint die Sonne (Surya) als Göttin aufgefaßt worden zu sein – ansonsten wäre ihre Liebe zu Indra recht ungewöhnlich.

Die rotbraunen Rosse des Indra sind die Ashvins, die er von Dyaus übernommen hat.

Der goldene Stier ist hier Indra, aber er wird ursprünglich die (aufgehende) Sonne (Dyaus) gewesen sein.

<u>Rig-Veda 1, 20:</u>
(über die Ribhus)
Dieses Loblied, das üppigen Wohlstand gibt, wurde für die himmlische Sippe
durch die Lippen der Sänger erschaffen.
Die, die für Indra mit ihrem Geist Rosse erschufen, die durch einen Gedanken
angespannt werden,
vollbrachten diese Werke durch die Opfergaben.
Sie, die für die beiden Nasatyas einen strahlenden Streitwagen erschaffen haben, der
überall hin fährt,
und die eine Nektar-gebende Kuh erschufen.

Die Opfergaben ermächtigen die Ribhus, ihre Taten zu vollbringen, und damit letztlich auch den Sonnenaufgang – die Priester singen ihre Lieder nicht zum Lob der erscheinenden Sonne, sondern die Sonne geht auf, weil sie singen.

Rig-Veda 5, 57:

*Kommt auf eurem goldenen Streitwagen im Einklang mit Indra, o ihr Rudras, damit
wir gedeihen.*

... ...

*Kinder des Rudra, verleiht uns große Ehre: Möge ich eure göttliche Hilfe und Gunst
erhalten!*

Rig-Veda 5, 55:

(an die Maruts, die hier sehr den Ashvins ähneln)

*Mit glänzenden Speeren, ihre Brüste mit Gold geschmückt, halten die
voranstürmenden Maruts die Lebenskraft empor.*

*Sie eilen mit raschen Rossen, die leicht zu lenken sind, dahin. Ihre Streitwagen rollen
dahin, während sie zum Sieg eilen.*

*Maruts, eure Macht verdient es, verehrt zu werden – ein Anblick, nach dem man sich
so sehnt wie nach dem Scheinen der Sonne.*

*Führt uns deshalb durch eure Hilfe zur Unsterblichkeit. Eure Streitwagen rollen
dahin, während ihr zum Sieg eilt.*

Die Maruts haben große Ähnlichkeit mit den Ashvins und sind vermutlich
aus diesen entstanden.

Rig-Veda 1, 85:

(über die Maruts)

*Während wir das Lied ihres Lobes und ihrer wachsenden Macht singen, haben sie
ihren Glanz angelegt – die Söhne, die von Prishni geboren worden sind.*

... ...

*Wenn die Kinder der Kuh in ihrem glänzenden Gewand erstrahlen und auf ihren
schönen Gliedern ihr goldener Schmuck liegt,*

vertreiben sie jeden Feind von ihrem Pfad.

Hier ist die Identität der Ashvins mit den Maruts offensichtlich, denn die
Maruts werden hier wie die Ashvins als Kinder der Kuh Prishni beschrieben.

3. c) Indo-Perser
(die gemeinsamen Vorfahren der Inder und Perser)

Die Pferde-Zwillinge zogen bei den Indo-Persern einst den goldenen Streitwagen des Sonnengott-Göttervaters und später dann den Streitwagen des Indra.

Diese beiden Sonnen-Söhne erscheinen als zwei Rosse, zwei hilfreiche, kriegerische Jünglinge, zwei Hirsche, zwei Stiere und zwei Schwäne.

Diese Gestalten entsprechen der ursprünglichen Mythe des Sonnengottes: Er hat die Gestalt eines Mannes, verwandelt sich bei seinem Tod in den Hirsch, den Stier oder den Hengst, der ihm geopfert wird (siehe „Wiederzeugung" in Band 51), und wird im Jenseits von der Muttergöttin als Seelenvogel (Schwan) wiedergeboren. Aus der Kombination von Pferd und Schwan ist das Flügelroß entstanden.

3. d) Mitanni

In dem um ca. 1330 v.Chr. geschlossenen Friedensvertrag zwischen dem Hethiter-König Shuppululiuma und dem ebenfalls indogermanischen Mitanni-König Shattiwaza wurden die beiden Nasatya-Zwillinge als Zeugen angerufen. Dies ist die früheste schriftliche Erwähnung der beiden Alcis. Der Name „Nasatya" („Helfer") findet sich auch im indischen Rig-Veda als Bezeichnung der beiden Alcis.

3. e) Indo-Mitanni
(die gemeinsamen Vorfahren der Inder, Perser und Mitanni)

Die Pferde-Zwillinge zogen bei den Indo-Persern einst den goldenen Streitwagen des Sonnengott-Göttervaters. Sie haben die Gestalt von zwei Jünglingen, Rossen, Hirschen, Stieren, Flügelpferden oder Schwänen und sind die Helfer der Menschen.

3. f) Skythen

Das Pferd wurde insbesondere mit dem Orakelgott Oitosyros („der in der Weide mächtig ist") assoziiert.

Im allgemeinen unterstehen bei den Indogermanen die Orakel dem jeweiligen Sonnengott, da dieser jede Nacht durch das Jenseits reist, wo die Ahnen leben, von denen man mithilfe der Orakel einen Rat erhalten möchte.

Da die Griechen den Oitosyros dem Apollo gleichsetzten, der auch ein Sonnengott und ein Orakelgott ist, ist anzunehmen, daß die skythische Assoziation von Pferd und Oitosyros darauf beruhte, das auch dieser Gott als Sonnengott in einem von zwei Pferden gezogenen Streitwagen über den Himmel fuhr.

3. g)   Skytho-Inder
(die gemeinsamen Vorfahren der Inder, Perser, Mitanni, Armenier und Skythen)

Die Pferde-Zwillinge zogen bei den Indo-Persern einst den goldenen Streitwagen des Sonnengott-Göttervaters. Sie haben die Gestalt von zwei Jünglingen, Rossen, Hirschen, Stieren, Flügelpferden oder Schwänen und sind die Helfer der Menschen.

3. h)   Griechen

Die Pferdezwillinge, die sich bei den frühen Indogermanen aus der Verbindung der Pferdesymbolik mit dem Streitwagenmotiv der Sonne entwickelt haben, finden sich bei den Griechen als die Dioskuren wieder. Ihr Name bedeutet „Gottessöhne" und sie wurden auch „Leuko Polo", die „Weißen Fohlen" genannt. Der Gott, dessen Söhne sie sind, ist der Göttervater Zeus selber.

Zeus verwandelte sich einst in einen Schwan, um sich der irdischen Frau Leda unbemerkt nähern und sich mit ihr vereinen zu können. Leda legte daher wie ein Schwan zwei Eier, aus denen die Dioskuren schlüpften. Ledas Ehemann Tyndareus war möglicherweise der Vater von Castor, und Zeus nur der Vater von Pollux – zumindest war in einigen Versionen der Mythe nur der eine der beiden Zwillinge sterblich (Castor), während der andere zu einem Gott wurde (Pollux). Homer, der um ca. 750 v.Chr. gelebt hat, sah beide Zwillinge als sterblich, aber zugleich als Gottheiten im Jenseits an.

Leda entspricht offenbar der slawischen Pferdezwillings-Mutter Lada. Der Name Leda/Lada („Glückliche") könnte daher einst der indogermanische Name der Dioskuren-Mutter gewesen sein.

Der Name „Dioskuren" für die Zwillinge bedeutet „Söhne des Zeus" und spricht dafür, daß die beiden ursprünglich eben Söhne des Zeus gewesen sind.

Da Zeus bei der Zeugung der Zwillinge die Gestalt eines Schwanes (Zeus als Seelenvogel im Jenseits) gehabt hat, schlüpfen die beiden Zwillinge in manchen Schilderungen aus einem oder aus zwei Schwaneneiern – dies entspricht der Schwanengestalt der indischen Ashvins und den Schwanen-Seelenvögeln bei den Germanen und den Kelten.

Die phrygische Kappe, die die Zwillinge oft auf ihrem Kopf tragen, wurde auch als Stück Eierschale gedeutet. Die Schwanengestalt des Zeus (Seelenvogel) ist ein deutlicher Hinweis darauf, daß die Geburt der Zwillinge im Zusammenhang mit der Wiederzeugung des Zeus im Jenseits steht – aufgrund der Wiederzeugung wurde der wiedergeborene Tote oft als sein eigener Sohn angesehen.

Castor und Pollux heirateten die beiden Leucippen („Töchter des weißen Pferdes") die Phoebe („helles Mondleuchten") und Hilaeira („Sanftes Scheinen") hießen, nachdem die Dioskuren die beiden Frauen, die bereits ihren Cousins Idas und Lyceus versprochen waren, geraubt hatten. Beide Frauen waren Priesterinnen der Athena und der Artemis. Phoebe und Hilaeira waren auch Beinamen der griechischen Mondgöttin Selene, die in einem von zwei Pferden gezogenen Streitwagen über den Himmel fuhr. Das „weiße Pferd", deren Töchter Phoebe und Hilaeira waren, ist demnach die Mondgöttin Selene selber.

Hier verbanden sich offenbar die beiden Pferde der Mondgöttin (Leucippen) mit den beiden Pferden des Zeus (Dioskuren). Beide Pferdepaare wurden als die Zwillings-Kinder des Zeus/Sonne bzw. der Selene/Mond angesehen, was bedeutet, daß auch Zeus und Selene als Pferde betrachtet wurden – Selene wird in dem Sammelnamen (Leucippen) ihrer Töchter auch explizit als „weißes Pferd" bezeichnet.

Hier wird die alte Vorstellung sichtbar, daß sich der Tote in ein Pferd verwandelt, um sich dann mithilfe der Zeugungskraft des für ihn geopferten Pferdes im Jenseits mit der Göttin, die ebenfalls Pferdegestalt annahm, zu vereinen. Poseidon hat in Hengstgestalt mit Demeter in Stutengestalt ein Flügelpferd gezeugt – Poseidon und Demeter waren Geschwister des Zeus, der daher ebenfalls die Fähigkeit haben sollte, sich in einen Hengst zu verwandeln.

Von den Dioskuren wird berichtet, daß sie in Eleusis eingeweiht waren, was ein Hinweis auf ihre Kenntnis des Jenseitsweges ist – was für die Pferde vor dem Wagen des Sonnengottes (die sie ursprünglich einmal waren) natürlich eine unerläßliche Kenntnis ist, da der Sonnengott jede Nacht durch die Unterwelt reist.

Castor und Pollux raubten zusammen mit ihren Cousins, den Zwillingen Idas („der zum Berg Idas gehört") und Lynceus („Luchs") eine Viehherde und gerieten über die Aufteilung der Herde in Streit, wobei Castor, Idas und Lynceus starben. Der Streit entstand durch das Wettessen eines der geraubten und gebratenen Stiere, bei denen der riesengestaltige Idas die beiden Zwillinge überlistete.

Die Kombination des Berges der Göttin (Ida) und des Luchses (Lynceus) in den Namen der Zwillingen erinnert an die jungsteinzeitliche Muttergöttin mit den beiden Panthern neben ihr. Die Riesen (Idas) sind in der griechischen Mythologie ein Bild für die fernen Ahnen.

Pollux wurde auch Polydeuces genannt: „wie süßer Wein". Möglicherweise ist dies ein Hinweis auf das Kultgetränk bei der Bestattung, das den Göttertrank darstellte.

Da der Weg ins Jenseits durch die Wasser der Unterwelt führt, waren Castor und Pollux auch die Beschützer der Seefahrer, denen sie unter anderem als das Elmsfeuer (elektrische Entladungen an den Masten) erschienen.

Die Verbindung des Pferdes mit dem Jenseits wird dadurch sehr deutlich, daß das Jenseits auch Eleusis genannt wurde, was „Weide" bedeutet – dies wird wohl dieselbe Weide sein, auf der auch die Sonnengötter Helios und Apollo ihre Rinder und Schafe hielten.

Die Dioskuren wurden als Helfer der Menschen sowie als Beschützer der Seeleute und der Reisenden angesehen und wurden häufig als vorzügliche Reiter (statt als Pferde) mit Helm und Speer dargestellt. Sie halfen denen, die sie verehren und ihnen vertrauen, in allen Krisen.

Als Krieger sind sie auch die Erfinder der Kriegstänze gewesen, was vermuten läßt, daß sie wie die Berserker und die Ulfhedin mit den Ekstasekampf-Techniken vertraut gewesen sind.

Sie jagten u.a. den kaledonischen Eber, was auf die Beschaffung des Opfertieres für die Bestattungszeremonie des Zeus bei seiner Jenseitsreise zu Typhon bzw. zu Persephone zurückgehen könnte (siehe „Wiederzeugung" in Band 51 und „Eber" in Band 42).

Sie fuhren auch auf dem Schiff „Argo" („Schnelles") des Jason mit, der eine Sagen-Variante des Sonnengott-Göttervaters Zeus ist. Dieses Motiv scheint noch aus der Zeit vor der Erfindung des Streitwagens um 2000 v.Chr. durch die Indogermanen zu stammen, da der Sonnengott hier noch in einem Schiff über das Himmelsmeer fährt.

Die Dioskuren konnten auch durch ihre beiden Kappen, als zwei Amphoren (Met?), zwei Schilde (Krieger) oder zwei Schlangen (Gestalt im Jenseits) dargestellt werden. Über ihrer Kappe trugen sie manchmal einen Stern – die beiden Sterne des Sternbildes Zwillinge. Schon die Benennung eines der zwölf Tierkreiszeichen nach den Zwillingen zeigt die große Bedeutung, die sie einst gehabt haben müssen.

Eines der wichtigsten Symbole der beiden Dioskuren waren zwei Pfosten, die durch einen Querbalken verbunden waren – eine genaue Entsprechung zu dem germanischen Jenseitstor („öndvegis-sula"), das im Tempel und hinter dem Hochsitz der Fürsten stand und das bei Bestattungen errichtet wurde. Castor und Pollux waren folglich eng mit der Jenseitsreise verbunden, was ihrem Ursprung als Rosse vor dem Wagen der Sonne, die täglich stirbt und wiedergeboren wird, entspricht.

Der Birnbaum, der den Dioskuren in Sparta heilig war, wird vermutlich als Weltenbaum (Variante des sonst üblichen Apfelbaumes) ebenfalls der Weg ins Jenseits sein.

Die Göttin, die sie auf manchen Darstellungen bedienen, ist vermutlich die Jenseitsgöttin, die einst in den frühen Mythen den Sonnengott und die beiden Rosse, die seinen Wagen gezogen haben (die Dioskuren) wiedergeboren hat.

Die Dioskuren wurden in Athen und an vielen anderen Orten in Tempeln verehrt, aber am wichtigsten waren sie den Spartanern. Als Söhne des Tydareus, der König von Sparta gewesen ist, waren sie das Urbild der alten Tradition der doppelten Königschaft, die sich in Griechenland zwar nur in Sparta hat erhalten können, aber von den Germanen gut bekannt ist (Hengist und Horsa bei den Angelsachsen; die beiden Haddinge bei den Nordgermanen u.a.).

Die beiden Dioskuren sind offenbar einst eng mit dem Fürstentum und dem Königtum verbunden gewesen – was kein Wunder ist, da sowohl die beiden Dioskuren als auch die Fürsten und Könige als Söhne des Sonnengott-Göttervaters angesehen worden sind.

Die Wichtigkeit der Dioskuren in Sparta zeigt sich auch darin, daß der übliche Eid bei den Spartanern „bei den beiden Göttern" lautete. Kastor und Pollux waren bei ihnen so beliebt, daß sie nicht nur in den Tempeln, sondern auch in den Wohnhäusern verehrt worden sind, wo ihnen ein Tisch mit Speisen gedeckt worden ist, was „Theoxenia", also „Bewirtung der Götter" genannt worden ist.

Homerische Hymnen: An die Dioskuren
Ihr Musen mit den strahlenden Augen, berichtet über die Tyndariae,
die Söhne des Zeus, die ruhmreichen Kinder der Leda mit den schönen Knöcheln,
über Castor, den Zähmer der Pferde, und über den makellosen Polydeuces.
Als Leda mit dem dunkel-umwölkten Sohn des Kronos beisammenlag,
gebar sie ihm unter dem Gipfel des hohen Berges Tyagetus
Kinder, die die Erretter der Menschen auf der Erde sind
und auch auf den schnellfahrenden Schiffen,
wenn heftige Stürme über die unbarmherzige See dahinfahren.
Dann rufen die Seeleute die Söhne des großen Zeus an
und versprechen ihnen weiße Lämmer und gehen nach vorne zum Bug
– doch der heftige Wind und die Wogen des Meeres
überfluten das Schiff mit Wasser, bis sie schließlich diese beiden
auf gelbbraunen Flügeln durch die Lüfte blitzen sehen.
Sofort beruhigen sie die Böen des Windes
und stillen sie die Fläche des Gischt-weißen Meeres:
Sie sind gute Vorzeichen und die Errettung aus großen Mühen.
Und wenn die Seeleute sie sehen, werden sie froh
und können sich von ihrer Not und ihrer Arbeit ausruhen.
Heil euch Tydariae, ihr Reiter auf schnellen Rossen!
Nun werde ich euer gedenken
und ebenso in einem weiteren Lied.

Homerische Hymnen: An die Dioskuren

Singt, ihr Musen mit der reinen Stimme, über Castor und Pollux,
die Tyndaridae, die der olympische Zeus gezeugt hat.
Unter den Höhen des Taygetus hat die anmutige Leda sie in sich getragen,
nachdem der dunkel-umwölkte Sohn des Kronos
sie heimlich seinem Willen gefügig gemacht hat.
Heil, ihr Kinder des Tindareus, ihr Reiter auf den raschen Rossen!

Alceus, Fragment 34:

Kommt her zu mir, verlaß eure Insel Pelops,
ihr mächtigen Kinder des Zeus und der Leda,
zeigt euch mit freundlichem Herzen,
Castor und Polydeuces!

Ihr reist auf euren schnell-füßigen Rossen
über die weite Erde, über das Meer:
Wie leicht bringt ihr die Errettung
von des Todes eisiger Kälte!

Ihr springt hoch oben auf die Mastspitzen der Bänke-reichen Schiffe,
ihr leuchtet hell auf, wenn ihr die Fockstange hinauflauft
und dem schwarzen Schiff in der Not
in der drohenden Dunkelheit das Leuchten bringt!

>Das Leuchten auf der Mastspitze und an der Fockstange ist das Elmsfeuer
>(eine elektrische Entladung).

Homerische Hymnen: An Demeter

So sprach er und rief seine Rosse: und auf sein Tadeln
zogen sie rasch den schnellen Streitwagen dahin –
wie Vögel mit langen Flügeln.

>Hier sind die beiden Dioskuren vor dem Streitwagen der Sonne wie bei den
>Indern zwei Flügelpferde.

<u>Homerische Hymnen: An Demeter</u>
So kamen sie zu Helios, der der Wächter sowohl der Götter
als auch der Menschen ist, und standen vor seinen Rossen.

Der Sonnengott-Göttervater als Wächter findet sich auch bei den Germanen als der Gott Heimdall. Die beiden Rosse des Helios sollten die Dioskuren sein.

<u>Illias 6, 23:</u>
Aber Bukolion war Laomedons Sohn des Erhabnen,
Seines Geschlechts der erste; doch heimlich gebar ihm die Mutter.
Hütend vordem der Schafe gewann er Lieb' und Umarmung,
Und befruchtet gebar ihm Zwillingssöhne die Nymphe.

Es ist denkbar, aber sehr fraglich, ob sich diese Verse auf die Dioskuren beziehen – sie sind jedoch möglicherweise von ihnen inspiriert worden.

Der Kriegsgott Ares (=Mars) geht auf den Schwertgott-Aspekt des indogermanischen Sonnengott-Göttervaters zurück. Daher werden seinen beiden Söhne Deimos („Schrecken") und Phobos („Furcht") Varianten der beiden Pferde-Zwillinge sein. Aus den beiden Rossen sind bereits in der um ca. 750 v.Chr. verfaßten Illias im Zusammenhang mit Ares zwei Jünglinge geworden, die ihm seine beiden Rosse vor seinen Streitwagen spannen.

Hesiod hat Ares und Aphrodite als die Eltern von Daimos und Phobos angesehen – was gut zu der bisherigen Deutung paßt, da Aphrodite die Meeres-Jenseitsgöttin in ihrem Aspekt als Wiederzeugungs-Geliebter des Sonnengott-Göttervaters ist. Eine weitere Bestätigung dieser Deutung ist, daß sie die Gehilfen des Zeus, als des griechischen Göttervaters, bei dessen Kampf gegen die Unterweltschlange Typhon gewesen sind.

Um 400 v.Chr. wurden Deimos und Phobos als zwei der vier feuerschnaubenden Rosse vor dem Streitwagen des Ares angesehen – das alte Motiv der Zwillings-Pferde hat sich offenbar auch bei Deimos und Phobos noch lange halten können.

3. i) Thraker

Die Pferde waren den Thrakern bei der Bestattung offensichtlich wichtig, da man unter den meist aus Gold hergestellten Grabbeigaben goldene Flügelpferde sowie Trinkhörner, deren spitzes Ende in einem Pferdevorderleib endete, und reichverzierte Gefäße fand, deren Henkel von zwei Zentauren gebildet wurden.

Aus diesen Motiven ergibt sich die Verwandlung in ein Pferd (Zentaur), das aufgrund seiner Flügel (Pegasus) dann ins Jenseits fliegen konnte. Das Pferd, in das sich der Tote verwandelte, wurde bei der Bestattung mitbegraben.

Ein direkter Hinweis auf die Dioskuren ist leider nicht bekannt.

3. j) Gräko-Thraker
(die gemeinsamen Vorfahren der Griechen und Thraker)

Bei den Griechen waren die Pferde-Zwillinge sehr wichtige Gottheiten, die zwei Rosse, Flügelpferde, Reiter oder Jünglinge waren und den Reisenden und den Seefahrern halfen. Sie waren die Söhne des Zeus und der Leda.

Da die Mythen der Dioskuren bei den Griechen eine solch wichtige Rolle gespielt haben, werden sie auch den ihnen nahe verwandten Thrakern bekannt gewesen sein, auch wenn in ihrer im Vergleich zu den Griechen sehr geringe schriftliche Überlieferung nichts über sie berichtet wird.

3. k) Ost-Indogermanen
(die gemeinsamen Vorfahren der Inder, Perser, Mitanni, Armenier, Skythen, Griechen und Thraker)

Die beiden Pferde-Zwillinge sind die Söhne des Sonnengott-Göttervaters, die die Gestalt von zwei Rossen oder Jünglingen haben. Sie sind die Helfer der Menschen und der Seeleute. Als Rosse vor dem Sonnen-Streitwagen sind sie auch eng mit der Jenseitsreise assoziiert gewesen.

4. Indogermanen

Die beiden Pferde-Zwillinge sind die Söhne des Sonnengott-Göttervaters, die die Gestalt von zwei Rossen oder Jünglingen haben. Als Rosse vor dem Sonnen-Streitwagen sind sie auch eng mit der Jenseitsreise assoziiert gewesen.

Ihr Name hat im Indogermanischen „Diuos suhnuh", d.h. Gottes-Söhne gelautet.

III   Die Pferde-Zwillinge
in der jungsteinzeitlichen Überlieferung

Da erst die Indogermanen den von zwei Rossen gezogenen, einachsigen Streit-wagen erfunden haben, hat sich auch die Vorstellung von den beiden Pferdesöhnen des Göttervaters erst bei den Indogermanen entwickelt.

Der zweiachsige Wagen wurde erst gegen 2000 v.Chr. in der südrussischen Steppe zu einem brauchbaren Kampffahrzeug weiterentwickelt. Sowohl der Streitwagen selber als auch das Motiv „Göttervater auf Streitwagen" hat unter den Indogermanen erst ab einem Zeitpunkt verbreitet, als sie bereits seit 800 Jahren damit begonnen hatten, ihren ursprünglichen Lebensraum in der südrussischen Steppe, in der sie seit 7000 v.Chr. gelebt hatten, allmählich auszudehnen.

Sehr wahrscheinlich hat der Streitwagen, der sozusagen der „Panzer der Antike" gewesen ist, beträchtlich zu der Expansion der Indogermanen ab 2000 v.Chr. beigetra-gen – was wiederum die grpße Bedeutung der beiden Pferdezwillinge, die den Streit-wagen des Sonnengott-Göttervaters Dhyaus gezogen haben, erklärt.

Die Zwillingssöhne des Dhyaus werden als Krieger mit einem anderen Motiv asso-ziiert worden sein, das auch aus zwei „starken Wesen" bestanden hat: den beiden Panthern der Muttergöttin, die sich bis zum Beginn der Jungsteinzeit um 10.000 v.Chr. in Göbekli Tepe zurückverfolgen lassen.

Diese Assoziation hat u.a. dazu geführt, daß die Göttin Artemis in einem Wagen dargestellt wurde, der von zwei Löwen gezogen wird. Die zwei Panther, die wegen des zunehmend trockeneren Klima zu zwei Löwen wurden, waren zu Beginn der Jungsteinzeit die Stärke und Schnelligkeit, die sich die damaligen Jäger von der Göttin wünschten.

Aus diesen „Panther-Jägern" wurden dann bei den kriegerischen indogermanischen Viehzüchtern die „Panther-Krieger", die sich schon bald entsprechend der Fauna in der südrussischen Steppe in „Wolfs-Krieger" verwandelten. So entstanden die beiden „Pferdesöhnen", die im Kampf auch die Gestalt von Wölfen annehmen konnten.

IV Die Pferde-Zwillinge
in der altsteinzeitlichen Überlieferung

Der beiden einzigen Hinweis aus der Altsteinzeit über noch ältere Wurzeln dieses Motivs sind der „Löwenmann" und die „zweifache Göttin".

Der Löwenmann zeigt, daß man sich auch schon zwischen 50.000 v.Chr. und 10.000 v.Chr. für die Jagd die Kraft des Großraubtieres gewünscht hat.

Die zweifache Göttin zeigt, daß es schon damals eine Paarbildung gegeben hat – die sehr wahrscheinlich Diesseits und Jenseits dargestellt hat. Ob die beiden Panther der Göttin in der frühen Jungsteinzeit auch Diesseits und Jenseits verkörpert haben, ist unklar, aber immerhin gut denkbar.

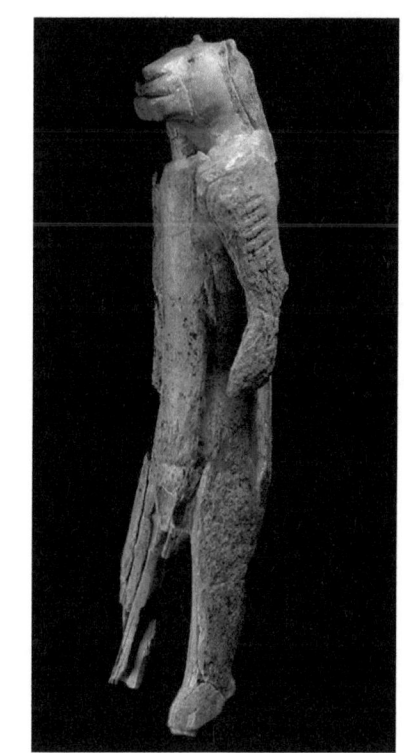

Löwenmann
Hohenstein-Höhle

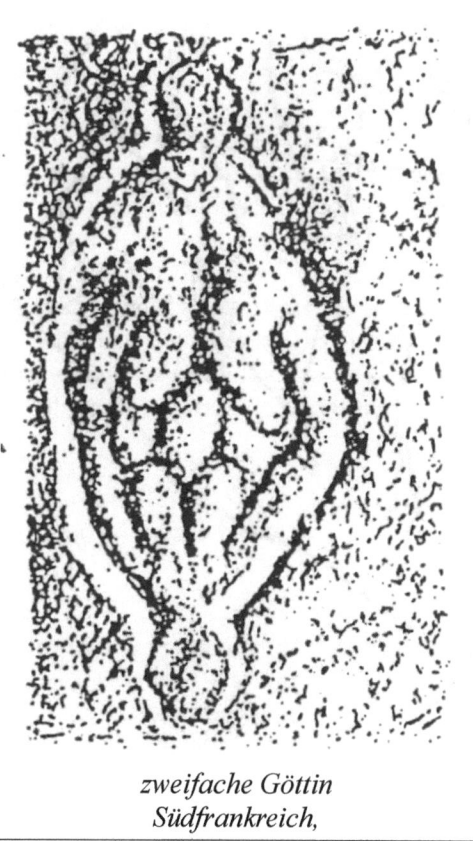

zweifache Göttin
Südfrankreich,

V   Die Biographie der Alcis-Zwillinge

- 50.000-10.000 v.Chr. -
(Homo sapiens)

In der späten Altsteinzeit, als der Homo sapiens Eurasien besiedelt hat, gab es den Löwenmann, der ein Jäger ist, der sich die für die Jagd die Kraft des Großraubtieres herberuft.

Die zweifache Göttin ist sehr wahrscheinlich die Geburts-Mutter im Diesseits und die Wiedergeburts-Mutter im Jenseits.

- 10.000-7.000 v.Chr. -
(frühe Jungsteinzeit)

In der frühen Jungsteinzeit gehört die Pantherkraft zu der Göttin, die von zwei Panthern begleitet wird. Dieses Motiv ist bis in die nachchristliche Zeit hinein sehr beliebt gewesen. Der Panther ist in der frühen Jungsteinzeit in Göbekli Tepe und im nördlichen Mesopotamien noch immer die Kraft des Jägers gewesen.

Das Motiv der Jenseitsreise des Sonnengott-Göttervaters ist schon früh entstanden, weil der Sonnenzyklus, also ihr Tod am Abend bzw. im Herbst und ihre Wiedergeburt am Morgen bzw. im Frühjahr eines der markantesten Erlebnisse des Menschen überhaupt ist. Dieser Zyklus hat schon den Aufbau der frühjungsteinzeitlichen Tempel von Göbekli Tepe und auch den Aufbau des nur wenig später errichteten Turms von Jericho geprägt.

- 7.000 – 2.800 v.Chr. -
(Indogermanen)

Um 7.000 v.Chr. ist ein Teil der jungsteinzeitlichen Ackerbauern von Mesopotamien aus über den Kaukasus in die südrussische Steppe nördlich des Schwarzen Meeres und des Kaspischen Meeres gezogen. Ab 6.000 v.Chr. sind sie aufgrund der deutlich nachlassenden Regenfälle zu halbnomadischen Viehzüchtern geworden.

Die Indogermanen haben Motiv der beiden Raubkatzen bewahrt, wie z.B. die beiden Katzen vor dem Wagen der Freya, die beiden Löwen vor dem Wagen der Artemis und das Löwentor von Mykene zeigen.

Die Indogermanen hatten als halbnomadische Viehzüchter vor allem mit Wölfen zu kämpfen, die Rinder, Schafe und Pferde reißen wollten. Dadurch hat sich das Bild des Panther-gestaltigen Jägers zu dem Bild des Wolfs-gestaltigen Beschützers verschoben. Da die einzelnen indogermanischen Stämme sich auch gegenseitig die Viehherden geraubt haben, sind aus diesen Beschützern schließlich Krieger geworden.

- 2.800 – 2.000 v.Chr. -
(indogermanische Expansion)

Der Lebensstil eines halbnomadischen Viehzüchters ist von Kampf geprägt – gegen die Raubtiere und gegen andere Viehzüchter, die die eigenen Herden rauben wollen. So kam es, daß diese Viehzüchter schließlich auch zu Eroberern der umliegenden Länder wurden, deren Bewohner sie versklavten.

Spätestens zu dieser Zeit ist der Göttervater auch zum Kriegsgott geworden.

- 2.000- 1.800 v.Chr. -
(Streitwagen)

Um diese Zeit wurde von den Indogermanen der einachsige, zweispännige Streitwagen, der mit einem Lenker und mit einem Bogenschützen besetzt war, erfunden. Durch diesen „Panzer der Antike" wurden die Eroberungen der Indogermanen noch effektiver.

Zu dieser Zeit hat sich auch das Motiv des „Sonnengott-Göttervaters auf dem Streitwagen" entwickelt.

Aus der Vorstellung, daß sich die Toten in Hengst-Gestalt mit der Jenseitsgöttin in Stuten-Gestalt wiederzeugten, ergab sich eine Assoziation zwischen dem wiedergeborenen Göttervater in Fohlen-Gestalt und den beiden Pferden vor seinem Streitwagen. Die beiden Rosse des Göttervaters werden daher sehr bald als seine Söhne aufgefaßt worden sein.

Das Panther-Paar, das die Kraft symbolisierte und das z.T. zu einem Wolfs-Paar geworden war, wird ebenfalls mit den beiden beiden Rossen vor dem Streitwagen des Sonnengott-Göttervaters Dhyaus assoziiert worden sein – schließlich war anzunehmen, daß auch die Söhne des Göttervaters, der ja auch der Kriegsgott war, zwei starke Krieger waren.

Die beiden Rosse vor dem Streitwagen des Göttervaters waren daher nicht nur zwei Rosse, sondern als seine Söhne auch zwei Jünglinge und als Krieger auch zwei Wölfe. Das Wolfs-Motiv scheint jedoch nicht allzu ausgeprägt gewesen zu sein, da es sich in der späteren Überlieferung nur vereinzelt findet – vielleicht ist es auch nur bei vielen Völkern wieder verblaßt.

Da der Göttervater auch der Sonnengott gewesen ist, fuhr nun auch die Sonne in einem solchen Streitwagen über den Himmel. Als Rosse vor dem Streitwagen der Sonne kamen natürlich keine Rappen infrage, sondern nur Schimmel. Es lag zudem nahe, ihnen auch eine Sonnen-goldene Mähne und einen goldenen Schweif zuzuschreiben.

Es hat den Anschein, als ob sich diese beiden Rosse, die „Gottes-Söhne" genannt wurden, schon bald einer großen Beliebtheit erfreut hätten – was bei zwei göttlichen Rossen bei einem Reitervolk auch nicht anderes zu erwarten ist … Das hat dazu geführt, daß diese beiden „Gottes-Söhne" auch ohne ihren Vater auftraten und für viele Dinge um Hilfe gebeten wurden – insbesondere bei Kämpfen und Reisen.

Die beiden Pferdezwillinge des Göttervaters werden in dessen Dynamik des abendlichen Todes und der morgendlichen Wiedergeburt miteinbezogen worden sein, da ja die Sonne und daher mit ihr der Sonnenwagen samt den beiden Rossen am Abend in der Unterwelt versank.

Da auch das Motiv der Schlangen-Gestalt der Ahnen bereits aus Göbekli Tepe bekannt ist, wird sich vermutlich im Zusammenhang mit dem nächtlichen Aufenthalt der Sonne in der Unterwelt auch recht schnell das Motiv der beiden „kleinen Schlangen" neben der „großen Schlange" des Göttervaters gebildet haben.

Die beiden Alcis werden auch als Jünglinge analog zu der langen Mähne der Pferde lange Haare gehabt haben – dieses naheliegende Motiv wird gleich am Anfang entstanden sein, da es sich bei verschiedenen indogermanischen Völkern findet.

- 2.000- 1.800 v.Chr. -
(West-Indogermanen)

Zu dieser Zeit erhielt der Göttervater bei den West-Indogermanen ein Schwert als Symbol seines kriegerischen Charakters.

Die beiden Pferde-Jünglinge konnten auch als zwei Hirsche erscheinen. Dies liegt vermutlich daran, daß sich der Göttervater ab dieser Zeit nicht mehr nur als Hengst, sondern auch als Hirsch und als Stier im Jenseits selber wiederzeugen konnte. Die Pferde-Zwillinge blieben zwar das Hauptmotiv, aber vor allem im westlichsten Bereich der Indogermanen, also bei den späteren Kelten und Germanen, kam auch der Hirsch („Alcis") als „Zugtier" vor.

Der Stier scheint als Zugtier vor einem Streitwagen nicht vorzukommen – dazu war er zu langsam …

- 1800 – 750 v.Chr. -
(Frühzeit der Germanen)

Zu dieser Zeit siedelten die Germanen nur in Südskandinavien, Dänemark und Schleswig. Der Name „Dhyaus" des indogermanischen Göttervaters wandelte sich in dieser Zeit zu „Diar" und dann zu Tyr.

Möglicherweise erhielten die beiden Pferde-Zwillinge schon in dieser Zeit eine größere Zahl an Namen und Beinamen. Vermutlich stabreimten sich ihre Namen schon zu dieser Zeit, da sich diese Tradition auch bei den Nordgermanen findet und sich auf so gut wie alle ihre Namen bezieht – von einigen Endreimen einmal abgesehen.

Vermutlich ist der Göttervater und seine beiden Söhne in der nächtlichen bzw. winterlichen Unterwelt zu dieser Zeit schon nicht mehr nur als drei Schlangen, sondern auch schon als ein Riese und zwei Zwerge aufgefaßt worden.

Es wird recht sicher auch schon das Motiv der drei Seelenvögel gegeben haben: der Adler des Tyr und die beiden Raben oder Schwäne der beiden Tyr-Söhne. Das Seelenvogel-Motiv läßt sich bis in die späte Altsteinzeit zurückverfolgen.

Es ist denkbar, daß bereits in dieser Zeit die beiden Söhne des Tyr während ihres allnächtlichen bzw. allwinterlichen Aufenthalts in der Unterwelt von ihrem Vater das Schmiedehandwerk erlernt haben, da der Göttervater immer wieder sein Schwert, das bei seinem Tod zerbrach, neuschmieden mußte.

Auch die Symbolik des Wiedergeburts-Mets wird auf die beiden Tyr-Söhne übertragen worden sein, wodurch auch sie zu Trinkhorn-Besitzern geworden sind.

- 750 v.Chr. - 500 n.Chr. -
(Expansion der Germanen)

In dieser Zeit dehnten die Germanen ihren Lebensbereich zunehmend nach Süden in Mitteleuropa hinein aus. Dadurch teilten sich die Germanen in die Nordgermanen in dem bisherigen skandinavischen Lebensbereich und in die Südgermanen in dem von ihnen teilweise eroberten Mitteleuropa auf.

Vermutlich entstanden im Zusammenhang mit dieser oft kriegerischen Expansion der Südgermanen Heerführer, die eine wichtige Stellung innerhalb des Stammes innehatten. Daher wird spätestens zu dieser Zeit auch der Brauch entstanden sein, zwei Heerführer zu wählen und diese den beiden Pferdesöhnen des Tyr gleichzusetzen, wodurch die Heerführer zu „Söhnen des Tyr" wurden – sie erhielten dadurch eine fast königliche Stellung.

Die Ritual-Trinkhörner erscheinen in dieser Zeit paarweise, was zeigt, daß sie im Besitz der beiden Alcis waren. Möglicherweise sind die beiden Alcis auch schon als die Hersteller dieses Göttermets angesehen worden.

Das Alter des Motivs der goldenen Hufe der beiden Pferdesöhne ist unklar. Es ist auch ungewiß, ob sie wie Heimdall auch goldene Zähne gehabt haben – auch wenn dies ein ausgesprochen rundes Bild ergeben würde.

- 500 – 800 n.Chr. -
(Thor und Odin)

Durch die Absetzung des nordgermanischen Göttervaters Tyr durch die während der Völkerwanderungszeit von den Südgermanen nach Norden gelangten Götter Thor und Odin lösten sich die alten Tyr-Mythen auf. Ihre Bestandteile wurden von Odin, Thor und z.T. auch von Freyr übernommen.

Dadurch wurden aus den beiden Pferde-Söhnen des Tyr das achtbeinige „Doppel-Pferd" des Odin, seine beiden Wolfs-Begleiter Geri und Freki (die Alcis als Wolfs-krieger) sowie die seine beiden Raben-Begleiter Hugin und Munin (die Alcis als Seelenvögel). Den Adler-Seelenvogel übernahm Odin selber von Tyr – wie Odins Adler-Verwandlung im Gunnlöd-Lied zeigt.

Aus den beiden schmiedekundigen Zwergen, die in der Unterwelt das Schwert des Tyr neuschmiedeten, wurden nun die beiden Zwerge, die alle magischen Gegenstände der neuen Herren in Asgard, also den Hammer des Thor, die Haare der Sif, den Speer und den Ring des Odin sowie das Schiff und den Eber des Freyr herstellten.

Die beiden Tyr-Söhne als zwei Zwerge stellen noch immer den Göttermet her – aber er geht in den Besitz des Odin über. Er wird in drei Gefäßen aufbewahrt, die die ehemaligen Trinkhörner des Tyr und seiner beiden Söhne sind.

- 800 – 1000 n.Chr. -
(Spätzeit der Germanen)

Der Wintergott Loki erhielt „aus Symmetriegründen" ebenfalls zwei Söhne: Nari und Narfi. Sie starben zusammen mit ihm, wenn er in die Unterwelt verbannt wurde – der eine wurde zum Wolf und der andere wurde getötet und Loki mit dessen Gedär-men gefesselt.

In einer anderen Version mußte Loki seine beiden Söhne dem Thor als Buße für die Verletzung eines der beiden Ziegenböcke des Thor geben.

In einer weiteren Umformung entstanden daraus Thialfi und Röskwa, der Diener-Priester des Thor und vermutlich die Dienerin-Priesterin der Sif.

Auch Thor hat als Nachfolger des „jungen, wiedergeborenen Tyr" zwei Söhne erhal-ten: Modi und Magni.

Ob es sich auch bei den beiden Töchtern Hnoss und Görsemi der Freya um eine solche Parallelbildung handelt, ist unsicher, aber doch wahrscheinlich.

Auch Hiuki und Bil, die beiden „Kinder im Mond" könnten eine Analogie-Bildung zu den beiden „Kindern der Sonne" sein.

Es hat ganz den Anschein, als ob jede wichtige Gottheit zwei Kinder gebraucht hätte – das zeigt, wie wichtig das Motiv der beiden Pferde-Zwillinge gewesen sein muß.

- ab 550 n.Chr. -
(Christianisierung)

Ab ungefähr dieser Zeit wurden die Kelten und etwas später auch die Germanen allmählich christianisiert. Dabei gingen viele „heidnische" Motive in das Christentum über. Die beiden Alcis haben dabei jedoch nur eine sehr geringe Rolle gespielt und finden sich vor allem in den beiden Hirsch-Legenden des heiligen Eustachius und des heiligen Hubertus.

Möglicherweise haben Petrus und Paulus, die beiden Stützen des Christentums, deren Namen sich zudem auch noch stabreimen, das Zwillingsbrüder-Motiv in sich aufgenommen.

VI Das Aussehen der Alcis-Zwillinge

Über das Aussehen der beiden Jünglinge ist kaum etwas näheres bekannt. Da sie als die beiden Rosse vor dem Streitwagen des Sonnengott-Göttervaters Tyr jedoch zwei Schimmel mit goldener Mähne, goldenem Schweif sowie mit goldenen Hufen und goldenen Zähnen waren, ist anzunehmen, daß sie auch als Jünglinge eine helle Haut und langes, goldblondes Haar gehabt haben.

In der Unterwelt werden sie sehr wahrscheinlich zwei Rappen gewesen sein.

Im Kampf wurden sie zu zwei Ulfhedinn, also zu zwei Wolfskriegern, wobei sie nicht nur ein Wolfsfell trugen, sondern selber zu Wölfen wurden. Als Krieger waren sie auch die Heerführer.

In der Unterwelt nahmen sie auch die Gestalt von zwei Schlangen an, die Tyr in dessen Drachen-Gestalt begleiteten.

Sie konnten auch zu zwei Raben-Seelenvögeln und vermutlich auch zu zwei Schwan-Seelenvögeln werden, die dann den Adler-Seelenvogel des Tyr begleiteten.

Ihre heute bekannteste Erscheinungsform ist jedoch die der beiden zauberkundigen Zwergenschmiede.

Es ist eine Fülle an Darstellungen der beiden Alcis erhalten geblieben, die im folgenden noch einmal chronologisch angeordnet worden ist.

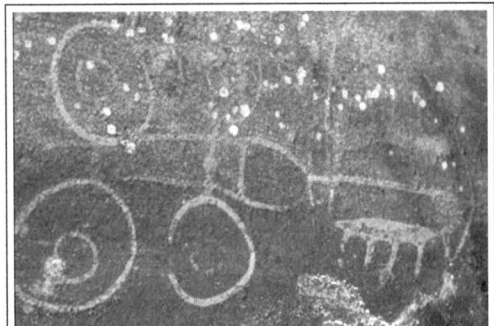

Zweiachser / Zweispänner (Alcis?)
Südschweden, 1700-500 v.Chr.

Einachser / Einspänner (Alcis?)
Tannum, 1700-500 v.Chr.

242

Einachser / Zweispänner (Alcis?)
Frännarp, 1700-500 v.Chr.

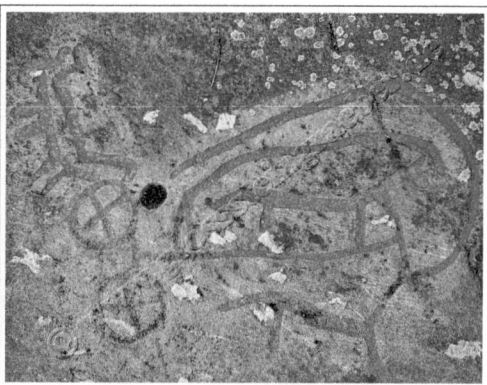

Einachser / Zweispänner (Alcis?)
Faskeby, 1700-500 v.Chr.

Alcis
Dänemark, Grevens Vaenge,
1700-500 v.Chr.

Detail

ursprüngliches Arrangement der beiden
Alcis auf der Standarte

243

Sonnenwagen von Trundholm
Dänemark, 1400 v.Chr.

Streitwagenfahrer (Tyr) mit den beiden
Alcis als Rosse und als zwei Wölfe
Südschweden, 1000 v.Chr.

zwei Pferde
Uppakra, Südschweden, 0-400 n.Chr.

Hirsch (Tyr?) und zwei Wölfe (Alcis?)
Gallehus, Dänemark, 400 n.Chr.

zwei Wölfe (Alcis?)
Gallehus, Dänemark, 400 n.Chr.

Gesicht (Tyr?) und zwei Wölfe (Alcis?)
Gallehus, Dänemark, 400 n.Chr.

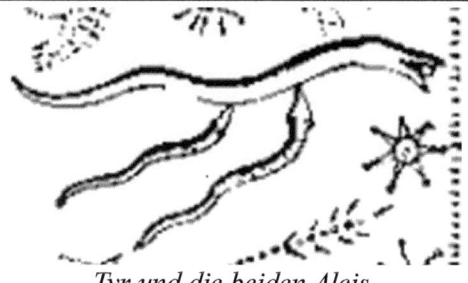

Tyr und die beiden Alcis
Gallehus, Dänemark, 400 n.Chr.

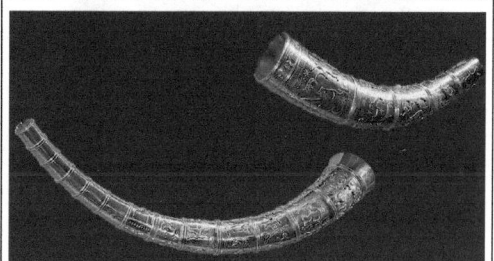

die Trinkhörner der beiden Alcis
Gallehus, Dänemark, 400 n.Chr.

Tyr-Ullr mit Bogen, zwei Wölfe (Alcis),
Swastika (Sonnenrad), 400-600 n.Chr.

Tyr oder Odin mit Hirsch und Wolf
Skrydstrup, Dänemark, 400-600 n.Chr.

*Sonne und Drache oben: Tyr
zwei Schlangen unten: Alcis
Bro Kyrka, Schweden, 400-600 n.Chr.*

*Mann (Tyr?) mit zwei Schlangen (Alcis)
Gotland, Schweden, 400-600 n.Chr.*

*Sonne / Drache oben: Tyr
zwei Schlangen unten: Alcis
Havor, Schweden, 400-600 n.Chr.*

*Sonne/Schlange: Tyr
zwei Reiter: Alcis
Gotland, Schweden, 400-600 n.Chr.*

Sonne / Drache oben: Tyr
zwei Schlangen: Alcis
Sanda, Schweden, 400-600 n.Chr.

Sonne: Tyr; Pferde: Alcis
Gotland, Schweden, 400-600 v.Chr.

große Schlange: Tyr
kleine Schlangen: Alcis
Sandegard, Schweden, 400-600 n.Chr.

Tyr, Alcis-Wölfe, Sonnenscheibe
Galsted, 500 n.Chr.

Sonne: Tyr
Pferde/Krieger: Alcis
Uppland, Schweden, 400-600 n.Chr.

Sonne: Tyr
zwei Doppelpferde: Alcis
Trondheim, Norwegen, 500 n.Chr.

zwei Schlangen: Alcis
Burntwood, England, 600 n.Chr.

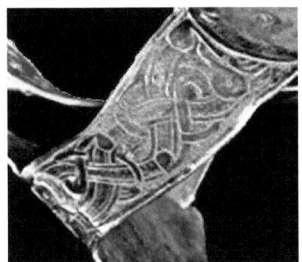

zwei Schlangen: Alcis
Burntwood, England, 600 n.Chr.

zwei Wolfspaare (Alcis)
Sutton Hoo, England, va. 650 n.Chr.

Sonnenkopf-Mann (Tyr) und Alcis
Sutton Hoo, England, va. 650 n.Chr.

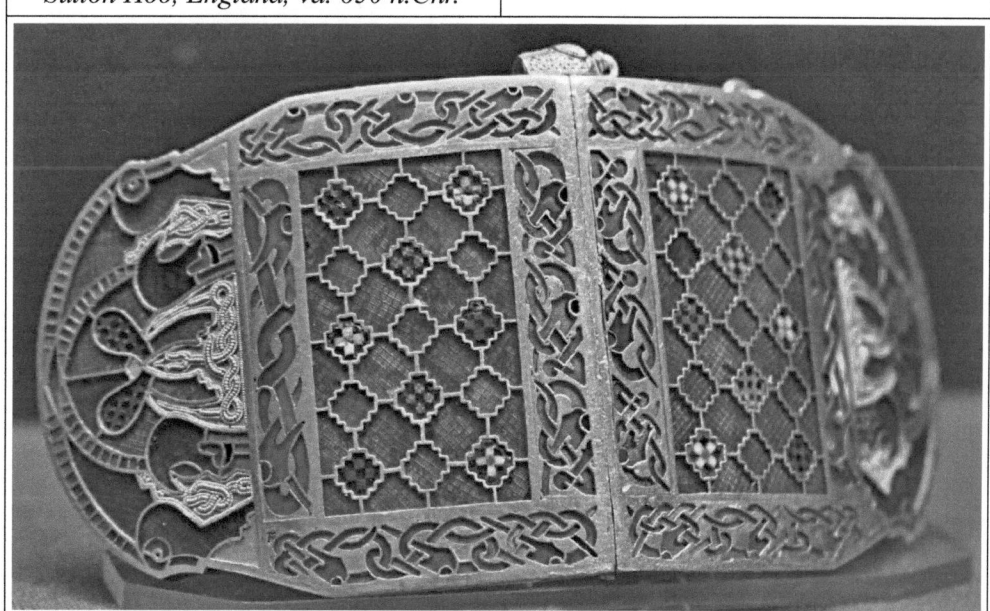

Pferdepaare (links und rechts außen) und Schlangenpaare (Ornamente): Alcis
Sutton Hoo, England, va. 650 n.Chr.

Tierpaare (Vögel, Schlangen u.a.): Alcis
Sutton Hoo, England, va. 650 n.Chr.

Maskenhelm („Grim"), wie ihn auch die
Alcis („zwei Grime") trugen
Sutton Hoo, England, va. 650 n.Chr.

zwei Pferde, zwei Wölfe, zwei Raben:
Alcis
England, 700 n.Chr.

Thron mit zwei Tieren (Alcis)
Haithabu, Schlewig, 800 n.Chr.

zwei Schlangen (Alcis)
ca. 800-1000 n.Chr.

Odin und zwei Wölfe (Alcis);   Gosforth-Kreuz, England 900 n.Chr.

Doppelpferd
Novgorod, Rußland, ca. 900 n.Chr.

Odin, Wölfe und Raben (Alcis)
Lejre, Dänemark, 950 n.Chr.

251

Pferde-Paar (Alcis)
Wandteppich von Överhogdal, 1100 n.Chr.

zwei Reiter auf achtbeini-
gem Pferd (Alcis/Sleipnir)

zwei Reiter (?) auf
sechsbeinigem Pferd
(Alcis/Sleipnir)

Pferd mit einem
Sonnensymbol
(Alcis?)

Pferd mit drei Sonnen-
symbolen und einem Kreuz
(Alcis?)

Pferd mit einem Kreuz
(Alcis?)

sich freuender Reiter auf
Pferd: Tyr oder Toter
(Alcis?)

sich freuender Reiter auf
Pferd: Tyr oder Toter
(Alcis?)

Anhand dieser Übersicht läßt sich gut erkennen, wie sich das Bild der beiden Alcis gewandelt hat bzw. wie sich der Schwerpunkt in ihrer Darstellung geändert hat.

Die Darstellung der beiden Alcis					
1700-1600 v.Chr.	zwei Pferde	ein oder zwei Pferde vor dem Sonnenwagen			
1600-1500 v.Chr.					
1500-1400 v.Chr.					
1400-1300 v.Chr.					
1300-1200 v.Chr.					
1200-1100 v.Chr.					
1100-1000 v.Chr.					
1000-900 v.Chr.		Mann mit zwei Wölfen	zwei Wölfe		
900-800 v.Chr.					
800-700 v.Chr.					
700-600 v.Chr.					
600-500 v.Chr.					
500-400 v.Chr.					
400-300 v.Chr.					
300-200 v.Chr.					
200-100 v.Chr.					
100-0 v.Chr.					
0-100 n.Chr.					
100-200 n.Chr.					
200-300 n.Chr.					
300-400 n.Chr.					
400-500 n.Chr.				1 große, 2 kleine Schlangen	Sonne/Mann + 2 Schlangen
500-600 n.Chr.					
600-700 n.Chr.				2 Schlangen	
700-800 n.Chr.					zwei Vögel
800-900 n.Chr.					
900-1000 n.Chr.					
1000-1100 n.Chr.					

In der Zeit von 1700-1000 v.Chr. finden sich nur die beiden Pferde, die manchmal den Sonnen-Streitwagen ziehen. Das Pferdemotiv bleibt bis 1200 n.Chr. als der durchgehende „Rote Faden" bestehen – die Pferde-Gestalt ist der Kern der Vorstellungen über die beiden Alcis.

Ab 1000 v.Chr. kommt das Wolfsmotiv hinzu, was für eine kriegerische Grundhaltung sprechen könnte – ab 750 v.Chr. begannen die Germanen von Skandinavien aus Norddeutschland und dann auch Mitteleuropa zu erobern. Der Ursprung dieses Motivs liegt allerdings chon bei den Indogermanen.

Ab der Völkerwanderungszeit (375-568n.Chr.) findet sich auch das Motiv des Sonnengott-Göttervaters Tyr in der Gestalt eines Mannes, einer Sonne oder eines Drachens zusammen mit den beiden Alcis in der Gestalt von zwei Reitern, Pferden, Männern oder Schlangen.

Die beiden Schlangen ohne den Göttervater kommen erst ab 600 n.Chr. vor und wurden bis 1000 n.Chr als Motiv benutzt. Der Wegfall der „großen Schlange" liegt daran, daß sie Tyr dargestellt hat und dieser um ca. 500 n.Chr. von Thor und Odin abgesetzt worden ist, wodurch seine Symbolik zerfallen ist. Ab dieser Zeit treten die alten Symbole fast nur noch als „Symbol-Ansammlung", also ohne eine erkennbare Mythe als ordnenden Hintergrund auf.

Die beiden Alcis als Seelenvögel kommen erst ab 700 n.Chr. vor und bleiben bis 1100 n.Chr. Möglicherweise stammen sie aus der Symbolik, die Odin von den Südgermanen mitgebracht hat. Die Seelenvogel-Symbolik selber gab es jedoch schon in der späten Altsteinzeit.

Bei dieser Betrachtung ist jedoch zu bedenken, daß sie sich auf eine realtiv kleine Anzahl von bildlichen Darstellungen stützt und daher nicht sehr sicher ist. Die überlieferten Bilder fügen sich jedoch mühelos in den bekannten geschichtlichen und religionsgeschichtlichen Rahmen ein.

VII   Zugang zu den Alcis-Zwillingen

Jeder Kontakt zu einer Gottheit beginnt damit, daß man aus irgendeinem Grund neugierig auf sie wird. Das ist offenbar schon geschehen, denn sonst würden Sie nicht gerade dieses Buch lesen …

Der zweite Schritt ist in der Regel, daß man die Mythen und Lieder dieser Gottheit liest und sich die Bilder über sie anschaut.

Der dritte Schritt ist dann (wenn das Interesse noch anhält), möglicherweise eine Traumreise zu dieser Gottheit, wodurch man ein sehr viel persönlicheres Verhältnis zu ihr erlangt. Vielleicht träumt man auch von dieser Gottheit oder sieht sie in einer Meditation.

Der Kontakt zu der Gottheit wird noch intensiver, wenn man sich mit ihr identifiziert – entweder eher unspektakulär auf einer Traumreise, wenn man in das Bewußtsein dieser Gottheit eintritt, oder deutlich aufwendiger durch ein Ritual, in dem man sich durch eine Anrufung u.ä. mit der Gottheit identifiziert. Derartige Rituale werden meistens „Invokation" genannt.

Die eigentliche Erdung dieser Gottheit in dem eigenen Leben entsteht schließlich dadurch, daß man sie um Rat und Hilfe bittet, wodurch diese Gottheit ein Teil des eigenen, ganz persönlichen Lebens wird.

Wenn man das erreicht und erlebt hat, kann man beginnen, die Schätze, die diese Gottheit besitzt, zu entdecken. Ab diesem Zeitpunkt wird Religion wieder etwas Reales und etwas ganz Schlichtes und etwas, das das Leben deutlich erleichtern kann.

VIII   Traumreise zu den Alcis-Zwillingen

„Ihr beiden Alcis, ich möchte euch beide besser kennenlernen."

Ich warte eine Weile ...

Ich sehe wie durch eine Öffnung oder durch ein Fenster mit filzartigem Rand ein braunes Pferd, das mich anschaut. Es sieht sehr wach aus und sehr klar und es hat eine große Kraft und Leichtigkeit. ... Es ist irgendwie zwischen Isländer und Pferd ... also, es ist nicht so sehr groß. Es schaut mich mit sehr wachen Augen an. ...

Es hat eine Eigenschaft, die Pferde meistens nicht so haben ... so 'ne ... so eine Geradheit und Bewußtheit und einen sehr zielgerichteten Willen ...

Hm ... ich kann noch ein zweites Pferd spüren, aber ich sehe es nicht.

Ich wünsche mich zu ihnen. ... Jetzt stehe ich vor dem Pferd – das andere sehe ich links hinter ihm, aber es ist immer noch nicht ganz deutlich.

„Seid ihr die beiden Alcis?"

„Wir sind zwei Pferde."

„Hm ... Und? Seid ihr die Alcis?"

„Komm mit!"

„O.k."

Sie galoppieren los und ich versuche nebenher zu laufen, aber sie sind viel zu schnell. Sie sind noch viel, viel schneller als jedes Pferd sein kann. Außerdem ... fliegen sie ... Also gut – ich fliege nebenher.

...

Sie fliegen zum Himmel empor.

...

Jetzt sind sie ... ja, sie verschmelzen mit den beiden Rossen vor dem Sonnenwagen.

...

Das sind tatsächlich Schimmel mit goldener Mähne und goldenem Schweif und Hufen ... und Zähnen? ... Ja, auch mit goldenen Zähnen.

Aber diese braunen Pferde, die wirkten viel lebendiger! Diese weißen Pferde, diese Schimmel – das sieht aus wie ein gemaltes Bild ...

„Hm ... ihr Alcis, was ist da los?"

... ...

„Wo seid ihr?"

„Wir sind in diesem Bild. ... Was siehst Du auf dem Wagen?"

...

„Hm ... das schwankt hin und her. Ich sehe einen Mann – ich nehme an, das ist Tyr. Und dann sehe ich wieder die Sonnenscheibe. Und dann wieder Tyr ... ... Er hat einen goldenen Helm und das goldene Schwert ... ja, und den Sonnenschild, den goldenen ... ich glaube, auch eine goldene Brünne ... hm ... Das hat aber auch sowas

256

Steifes, Statisches ... Warum ist das so?"

...

„Kannst Du das nicht selber erkennen?"

... ...

„Hm ... ist das Bild 'ne Konstruktion, die ich gemacht habe? ... Die garnicht echt ist?"

„Nein, so ist es nicht. Du hast ja die Elemente dieses Bildes aus der Überlieferung. Du hast nur die Bruchstücke wieder zusammengesetzt."

...

„Muß ich in der Zeit zurückkreisen, weil das Bild hier nur eine Erinnerung ist? ... Wo bin ich in der Zeit? Heute? Zur Zeit von Odins Herrschaft bei den Nordgermanen?"

„Das zweite (in der „Odin-Zeit"). Da bist Du."

„Und wenn ich jetzt zurückkreise? Bis 400 n.Chr., zu der Zeit, in der die beiden Goldhörner von Gallehus hergestellt worden sind?"

„Probier's."

„O.k. Ich reise zurück."

...

Ich stehe vor den Pferden, vor dem Sonnenwagen ... und ich sehe jetzt auch den Sonnenwagen selber viel deutlicher ... Er hat eine Achse, eine Deichsel, zwei Räder und ist offen. An der Stelle, an der sich Achse und Deichsel kreuzen, ist wie so'n ... ja, wie 'ne kleine Fläche zum Stehen, die zu den Seiten und nach vorne hin ... wie so eine aus Weidenzweigen geflochtene Korbwand hat ... Oder sind das Bretter? ... Hm ... jedenfalls ist da eine Schutzwand.

Und die Pferde sind jetzt viel lebendiger – die sind jetzt auch Schimmel ... die wiehern ... und die sehen sehr kraftvoll aus ... komisch – und wie vorhin sehe ich das rechte Pferd deutlich, aber das linke nicht.

„Hallo Pferd – kannst Du mir sagen, warum das so ist?"

...

„Komm in mich hinein."

„O.k."

...

Es ist ganz deutlich die Kraft zu spüren und es ist zu spüren ... daß sie dienen. Sie sind ... wie Teil der Herde und Tyr ist der Anführer der Herde. Da ist ganz deutlich ein Herdengefühl. Tyr ist der Große Hengst ... der des Morgens wiedergeboren wird von der Jenseitsgöttin in Stutengestalt.

„Und ... kann ich zu dem anderen Pferd auch hinüberwechseln?"

„Versuch' es."

...

Das ist wie ein Schemen. Das erinnert mich daran, daß bei den Griechen einer der beiden Dioskuren unsterblich war, weil er der Sohn des Zeus war, und der andere war sterblich, weil er der Sohn eines Menschen, also eines Menschen-Mannes war.

„Hm ... ist das ein wesentlicher Punkt in eurer Mythe?“

Keine Antwort ...

„Also – irgendwo ist doch auch der zweite Schimmel. ... Wo ist der?“

Ich muß über meine plötzliche Erkenntnis lachen ...

„In der Unterwelt, ja ... Wenn Du sterblich bist, bist Du inzwischen gestorben und bist jetzt in der Unterwelt. ... Sagt ... wenn ihr jetzt den westlichen Horizont erreicht und ihr dann in die Unterwelt geht ...“

Genau – in der Unterwelt sehe ich jetzt (ich stehe vor den beiden Rossen) links einen schwarzen Rappen ... ja, klar – schwarz ... einen Rappen ... Und jetzt sehe ich das rechte Pferd nicht mehr deutlich ...

„Hm, das ist jetzt aber eine Symbolik, die ich so noch von nirgendwoher kenne ...“

„Du kennst auch nicht alle Symboliken. ... Und es sind auch nicht alle erhalten geblieben. ... Und manche sind neu.“

„Und? ... Was ist mit dieser Symbolik? ... Ist die jetzt neu?“

„Ja.“

„Hm ... schau einer an!“

... ...

„Ihr beiden Alcis – gibt es etwas, was ihr mir sagen oder zeigen möchtet?“

... ...

Ich sehe den Augenblick, in dem sie in die Unterwelt gehen. Da sind einen Moment lang beide Pferde zu sehen ... und sie sind grau – wie Odins Sleipnir. Hm ...

... ...

„Gibt es noch etwas, was ihr mir zeigen möchtet?“

...

Ich sehe ein Rad, das ist golden, es hat ... ja, vier oder acht Speichen ... Das ist das Sonnenrad.

„Wir sind die Kraft dieses Rades. Wir sind das, was dieses Rad rollen läßt.“

„Hm ... das ist jetzt aber auch keine alte Mythe – oder?“

„Nein – die ist neu.“

„Ehm ... ist das ein wesentlicher Charakterzug von euch, daß ihr Neues erschafft?“

„Jetzt hast's endlich gemerkt!“

„Seid ihr von euren Sternzeichen her sozusagen Schützen?“

„Naja, das engt das zwar ein bißchen ein, aber grundsätzlich ist die Assoziation treffend, ja.“

(Die Alcis sind auch das Sternzeichen „Zwillinge“, das auf andere Weise als der „Schütze“ immer wieder Neues erschafft.)

258

„Hm … … … Ihr ganzen Götter habt das gerne, wenn ich die Sachen nach und nach selber begreife, oder?"

„Dann ist es besser verwurzelt."

„Ja, leuchtet ein."

… … …

Tiefer Seufzer …

„Habt ihr manchmal die Gestalt von Hirschen gehabt?"

…

„Ja."

…

„Hm … euer Name 'Alcis' – bezeichnet der Hirsche?"

…

„Der bezeichnet im Süden Hirsche und im Norden Elche oder Rentiere."

…

„Und fließt das Bild des Weihnachtsmannes, der in seinem von zwei Rentieren gezogenen Schlitten über den Himmel fährt, wirklich aus euch … schließt das an den Sonnenwagen des Tyr an?"

„Und was meinst Du?"

„Die Ähnlichkeit ist so groß, daß ich's mir kaum anders vorstellen kann."

„So ist es auch."

… … …

„Ich würde euch gerne als zwei Hirsche sehen – geht das?"

„Komm mit!"

… … …

Ich sehe sie als zwei Rentiere – ich hätte jetzt vielleicht Damhirsche oder Rothirsche erwartet.

… … …

„Der Sonnenhirsch?"

„Das ist Tyr."

… … …

„Hm … das ist ein Damhirsch, das ist kein Rothirsch … Warum?"

„Damhirsche sind feingliedriger … die Rothirsche sind eher Kämpfer – die Damhirsche sind eher Läufer …"

„Hm … das klingt plausibel von dem her, wie ich diese Hirscharten bisher erlebt habe … also, wenn ich denen im Wald begegnet bin … hm … … … Und wie seid ihr als Wölfe?"

… … …

Keine Antwort – aber ich sehe und spüre sie.

„Oh! … Gefährlich! … Ja, Krieger. O.k."

Ich habe eben sofort einen Wolf mit aufgerissenem Maul gesehen, der mich ange-

knurrt hat – wieder nur den rechten Wolf ...

„*Und als Raben?*"

... ...

Hm ... sie kommen herbeigeflogen ... ich heb meinen rechten Arm – so vor mich angewinkelt ... sie setzen sich da drauf ... Ich frage mich, ob ich das nun „gewollt" habe, daß ich sie beide sehe – also, ob ich mich da in dieser Hinsicht willentlich in das entstehende Bild eingemischt habe ... ich glaube schon. ... Hm – so'n Rabe hat doch schon Gewicht ...

...

„*Habt ihr auch die Gestalt von Schwänen gehabt?*"

...

„*Das war allgemein die Seelenvogel-Gestalt bei den Indogermanen.*"

Auch Zeus hat sich ja in einen Schwan verwandelt, als er sich mit Leda vereint hat – die war die Jenseitsgöttin. ...

„*Wie war das? Aus den Eiern, die Leda gelegt hat, sind die Dioskuren geschlüpft – nicht wahr?*"

„*Ja. Bringst Du das jetzt zusammen? (Zeus als Schwan und die Dioskuren als Schwäne) Das ist gut.*"

„*Die Schwäne sind ja auch von den Walküren bekannt – die können sich in Schwäne verwandeln. Bei den Griechen hat sich Zeus in einen Schwan verwandelt.*"

„*Das ist dieselbe Symbolik.*"

„*Und bei den Kelten? Da verwandeln sich auch Jünglinge in Schwäne ... wenn sie ins Jenseits reisen. ... Und in den Grimm'schen Märchen gibt es das auch. ... Und wie seid ihr als Jünglinge?*"

...

Jetzt sehe ich sie als Jünglinge vor mir. Sie sind nicht so groß, wie ich erwartet hätte, aber sie haben dieselbe Ausstrahlung wie das braune Pferd, das ich am Anfang gesehen habe. ... Diese Klarheit, Offenheit, Direktheit, kraftvoll, geradlinig ... und sie haben langes, goldblondes Haar ...

Da muß ich leise vor mich hinlachen ... Und sie haben goldene Zähne!

... ...

Hinter ihnen sehe ich Tyr-Heimdall – er hat auch goldblondes Haar und goldene Zähne. ...

„*Hm ... jetzt habe ich ganz viel gesehen, ihr beiden Alcis ... gibt es etwas, was ihr mir zeigen möchtet? ... Oder sagen möchtet?*"

...

Ich sehe ein Feuer, das entfacht wird ... ich muß im alten Indien sein ... hm ... ziemlich früh ... 1.200 v.Chr. oder so ...

Vor dem Feuer steht ein Priester, der ist weiß gekleidet – mit einem langen, weißen Gewand ... Das scheint ja bei den Indogermanen durchgehend die Priesterkleidung gewesen zu sein. ...

Er ruft die Ashvins ... sie kommen galoppiert ... als zwei braune Pferde ... Ich glaube, die werden auch im Rig-Veda manchmal als 'braun' bezeichnet ... Er bittet sie um Schutz und um Stärke ... und um große Herden ... und Nahrung. ... Die beiden Ashvins wiehern und dann galoppieren sie wieder davon.

... ...

In dem Hotra, also in dem Priester, kann ich spüren, daß durch das Kommen der beiden Ashvins in ihm so eine Wärme entstanden ist ... im Herzchakra und im Sonnengeflecht ...

Also: Identität – das wäre ja eigentlich Tyr im Herzchakra ... und 'ungehinderter Selbstausdruck' – das ist Sonnengeflecht ... Ach, das sind die Ashvins! ...

Ich muß wieder lachen, weil ich etwas erkennt habe ...

(Die Identität im Herzchakra strahlt in das Sonnengeflecht und wird dort zu einem konkreten Handlungsimpuls.)

„Ihr Ashvins – könnte man sagen, daß ihr Sonnengeflecht-Götter seid?"
Nun lachen die Ashvins leise vor sich hin ...
„Eine etwas ungewohnte und lustige Bezeichnung, aber das ist etwas dran, ja."
...

„Hm ... ich habe das Gefühl, ich könnte noch irgendetwas tun oder erleben, was bereichernd wäre."

„Du hast es ja schon gesehen. Stell' Dich neben Tyr auf den Sonnenwagen."
...

„Links? ... Links an die Seite?"
...

Da begreife ich plötzlich wieder etwas:

Tyr ist der Schütze! Tyr ist der Bogenschütze! Tyr ist Egil! Und Dietrich von Bern! Und Wilhelm Tell! (Diese drei letzten machen den 'Apfelschuß'.) Tyr ist der Bogen-schütze, weil er auf dem Streitwagen steht! Jetzt versteh' ich das – ich dachte immer, der Bogenschütze muß mit Tyr zu tun haben! Und der Bogenschütze erschießt in man-chen Mythen die Schlange (wie z.B. der Sonnengott Apollon die Python). Das ist der Kampf des Himmelsgottes gegen die Regenräuberschlange! Hey! So einfach ist das!

... ...

„Sagt, wer ist denn der Lenker des Sonnenwagens, wenn Tyr der Bogenschütze ist? ... In der Baghavad-Gita ist das Krishna. ... Wer ist der Rosselenker? ... Ist da ein Wagenfahrer, wenn Tyr der Bogenschütze ist?"
...

„Es gibt dieses Bild, aber es ist nicht sehr wichtig – zumindestens nicht bei den Germanen."

„Aber es gibt es?"

„Ja."

...

Alcis: „Willst Du der Rosselenker sein? Der neben Tyr steht?"

...

„Ja, gut."
Ich stell' mich da hinein.

... ...

Ich kann die Präsenz von diesem Rosselenker spüren ... und ich weiß, wie ich diese Pferde lenken muß, obwohl ich das noch nie getan habe. ... Ich bin ganz deutlich Tyr untergeordnet.

... ...

Sehr tiefer Seufzer ...

...

„Ganymed? Ganymed ist doch der Mundschenk auf dem Olymp ... Was hat denn der damit zu tun? ... ... Hat dieser Wagenlenker bei den Germanen noch einen Namen?"

(„Ganymed" kam mir als Name, als ich „in dem Wagenlenker" gestanden habe.)

... ...

Noch ein tiefer Seufzer ...

...

Welchen Charakter hat der Wagenlenker, in dem ich jetzt bin? Er ist mutig, er ist ein Krieger, er ist entschieden, er ist stark ... ... Er handelt mit Tyr zusammen, sie müssen wie eine Einheit handeln, um effektiv zu sein – er ist aber deutlich untergeordnet ...
Hm ... mir fällt bei den Germanen nur Widar ein, der dafür infrage käme – aber der ist der Sonnenwanderer selber, also eine Form des Tyr ... der kann es nicht sein ... hm ... da weiß ich gerade nicht weiter ...
„Könnt ihr es mir sagen?"

...

Sie lachen leise ...
„Gedulde Dich."
„Na, gut."

... ...

Ich kann diese Einheit spüren ... von Tyr, von seinen beiden Pferde-Söhnen, von mir als Pferdelenker und von dem Streitwagen ... fünf Wesen bzw. Dinge, die zusammen-wirken ... und zwar sehr organisch ... nur wenn die das tun, sind sie effektiv ... hm ... Da ist ein ganz starker Familienzusammenhalt! Also, es ist ja eigentlich keine

Familie – zumindestens nur von dreien – aber ...

Thor? ... Ist Thor der Donnergott aus dem Wagenlenker entstanden? Kann das sein? Thor ist aus einem Aspekt von Tyr entstanden – um 6000 v.Chr. Aber aus dem Wagenlenker? Das war ungefähr um 2000 v.Chr. ...

Puh ... Wieso aus dem Wagenlenker? Weil der Regen- und Donnergott ursprünglich im Winter im Jenseits war? Und Tyr im Winter im Jenseits? ... hm ... das sieht nicht überzeugend aus, obwohl es auch nicht unmöglich aussieht, daß es da einen Zusammenhang gibt ... aber es paßt zeitlich nicht ...

Also, solche Gedanken wie meine hier über den Wagenlenker haben einfach eine ganz andere Dynamik als wenn die Ashvins mir etwas sagen oder zeigen ...

Noch ein tiefer Seufzer ...

...

„Hm ... ... Kannst Du mir das sagen, Tyr?"
Er lächelt mich nur an und sagt: „Lenke."
„O.k."

...

Ja ... ich bin jetzt der Wagenlenker auf dem Sonnenwagen. ... Mal wieder so garnicht das, was ich hätte erwarten können. ... Und es sieht trotzdem vollkommen plausibel aus ... das scheint einfach typisch zu sein, wenn man mit Göttern zu tun hat – daß man Dinge hört und sieht, die völlig plausibel sind, aber von denen man vorher nichts gewußt hat ... und die man nicht erwartet hat.

Es ist eine sehr ungewohnte Position für mich ... diese Kraft der Pferde zu spüren und sie zu lenken ... zu sehen, daß die Pferde auf mich vertrauen, daß die Pferde tun, was ich ihnen sage und mit den Zügeln zeige ... hm ... hm ... ...
„Wollt ihr mir noch etwas zeigen, ihr Ashvins?"
„Das tun wir gerade. Schaue Dir an, wie sich das anfühlt, wenn Du etwas lenkst."
„Hm ... ich kenne das vom Schwitzhütten-Leiten oder wenn ich Rituale leite ..."
„Fühl' es."

Da ist Verantwortung ... aber da ist noch etwas ... Mein Ziel zählt. ... Und dem ordnen sich andere ... ja, nicht unter – sie ordnen sich da ein. ... Sie vertrauen mir ... und ich trage die Verantwortung. ... Ja ... das Gefühl kenne ich von meinen Kindern
...

Wieder ein Seufzer ...
„Hm ... gibt es hier noch etwas zu erkennen?"
Tyr sagt: „Es ist gut."

O.k. Dann steige ich aus dem Sonnenwagen aus – also, ich wünsche mich von ihm runter, denn der steht ja niemals still ... da ist das Aussteigen anders schwierig ...

„Ihr beiden Ashvins ... gibt es etwas, was ihr mir persönlich sagen oder zeigen möchtet?"

...

Ich spüre, was sie sagen wollen und ich muß leise vor mich hin lachen ...

...

„Wünsche Dir immer das Bestmögliche. Und setze Deine Kraft dafür ein, da hin zu kommen."

...

„Das klingt jetzt sehr nach Schütze."
„Es ist dem verwandt, aber es ist mehr. ... Weißt Du, was Du willst?"

...

„Ich weiß nicht, ob ich es bis zum Kern erfaßt habe, aber im Prinzip weiß ich es, ja."

...

„Dann male Dir aus, wie Du gerade gerne Dein Leben hättest. ... Und zwar hemmungslos – so wie Du es anderen auch empfiehlst."

...

„Ja ... Ich möchte von den Beratungen und von meinen Büchern leben. ... Ich möchte viel Zeit für mich haben. ... Ich möchte viel draußen sein – wandern und schwimmen. ... Ich hätte gerne mehr Freunde als ich gerade habe – also Freunde, die auch tatsächlich treffe. ... Ich hätte gerne wieder ein Freundin. ... Dann möchte ich gerne Zeit mit den Menschen, die mir wichtig sind, verbringen. ... Ich möchte weiter so gesund sein wie bisher. ... Und ich möchte in diesem leuchtenden, strahlenden, glücklichen Zustand sein, in den ich immer wieder mal komme, aber der noch nicht sehr stabil ist. Da wäre ich gerne dauerhaft – oder annähernd dauerhaft ... vielleicht hat der ja auch seinen Rhythmus ... aber ich hätte gerne feste Wurzeln in diesem Zustand."

Die Ashvins schmunzeln ...
„Nicht wenig, was Du Dir da wünschst ... "

...

„Vieles davon ist schon da."

...

„Das war ein Kompliment."
„Oh!"
Ich muß lachen ...
„Ja ... hm ... stimmt ... paßt zu euch ... Ja, immer das Bestdenkbarste anstreben ... hm, ne, nicht das Bestdenkbarste ... schauen, wie es wäre, wenn ich vollkommen ungehindert das bin, was ich von meiner Seele her wirklich bin, wenn das, was meine Essenz ist, völlig ungehindert in meinem Leben strahlt und da Ausdruck findet ... ja ...

Und ihr, Ashvins? Ihr seid die Kraft, die das macht ... Ihr seid die Kraft, die diesen Weg bereitet! Na klar – ihr zieht den Sonnenwagen!

Und Tyr in jedem Menschen – also das 'Prinzip Tyr', wenn ich das mal so abstrakt formulieren darf – ist die eigene Seele und die ist im Herzchakra und ihr, Ashvins, ihr

seid wie das Sonnengeflecht, das die Identität in Handlungen umwandelt, umsetzt ...
Hey! Helft ihr mir?"

„Na klar!"

Ich muß vor Freude vor mich hin lachen ...

„Sagt mal, wenn ich die Traumreisen zu euch Gottheiten mache und dann eigent-
lich immer wieder bei einem Weltbild ankomme, das doch meinen eigenen Ansichten
recht ähnlich ist – was sehe ich da?"

„Du siehst uns Gottheiten aus Deiner Sicht."

...

„Ja ... das geht auch garnicht anders ... Aber ich denke, das ist auch für andere be-
reichernd, oder?"

„Wenn die anderen zu uns gehen, sehen sie uns aus ihrer Sicht. Sie werden andere
Dinge sehen als Du, aber sie werden im Kern mit dem, was Du siehst, überein-
stimmen."

...

„Ja ... ja ... das verstehe ich. ... Das klingt schlüssig. ... Das heißt, diese Traumrei-
sen in meinen Büchern aufzuschreiben ist trotz meiner subjektiven Sicht auf die Dinge
– die ja auch garnicht anderes als subjektiv sein kann – trotzdem sinnvoll, weil ich
trotz meiner subjektiven Sicht die Mythen und die Entwicklung ja sehen kann, wie sie
ist, und sie in ihren Strukturen erkennen kann. Nur ihre Bedeutung für mich ist etwas
anders als ihre Bedeutung für andere. Und die Begriffe, mit denen ich sie beschreibe,
sind halt meine. Und die Werte, die dabei mitschwingen, sind auch meine Werte. ...
Ja, aber das ist doch eigentlich o.k. wenn das so klar ist."

Die beiden Ashvins schmunzeln wieder ...

Dann sagen sie: „Es gibt noch etwas. Jeder Tag hat einen Anfang und ein Ende.
Dann kommt die Nacht – und am Abend stirbt Tyr und wir sterben auch. Dann sind
wir in der Unterwelt und morgens werden wir wiedergeboren – alle drei. Die beiden
Weißen Pferde und der Weiße Gott."

„'Weißer Gott' ist doch der Name von Heimdall und von Tyr – das hatte ich noch
nicht zusammengebracht – euch drei Weiße."

„Und dieser Weiße Gott und diese Weißen Pferde sind dieselben wie am Vortag –
aber sie sind auch anders: Manche Dinge bleiben, manche Dinge verwandeln sich,
manche sind nicht mehr da. ... Achte auf diesen Rhythmus im Leben. Den kennst Du
ja gut – Du hast Osiris als Deine Schutzgottheit. Und der stirbt bei jeder Ernte wie
das Getreide ... und bei jedem Keimen im Frühjahr wird er neugeboren. Heiße das in
Deinem Leben willkommen."

...

„Puh ...das ist nicht immer leicht ... aber ja ... Das, was weiterhin bereichernd für
mein Leben ist, bleibt das nach solch einem Tod und solch einer Wiedergeburt da?"

„Nun, was meinst Du?"

...

„Das bleibt, wenn ich ihm den Raum gebe, den es haben will, und wenn ich meine Gefühle für diesen Menschen, für diesen Lebensumstand hemmungslos ausdrücke."

„Ja. Dann ist es da, weil es wahr ist und richtig ist."

Sehr tiefer Seufzer ...

„Ja ..."

Ich muß leise lachen – das entspannt ...

„Heidenei! ... Da habe ich jetzt doch noch ein ganz anderes Gefühl für euch Ashvins bekommen! ... Der Name 'Ashvins' gefällt mir irgendwie viel besser als 'Alcis'."

„Der ist auch gut."

...

„Auch 'Nasatyas' gefällt mir. ... 'Helfer' ... ... Und das griechische 'Leuko Polo' ist auch schön ... die 'leuchtenden Fohlen' ... die 'weißen Fohlen' ... ... Aber 'Ashvins' geht mir am leichtesten von der Zunge ..."

...

Noch ein tiefer, entspannender Seufzer ...

„Gibt es noch mehr?"

„Für heute ist es gut."

„Vielen, vielen Dank, ihr beide! Vielen Dank auch Dir, Tyr!"

Ich muß schmunzeln ...

„Und auch Dir, Rosselenker des Tyr – wer auch immer Du bei den Germanen sein magst!"

Ich muß wieder vor Freude lachen ...

„Vielen Dank! Ich bin wieder so reich beschenkt worden ... Dankeschön!"

Ich kehre jetzt zurück. Und ich muß noch immer vor mich hin lachen ... einfach, weil das so bereichernd und schön ist und weitend ... soetwas erleben zu können ...

Jetzt bin ich zurück ... und das Leuchten nehme ich einfach mit.

„Ho!"

IX Hymne an die Alcis-Zwillinge

Das folgende sind neugedichtete Verse, deren Zweck es ist, die zusammengetragenen Informationen zu Anrufungen u.ä. zu „verdichten", die dann vor Meditationen, in Ritualen usw. verwendet werden können. Dabei sollten diese Dichtungen stets so gekürzt, erweitert oder umgeschrieben werden, daß sie den Vorstellungen dessen, der sie benutzen will, entsprechen.

Für die beiden Pferde-Götter paßt ein rhythmisches Versmaß, daß an einen Galopp erinnert. Dazu eignet sich der Daktylus am besten, der aus einer betonten und zwei auf ihn folgenden unbetonten Silben besteht.
Die Zielstrebigkeit der beiden Alcis läßt sich vom Versmaß her dadurch erreichen, daß der letzte Vers einer jeden Halbstrophe im Trochäus verfaßt wird, der deutlich schneller als der Daktylus wird. Diese Zeile sollte zudem auf einer betonten Silbe enden.

Der Galopp läßt sich weiterhin dadurch in poetischer Weise verdeutlichen, daß die erste Zeile einer jeden Halbstrophe drei statt der sonst üblichen zwei stabreimenden Worte enthält.
Ansonsten wird der normale Stabreim benutzt.

Auch der Satzbau ist in jedem Vierzeiler ähnlich – die jeweils dritte Zeile endet mit einem „ : ".

Diese formalen Übereinstimmungen haben das Ziel, die Strophen beim Sprechen bzw. Lesen zum „Schwingen" zu bringen. Den größten „Schwingungs-Effekt" hat natürlich natürlich das gesungene Lied.

Die Dichtung hat drei Teile, die aus je vier Achtzeilern bestehen:
    a) Beschreibung der verschiedenen Gestalten der Zwillings-Götter
    b) Beschreibung des Sonnenwagens
    c) Bitte um Hilfe an die Zwillingsgötter

In dem dritten Teil verschiebt sich das Versmaß zunehmend zum Trochäus, was die Dringlichkeit der Bitten unterstreicht und eine Steigerung in die gesamte Dichtung bringt.

Einige der Umschreibungen für die beiden Alcis sind keine traditionellen Namen oder Kenningar, sondern anhand der überlieferten Bilder neuerschaffene Umschreibungen.

1. An die beiden Alcis

a) Die Zwillinge

Fili und Kili, ihr flammenden Fohlen,
frohgemut jagt ihr die Winde!
Eilender stürmt ihr als Adler:
Erster seid ihr stets am Ziel!

Weißfellig, wutstürmend, lauft ihr zu Wäldern,
weit in die Heide und weit in die Steppe!
Goldmähnig, Gelbleuchtend, edelste Rosse:
Gellend klingt das Wiehern durch das Tal!

Hornbori, Haugspori, Hirsche der Wälder,
Herrliche Kronen auf stolzesten Häuptern;
Dröhnende Stimmen in dunkelsten Forsten:
Da seid ihr führwahr nicht weit!

Hüter der Herden und Herren der Haine;
Heimat sind Bäume und Auen für alle –
Horntragende[1] Hirsche und Ricken und Kitze:
Hier in aller Früh' kommt ihr aus diesem Wald.

Weißfell und Wutbringer, wandernde Wölfe,
Weithin ertönt euer schauriges Heulen;
Klingt durch die Weiten und jegliche Klüfte:
Kaum einer weiß nicht, wer da singt!

Renner im Rudel und rasende Jäger,
Rastlos verfolgt ihr die Rehe und Schweine!
Graufellig, gelbäugig, grimmige Läufer:
Wehe dem, den ihr verfolgt!

---

1   Die Germanen und auch die Indogermanen unterschieden nicht zwischen „Horn" und „Geweih" – der keltische Hirschgott hieß „Cernunos", d. h. der „Gehörnte".

Regin und Rögnir, ihr schwarzdunklen Raben,
Rasch mit den Flügeln und stark mit dem Schnabel;
Müh'los im Sturm und auch mutig im Donner:
Manchesmal schon habt ihr meinen Weg gekreuzt.

Kämpferisch seid ihr und kühn und auch kräftig,
Kaum einer wagt es noch, mit euch zu kämpfen;
Jegliche Vögel ahnen das Jenseits, das ihr jedem bietet:
Jeder weiß, daß ihr die Todesboten seid!

b)   Der Streitwagen

Arwakr und Alswid, ihr allsehende Rosse,
Allezeit lauft ihr vorm Streitwagen des Diar;
Kämpfer und Krieger, schneeweiße Pferde:
Kennt hier jemand diese beiden nicht?

Schneefell und Scheinflanke, schimmerndes Glänzen
Scheint immer rings um sie mit hellem Leuchten;
Jünglinge sind sie noch, Jäger der Wolken,
Jeder von uns freut sich sie zu seh'n!

Dwalin und Durin, ihr Delling[2]-Gesellen,
Dag[3] hat euch wieder vor Goldrad[4] gerufen!
Priesterin, ruf' jetzt den Horizont-Pförtner
Pfosten, Balken leuchten golden hell!

Bifur und Bafur, hört, öffnet die Berge,
Brecht nun die Tore am östlichen Himmel!
Sonnenrad, Streitwagen, goldener Schild:
Scheine wieder, singe nun des Lichtes Lied!

---

2   Delling = der Morgen = Tyr
3   Dag = Sonne = Tyr
4   Goldrad = Sonnen-Streitwagen

Nyi und Nidi, des Nachtwagens Mähren,
Nifelheim kennt ihr von allen am besten;
Kohlschwarze Rosse in eiskalten Wäldern:
Kommt ihr wieder? Kennt ihr diesen Weg?

Nari und Nain, die niemals ermüden,
niemals verlassen der Unterwelt Pfade;
Wanderer, die sich am Morgen verwandeln:
Werdet ihr auch heute wieder weiß und hell?

Alfar, Alfarin und Alfen und Asen,
Abends und morgens uns're Beschützer!
Hüter der Sippe, Wächter der Horde:
Haus und Hof und Hügel[5] sind geschützt durch euch!

Gullinhof[6], Gullintann[7], goldene Rosse,
Gaben und Hilfreiches spendet ihr allen,
wenn sie euch bitten und euch wieder opfern:
Wasser, Speisen, Freunde, Heim und Glück!

c) Die Helfer

Galar und Fialar, ihr Geber des Guten,
Goldleuchtend schimmert der Honig,
Eilt zu uns, ihr Gabenfrohen:
Euren Trank, den brauchen wir!

Hört uns, ihr Herren des Hymir-Gebräues[8],
Hörner mit Göttermet helfen den Menschen;
Wenn wir aus dem Widrir-Kessel[9] trinken:
Weicht der Tod aus uns'rem Leib!

---

5 Hügel = Hügelgräber der Ahnen
6 Gullinhof = „Goldhuf"
7 Gullintann = „Goldzahn"
8 Hymir = Tyr im Jenseits; sein Gebräu = Göttermet (von ihm haben die Asen den
   Braukessel geraubt)
9 Widrir = Odin; Inhalt seines Kessels = Göttermet

Sindri und Brokk, ihr seid Schmiede des Schwertes,
Schafft auch mir die Waffen, die helfen!
Worte und Weisheit und Stärke:
Wie soll jemand ohne diese finden, was er sucht?

Helft mir, mein Heim jetzt im Herzen zu haben,
Hier und Jetzt zu leben,
Jederzeit das zu tun, was ich bejahe:
Jahraus, jahrein mir treu zu sein!

Gulltop, Gullfaxi, ihr Rosse des Gold'nen,
Gerade Wege, schmale Grate, viele Steine –
So ist oft mein Pfad, So ist oft mein Steg:
Schwere Schritte – helft mit nun!

Streitwagen, Schimmernder, Scheinender -
Sturm kommt, Wind weht, Regen naht mir,
Wagenlenker – Wo bist Du? Hilf mir hier:
Wie soll ich den Weg alleine seh'n?

Moinn, Goinn, graue Graback-Söhne[10],
Gebt mir Stärke, gebt mir Fülle;
Öffnet meine Augen, öffnet meine Wege:
Ohne euch ist auch am Tage Nacht.

Dori, Ori, Dunkelalfen[11], Dains Erben[12],
Das Leben wird leicht, wenn Freunde nahen;
Bringt mir, was ich dringend brauche:
Bald kommt Freude – ich vertraue euch!

---

10 Graback = „Graurücken" = Tyr als Schlange; Goinn und Moinn sind seine beiden Söhne
11 Dunkelalf = Schwarzalf = Zwerg
12 Dain = ein wichtiger Zwerg; seine Erben = Zwerge

2. Morgendliche Anrufung der beiden Alcis

Die folgende Anrufung enthält Elemente aus verschiedenen indogermanischen Überlieferungen.

Ich stehe am sternklaren Morgen
schweigend auf dem Svadis Hügel[13];
Dunkel umhüllt mich, Dämm'rung umgibt mich,
die Schatten verbergen noch Dellings Tor[14].

Ich bin Volkrast[15], der Erwecker der vielen!
Ich bin Aurgelmir[16], der Vater des Lichtes!
Ich bin Thrudgelmir[17], der Rufer der Stärke des Tyr!
Ich bin Bergelmir[18], der Freund des Tages-Glanzes!

Den milden, süßen Trank der Weisheit habe ich euch geseiht,
Den milden, süßen Trank der Dichter – ihn hab' ich für euch besungen,
Den milden, süßen Trank der Unsterblichen mische ich für euch:
Milch und Honig und mächtige Kräuter.

Erfreut euch an unseren Lobliedern,
Erquickt euch an den Kraftversen,
Gesängen unserer Sippe aus alter Zeit,
die von Weisen und Seherinnen stammen.

Die Herzen der Dichter hüten die alten Weisen,
Um euch den heilgen Tanz der Worte zu bringen;
Die Lippen der Sänger singen die alten Lieder,
Um euch die Geschenke der Skalden zu Füßen zu legen.

---

13 Svadi = Tyr; sein Hügel = Tyrs Hügelgrab
14 Delling = der junge Tag = der wiedergeborene Tyr; sein Tor = Tor der Sonne am östlichen Horizont
15 Volkrast = „Volk-Erwecker" = der Sonnenpriester, der morgens die Sonne anruft
16 Aurgelmir = „Licht-Rufer-Ymir" = sowohl die Sonne als der Sonnenpriester (Tyr als rangmäßig erster Riese ist Ymir als dem altersmäßig ersten Riesen gleichgesetzt worden.)
17 Thrudgelmir = „Kraft-Rufer-Ymir"
18 Bergelmir = „Glanz-Rufer-Ymir"

Das Himmelsrand-Feuer lodert hoch empor,
Hymirs Hitze[19] färbt die Wolken der Nott[20];
Rot glimmt der Rand des Tores zwischen den Welten,
rasch breitet sich die Glut an Ymirs Schädel[21] aus.

    Sonnendrache! Schimmernde Schlangen!
    Schnell eilende Sinmara-Gefährten[22]! Kommt!
    Goldener Schild! Goldmähnige Traber!
    Glanzverbreitende Geirröd-Sippe[23]! Kommt!

Freya, Dein Schoß ist der Quell alles sich-Regenden,
Frigg, Deine Brüste sind der Quell aller Speisen;
Gefion[24], Dein Leib ist der Quell allen Lebens,
Gyma[25], Deine Augen sind der Quell aller Liebe.

Du bist die Mutter des Sonnengottes und seine Geliebte,
Du bist die, die alles gibt und alles nimmt:
Einen Fuß auf der Erde, einen Fuß im Meer,
Halb im Dunkel der Nacht, halb im Licht des Tages.

Hel, hast Du die Funken schon in die Höhe geblasen?
Hyndla[26], ist die Glut in Deiner Höhle schon entfacht?
Hyrrokkin[27], hat das schlafende Feuer schon Deine Hilfe erhalten?
Huldar[28], hast Du die Flammen schon heißer gemacht?

---

19 Hymir = Tyr im Jenseits; seine Hitze = Sonnenglut
20 Nott = Nacht, Nachtgöttin, Jenseitsgöttin
21 Ymir = Urriese; sein Schädel = Himmelsgewölbe
22 Sinmara = Hel, Jenseitsgöttin; ihre Gefährten = die von ihr wiedergeborenen Götter Tyr und die beiden Alcis
23 Geirröd = Tyr, seine Sippe = Tyr und die beiden Alcis
24 Gefion = eine Erdgöttin
25 Gyma = eine Erdgöttin
26 Hyndla = Hel
27 Hyrrokkin = Hel
28 Huldar = eine Muttergöttin

Rindr[29], Herrin der rabenschwarzen Kammer,
rasch – öffne das Hügelgrab des Rögnir[30]!
Gefion, Göttin der finsteren Grotte[31],
greife den Stein, schiebe das Grabtor beiseite!

Gerdr, gehe zum Himmelstor,
Goldlockige Asin, öffne die Pforte!
Laß Deine Gaben leuchten,
Licht scheinen, die Glut aufflammen!

Singe den Schicksalsgesang der Nornen,
über den endlosem Wechsel von Tag und Nacht!
Öffne weit das Seelenweg-Tor
am Fuße des Weltenbaumes!

Sonnendrache! Schimmernde Schlangen!
Schnell eilende Sinmara-Gefährten! Kommt!
Goldener Schild! Goldmähnige Traber!
Glanzverbreitende Geirröd-Sippe! Kommt!

Hört mich, ihr beiden Hirsche!
Helden des Himmels!
Seid mir wohlgesonnen!
Schnellfüßige Hornträger!

Alcis, ich rufe euch! Ashvins, ich rufe euch!
Arwak, ich rufe Dich! Alswid, ich rufe Dich!
Dwalin, komm zu uns! Durin, komm zu uns!
Dwalin, komm zu uns! Dulin, komm zu uns!

Fliegt wie zwei schneeweiße Schwäne
schwingenschlagend empor!
Tretet wie zwei horntragende Stiere
stampfend aus den Wäldern hervor!

---

29 Rindr = eine Erdgöttin
30 Rögnir = König = Götterkönig = Tyr
31 Grotte = Grabkammer im Hügelgrab (hier das Grab des Tyr und der beiden Alcis)

Windschnell wie zwei weißflankige Rosse,
Mutig wie zwei graufellige Wölfe,
Rasch wie zwei rotbraune Hirsche,
Das seid ihr, ihr zwei Regin-Söhne[32]!

Ihr längmähnigen Rosse, ihr Regentrinker!
Ihr goldmähnigen Rögnir-Söhne[33], ihr Lichtrufer!
Ihr goldschweifigen Brüder, ihr Sturmbringer!
Ihr goldhufigen Beli-Söhne[34], ihr Brandhüter[35]!

Ich singe euch den Lobgesang,
Ich seihe euch den Opfermet;
Alle Gaben gebe ich euch,
mit Galdr[36] und Seidr[37] rufe ich euch!

Sonnendrache! Schimmernde Schlangen!
Schnell eilende Sinmara-Gefährten! Kommt!
Goldener Schild! Goldmähnige Traber!
Glanzverbreitende Geirröd-Sippe! Kommt!

Himmelsgöttin, sende uns auch heute die Sonne,
den strahlenden Asen, den die Amseln grüßen;
Erdgöttin, gib der Sonne auch heute Geburt,
dem goldenen Regin, für den die Priester singen.

Audhumbla, Du Mutter des hellsten der Asen,
auch die Alcis hast Du geboren,
Du hast die drei Götter gestillt
und sie als Kinder geschützt und gehalten.

Große Göttin, Dein bloßer Leib ist schön wie der Himmel,
grün und fruchtbar wie die pflanzentragende Erde;
Wenn Du Deinen goldenen Sohn gebierst und die beiden Rosse
dann gibst Du ihnen eine Fülle an Kraft und Weisheit.

---

32 Regin = König = Götterkönig = Tyr; seine Söhne = Alcis
33 Rögnir = König = Götterkönig = Tyr; seine Söhne =Alcis
34 Beli = Sonnengott = Tyr; seine Söhne = Alcis
35 Brand = Sonne
36 Galdr = Kultgesang, Zaubergesang
37 Seidr = Zaubertrank-Braukunst, Magie

Tyr hat sich mit Thröng vereint
in den Tälern der Nacht;
der Schwarze lag bei der Schönen:
So erschaffen sie das Leben.

Mimir trinkt Deine Milch, Freya,
wie ein mächtiger Stier an einem Teich,
doch Deine Fülle ist ohne Ende, Frigg:
alle Tage wächst der Ase heran.

Große, Du bist der Halt der Menschen und Götter,
Deine Gaben ernähren alle;
Weite, auf Dir leben alle athmenden Wesen,
Du erfüllst ihre Wünsche.

   Sonnendrache! Schimmernde Schlangen!
   Schnell eilende Sinmara-Gefährten! Kommt!
   Goldener Schild! Goldmähnige Traber!
   Glanzverbreitende Geirröd-Sippe! Kommt!

Überquert die Furt am Rand der Rindr,
durch die Flut, die Midgard rings umgibt!
Legt ab von der Erde in euerer lufigen Barke
mit dem leuchtenden, goldenen Sonnensegel!

Ihr Söhne der Sonne, ihr schimmernden Schlangen,
schließt die Horizont-Tore auf!
Ihr weißen Fohlen, ihr feuerschnaubenden Flügelrosse,
führt den Gold'nen am Himmel empor!

Ihr breitbrustigen Hengste in der Himmels-Brandung,
Ihr goldzahnigen Brüder – kommt zu uns!
Ihr Gedanken-angeschirrte Rosse der Rindr,
Ihr schlankhalsigen Renner – kommt zu uns!

Ihr Reim-geleiteten Pferde im Leuchten des Morgens,
Ihr leichtfüßigen Läufer, – kommt zu uns!
Ihr Freude-gelenkten Schimmel im hellen Schein,
Ihr starkgliedrigen Traber, – kommt zu uns!

Kommt in meinen Worten gefahren – in Kühnheit!
Kommt in meinen Versen gesegelt – in Klugheit!
Kommt in meinen Strophen geritten – in Kraft!
Kommt in meinen Liedern gelaufen – in Klarheit!

Kinder des Glanzes, Künder der Wärme,
kommt, ihr Heiler, ihr Helfer!
Begleiter des Drachen, Banner des Morgens,
bewegt euch am Himmel hinauf!

Sonnendrache! Schimmernde Schlangen!
Schnell eilende Sinmara-Gefährten! Kommt!
Goldener Schild! Goldmähnige Traber!
Glanzverbreitende Geirröd-Sippe! Kommt!

Tyr, Adler auf der Esche!
Ich rufe Dich mit alten Liedern – komm herab!
Alcis, Raben auf der Eiche!
Ich locke euch mit edlen Versen – kommt herbei!

Eilt herab von den Zweigen – zögert nicht, kommt näher!
Eilt hervor aus der Nacht – zieht von Niflheim herauf!
Eilt heraus aus dem Hügel – den gewohnten Weg:
Ewig währt der Wechsel von Tag und Nacht ...

Lauft wie mit Flügeln durch die Lüfte!
Zerstiebt die Wolken mit lautem Schnauben!
Weckt den Regenbogen mit eurem Wiehern!
Zieht den Sonnenwagen im Wind!

Golden ist der Wagen, golden sind die Waffen,
Golden ist die Brustwehr, golden ist die Achse;
Golden sind die Speichen, golden sind die Sitze,
Golden ist die starke Deichsel, golden sind die Räder.

Weithinblickender Bogenschütze
mit brennenden Sonnenpfeilen,
Goldgelockter Lichtgebieter
mit grellhellem Sonnenschild!

Windumbrauster Himmelswanderer
mit weisheitspendendem Met!
Wärmeschenkender Weltbewahrer
mit wohlstandmehrenden Händen!

  Sonnendrache! Schimmernde Schlangen!
  Schnell eilende Sinmara-Gefährten! Kommt!
  Goldener Schild! Goldmähnige Traber!
  Glanzverbreitende Geirröd-Sippe! Kommt!

Bringt uns Speise und Trank von Bifröst her,
Bringt uns Schutz für Haus und Herden;
Gebt uns Kinder und Freunde und Gimles[38] Fülle,
Gebt uns Geborgenheit im Kreis der Sippe!

Bringt uns Gutes, ihr beiden und
Gießt Gaben aus wie die Quelle einen Fluß;
Euer Wagen ist mit allen guten Dingen gefüllt:
Laßt uns unser Leben genießen!

Helft den Männern, helft den Frauen und den Kindern
helft den Alten und den Weisen, den Ammen!
Stärkt die Krieger, stärkt die Heiler und die Fürsten
stärkt uns, gebt uns Mut und Weisheit!

Ihr bringt uns die Fruchtbarkeit des Bauches,
Ihr bringt uns die Stärke der Lenden,
Ihr gewährt uns die Lust der Leiber,
die das Leben erschafft.

Laßt uns're Seele wie die Sonne im Herzen leuchten!
Laßt uns aufsteigen aus dem Meer der Gefühle!
Helft uns, uns von der Steppe der Gedanken zu erheben!
Helft uns, uns aus dem Wald der Erinnerungen emporzuschwingen!

---

38 Gimle = die goldene Halle des Tyr

Wind weht von dem Bug des Wagens – Gedeihen für Midgard,
Tau tropft von den Speichen – Leben für Asen und Wanen;
Licht leuchtet vom dem Sonnenschild – Freude für Götter und Menschen,
Wärme strahlt von dem Drachenschiff – Sonnensegen für alle Lebenden.

X Die heutige Bedeutung der Alcis-Zwillinge

Aufgrund ihrer Roß-Gestalt kann man die beiden Göttervater-Söhne zunächst einmal als zuständig für alle Pferde-Angelegenheiten ansehen.

Die beiden Alcis sind als Zwerge zauberkundige Schmiede – man kann sie also bei Handwerksarbeiten und besonders bei der Herstellung ritueller oder magischer Gegenstände um Hilfe bitten.

Sie sind auch Waffenschmiede – wenn man dafür Verwendung hat, könnten sie einen auch bei dieser Tätigkeit unterstützen.

Es ist sicherlich auch nicht verkehrt, sie in Bezug auf die Zauberkunst um Rat zu fragen.

Sie kennen weiterhin das Jenseits. Wenn man also mit Reinkarnationstherapie, Spukhäusern, Familienaufstellungen und ähnlichen Jenseits-bezogenen Dingen zu tun hat, könnte ein Rat der beiden Zwerge ebenfalls hilfreich sein.

Als Zwillinge kennen sie sich zudem damit aus, wie es ist, als Zwillinge zu leben – falls das jemand erforschen möchte, kann er sich ebenfalls an die beiden Alcis wenden.

Sie sind auch diejenigen, die den Sonnenwagen durch die finstere Unterwelt ziehen. Sie könnte daher auch gute Scouts und Pfadfinder sein, wenn man sich in einer unübersichtlichen oder schwierigen Situation befindet.

Sie wurden auch als Beschützer angerufen – wonach ja auch heute noch sowohl individuell als auch kollektiv für die ganze Menschheit des öfteren Bedarf besteht …

Schließlich wissen die beiden Alcis, was Kooperation ist – wie u.a. die erfolgreichen Heerführer-Paare der Germanen zeigen. Dies ist vermutlich die Fähigkeit der beiden Alcis, die heute am dringendsten benötigt wird.

Verzeichnis der Themen

(die Zahl ist die Nummer des Bandes, in dem sich das Thema findet)

Bertramsgarbe 45
Besen => Stab
besonderer Schrei 64
Bestattung 64
Bestla 35
Betonica 45
Beyla 39
Biber 44
Biene 40
Bifröst 49
Bifur 32
Bikki 16
Bil 29
Bild 7
Billing 5
Billing 7
Bilsenkraut 45
Birkhuhn 40
Biört 29
Björgolfr 6
Björgulfr 34
Blain 33
Blapthvari 34
Blasebalg 67
blau 46
Blau-Menschen 36
Blau-Riesen 36
blau-schwarz 46
Blick 63
Blid 29
Blidur 29
Blind 16
Blindheit 63
Blodughadda 35
Blutsbrüder 55
Bödhild 28
Bogen 66
Bömbur 32
Bölthorn 5
Borr 34
Botewart 7
Both 20

Bragi 19
Bragi-Riesin 35
Brak 16
Brana 35
Brandingi 5
braun 46
Brenner 39
Brezel-Ornament 64
Brimir 33
Brisingamen 60
Brokk 32
Brombeere 45
Brücke 49
Bruderkampf 55
Brüngerd 35
Brünhild 31
Bruni 5
Bruni 32
Brünne 66
Brunnen 49
Buri 34
Bryja 35
Bryla 34
Bryngerd 28
Buri (Zwerg) 32
Buseyra 35
Byggvir 39
Byleist 20
Bylgia 35
Comandion 7
Dag 48
Dagfinnr 32
Dain 32
Dalar 32
Dalr 32
Delling 20
Delling 48
Dellingr 32
Delphin 44
Dietwarta 29
Disen 36
Distel 45

Diurnir 7
Dofri 34
Dolgtrasir 32
Donnerrebe 45
Dori 32
Dorn => Schlafdorn 55
Drachen 41
Drachenblut => Drachen
Drachenschiff 55
Drasian 6
Draupnir (Zwerg) 32
dreifarbiger Stein 67
dreiköpfiger Riese 5
drei Riesinnen 35
drei wahre Worte 64
Drifa 35
dritter Bruder 55
Dröfn 35
Drossel 40
Drudgelmir 5
Duf 32
Dufa 35
Dufr 32
Dulin 32
Dumbr 6
Dunneir 32
Durathor 32
Durin 32
Durnir 32
Durnir 34
Düsterwald 49
Dwalin 32
Eber 42
Eberesche 45
Edda (vollständig) 77
Efeu 45
Egdir 5
Egil 39
Ei 40
Eibe 45

Eiche 53
Eicheln 45
Eichhörnchen 44
Eid 68
Eik 28
Eikinskjaldi 32
Eimer 67
Eimgeitir 35
Eimyria 35
Einäugigkeit 63
Einheer 34
Einweihung 50
Eir 29
Eir 31
Eis 52
Eisa 35
Eisen 55
Eisenkraut 45
Eisriesen 34
Eistla 35
Eisurfala 35
Eiymyria 35
Ekstase-Kieger 62
Elch 42
Eldhrimnir 57
Eldir 39
Eldr 34
Elefant 42
Elendshaut => Hel-Haut
Else 35
Erde 52
Embla 28
Embla 39
Ente 40
Erce 20
Erdbeben 55
Erste Ursache 55
Eschenholzkasten => Kiste 57
Esel 42
Estroval 39

Eugel 7
Eule 40
Eyrgjafa 35
Faden 55
Fafnir (Zwerg) 32
Fährmann 49
Fala 35
Falkenkleid:
- der Freya 40
- der Frigg 40
Falke 40
Fallar 32
Farbauti 6
Farn 45
Farseti 6
Faulheit =>
Feuersitzen 55
Feima 35
Fenchel 45
Fenja 28
Fenrir 6
Fenrir 43
Fernhypnose 64
Ferse 63
Fessel 66
Fessel-Zauber 64
Feuer 55
Feuersitzen 55
Feuerzauber 64
Fialar 32
Fid 32
Fieberkraut 45
Fili 32
Fimafeng 39
Fimbulwinter 55
Finger 63
Finnalf 5
Finnar 32
Finnmark-Riese 34
Fiölkald 34
Fiölmor 39
Fiölnir 20

Fiölvör 35
Fiörgyn 20
Fiörgyn 23
Fisch 44
Fjölverkr 34
Fjötra 29
Flachs 45
Flegda 35
Fleur-de-lys 55
Fleggr 34
Fliege 40
Fluch 68
Flügel des Wieland 40
Flügelschuhe 67
Flugschuhe des Loki 40
Fluß 49
Freya 22
frühe Skaldenlieder 78
Freyr 15
Fried 29
Friedenszauber 6
Fridr 29
Frigg 21
Folde 20
Fonn 34
Forat 35
Forelle 44
Fornjotr 6
Forseti 19
Frägr 32
Franmar 37
Frar 32
Freki 43
Frosti 32
Frosti 34
Fruchtbarkeit 64
Fuchs 43
Frauenhaarfarn 45
Frühling 54

Frühlingstagund-
nachtgleiche 54
Fulla 29
Fullas Haarreif 60
Fullafle 34
Fundin 32
Fuß 63
Fylgia 50
Fynir 6
Fynir 34
Galar 32
Galarr 34
Galdr 64
Gallapfel 45
Gandalf 32
Ganglati 34
Ganglot 6
Gangr 34
Gangr 33
Gans 40
Gänsefuß 45
Garm 43
Gautan 39
Gautrek-Saga =>
Snotra
Geban 20
Geburts-Orakel 64
Gefäße 57
Gefion 20
Gefion-Geliebter 6
Gefiun 20
Gefjon 20
Geist 50
Geier 40
Geirahöd 31
Geiravör 31
Geirdriful 31
Geirönul 31
Geirröd 5
Geirrota 31
Geirskögul 31
Geitir 6

Geitla 35
Geitir 35
gelb 46
Geliebter der Gefion 6
Gerber-Schaber 67
Gerdr 28
Geri 43
Gespenst 50
Gestaltwandel =>
Verwandlung
Gesang 68
Gestilja 35
Getreide 45
Gewöhnlicher
Flachbärlapp 45
Geysa 35
Gialar 32
Gift 70
Gifur 43
Gigas 6
Gilling 6
Gillings Frau 28
Ginnar 32
Ginnungagap 49
Gjalp 35
Glamr 34
Glatundshundr 43
Glaumar 34
Glaumarr 34
Glaumr 6
Glenr 48
Glitni 5
Glöd 35
Gloi 32
Glück 64
Glückstrank 70
Glumra 35
Glymra 35
Gna 29
Gneip 35
Gnepja 35

Keiler 42
Kenningar 75
Kerbel 45
Kessel 57
Keule 66
Kiebitz 40
Kili 32
Kisi 34
Kiste 57
Kjallandi 6
Kjallandi 35
Klaufi 34
Klee 45
Kleima 35
Knochen 67
Knoten 64
Kobolde 36
Kol der Bucklige 39
Kolfrosta 28
Kolga 35
Kopf 63
Kormoran 40
Korn 45
Körperteile 65
Köttr 34
Kraftgütel => Gürtel
Krähe 40
Kraka 31
Kranich 40
Kräuter 45
Kreppvör 35
Kriegerin 62
Kreuzblume 45
Kreuzkraut 45
Krönung 64
Kröte 44
Kuckuck 40
Kuril 6
Kult 55
Kundalini 64
Kwasir 20
Kyrmir 6

Lachanfall 64
Lachen 55
Lachs 44
Landgeister 36
Lauch 45
Laufey 26
Laurin 7
Laus 40
Leber 63
Leib 63
Leidi 34
Leifi 6
Leifnir 6
Leikn 35
Leimrute 66
Leiter 49
Leirvör 35
Leopard 43
Lerche 40
Lidskialf 20
Liebestrank 70
Liebeszauber 64
Lif 39
Lifthrasir 39
Litr 6
Litr 32
Ljod 29
Ljota 35
Lodin 6
Lodinfingra 35
Lodur 16
Lofar 7
Lofn 29
Lofnheid 35
Logi 34
Loki 16
Loni 32
Lopthoena 28
Lori 35
Loricus 6
Löwe 43
Löwenmäulchen 45

Luchs 43
Lutr 34
Lyngheid 35
Magni 19
Malseron 34
Mana 35
Managarm 43
Mannus 20
Mardalla 27
Marder 43
Margerdr 35
Margerthur 35
Mangold 45
Mantel 67
Mantel der Nanna 67
Marnar 29
Märzviole 45
Maske => Helm
Maus 44
Meer 49
Meer der Zeit 55
Meer-Menschen 36
Mehlbeere 45
Mehltau 45
Meili 9
Meise 40
Menglöd 22
Menja 28
Menschenopfer 64
Messer 66
Midgard 52
Midgardschlange 41
Midi 6
Midjungr 34
Midwitnir 6
Mimir 6
Mist 31
Mistel 45
Mistkäfer 40
Mittelpfeiler =>
Yggdrasil
Mittsommer 54

Miötwitnir 32
Mjoll 34
Modgudr 29
Modgudr 31
Modi 19
Modrädnir 32
Modsognir 7
Mögthrasir 6
Moin 32
Mökkurkjalfi 6
Molda 35
Mona 20
Mond 48
Mondul 32
Moosfrau von
Saalfeld 32
Moosleute von
Arntschgereute 32
Mörn 35
Möwe 40
Mühle 66
Mundilfari 6
Munin 40
Munnharpa 35
Münze 67
Muspel 6
Muspelheim =>
Feuer 52
Myrkrida 35
Myrkvid 49
Nabbi 32
Nacktheit 60
Nadel 55
Nägel 55
Naglfar 49
Nain 32
Nali 32
Namensgebung 64
Nanna 21
Nauma (Hel) 35
Nar 32
Narfi 6